权威·前沿·原创

皮书系列为
"十二五""十三五"国家重点图书出版规划项目

智库成果出版与传播平台

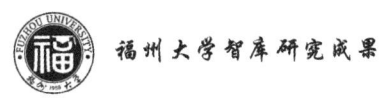
福州大学智库研究成果

闽商蓝皮书
BLUE BOOK OF FUJIANESE ENTREPRENEURS

闽商发展报告
（2020）

ANNUAL REPORT ON FUJIANESE ENTREPRENEURS
(2020)

福州大学
福建省闽商文化发展基金会 / 编
中国商业史学会
主　编／苏文菁　徐德金

社会科学文献出版社
SOCIAL SCIENCES ACADEMIC PRESS (CHINA)

图书在版编目(CIP)数据

闽商发展报告.2020／苏文菁，徐德金主编．--北京：社会科学文献出版社，2020.12
（闽商蓝皮书）
ISBN 978－7－5201－7172－4

Ⅰ.①闽… Ⅱ.①苏…②徐… Ⅲ.①地区贸易经济－经济发展－研究报告－福建省－2020 Ⅳ.①F727.57

中国版本图书馆CIP数据核字（2020）第249130号

闽商蓝皮书
闽商发展报告（2020）

主　　编／苏文菁　徐德金

出　版　人／王利民
责任编辑／陈凤玲
文稿编辑／蔡莎莎

出　　版／社会科学文献出版社·经济与管理分社（010）59367226
　　　　　地址：北京市北三环中路甲29号院华龙大厦　邮编：100029
　　　　　网址：www.ssap.com.cn
发　　行／市场营销中心（010）59367081　59367083
印　　装／天津千鹤文化传播有限公司

规　　格／开　本：787mm×1092mm　1/16
　　　　　印　张：16.25　字　数：211千字
版　　次／2020年12月第1版　2020年12月第1次印刷
书　　号／ISBN 978－7－5201－7172－4
定　　价／158.00元

本书如有印装质量问题，请与读者服务中心（010－59367028）联系

▲ 版权所有 翻印必究

《闽商发展报告（2020）》
编　委　会

主　任　王光远（福建省政协副主席、福建省工商联主席）

副主任　付贤智（福州大学校长、中国工程院院士）
　　　　　李家荣（中共福建省委统战部副部长、福建省工商联党
　　　　　　　　组书记）
　　　　　姚志胜（福建省闽商文化发展基金会会长、全国政协委员）
　　　　　王茹芹（中国商业史学会会长）

委　员　林腾蛟（阳光龙净集团有限公司董事局主席、全国人大
　　　　　　　　代表）
　　　　　林荣滨（三盛集团董事长、福建省政协常委）
　　　　　陈国平（福建新东湖集团董事长、福建省政协常委）
　　　　　周永伟（七匹狼集团有限公司董事局主席、福建省侨联
　　　　　　　　副主席）
　　　　　吴辉体［永隆兴业集团（厦门）有限公司董事长、香港
　　　　　　　　福建社团联会永远名誉主席］
　　　　　魏明孔（中国社会科学院研究员、中国经济史学会
　　　　　　　　会长）
　　　　　龙登高（清华大学教授、清华大学华商研究中心主任）
　　　　　周建波（北京大学教授、中国商业史学会副会长）

　　　　　兰日旭（中央财经大学教授、中国商业史学会副会长）
　　　　　苏文菁（福州大学教授、闽商文化研究院院长）
　　　　　王凡凡（新华社高级记者、中新社福建分社原副总编）

主　编　苏文菁（福州大学教授、闽商文化研究院院长）
　　　　　徐德金（中新社福建分社社长）

撰稿人（按文序排列）
　　　　　苏文菁　邹挺超　杨宏云　叶兴建　吕巧琴
　　　　　叶　茂　陈丽媛　张　羽　叶秋云　林仙平

学术支持单位
　　　　　福州大学经济与管理学院
　　　　　福州大学闽商文化研究院
　　　　　《闽商文化研究》杂志社
　　　　　中新社福建分社

主编简介

苏文菁 北京师范大学博士，福州大学教授，福州大学闽商文化研究院院长，福建省高端特色智库"福建省海洋文化中心"主任、首席专家。美国康奈尔大学亚洲系访问学者、讲座教授，北京大学特约研究员，全国海洋意识教育基地福州大学主任，全国商业史学会副会长，中国皮书研究院高级研究员，福建省海洋与渔业经济研究会理事会副会长。主要研究领域：区域文化与经济、海洋文化、文化创意产业。2016年，策划出版国家主题出版重点出版物"海上丝绸之路与中国海洋强国战略丛书"；2010～2016年策划出版"闽商发展史丛书"十五卷。另外，近年来，主编"闽商蓝皮书""海洋文化蓝皮书"系列出版物，主编《闽商文化研究》杂志；出版专著《闽商文化论》《福建海洋文明发展史》《世界的海洋文明：起源、发展与融合》《海洋与人类文明的生产》《海上看中国》《文化创意产业：理论与实务》等；策划、主讲的"海洋与人类文明的生产"课程获评教育部首批精品课程，多次被"学习强国"首页推荐。

徐德金 中新社福建分社社长，高级记者；《闽商》杂志社社长、总编辑；福建省对外文化交流协会常务理事、福建省新闻工作者协会常务理事、福建省新闻学会第五届理事会副会长，华侨大学兼职教授。主编《跨越40年：闽商创业史》，获2019年"闽版好书"；出版图书《宽阔的河流》。组织闽商论坛、闽商下南洋等大型学术、采访活动，参与"闽商蓝皮书"的出版撰写工作；为发展中国家青年创业研修班讲授"闽商在全球的事业版图"等专题课程数十场。曾获福建省首届双十佳新闻工作者荣誉称号。

摘 要

2019~2020年，闽商整体发展稳中有进，无论是福建省内闽商，还是福建省外闽商和境外闽商，均在社会财富与社会影响力方面有良好的表现，在全国"民营企业500强""中国民营企业制造业500强""农业产业化龙头企业500强"等榜单中都有多家企业入选。从行业发展角度看，传统优势行业如制造业、食品工业、健康产业中多家龙头企业从规模做大发展到做优做强；制造业优势不断巩固，并向高新技术及战略性新兴产业进发，新兴产业成为年轻一代闽商彰显才干的平台。互联网和数字经济也是闽商崛起的一大领域，数字经济成为福建高质量发展的新引擎。

福建省的营商环境不断优化，增强了省内闽商的活力，民营企业规模不断壮大、管理模式不断创新。在"数字福建"战略的支持下，连续三年召开"数字中国建设峰会"，全省以物联网与5G为重点的数字经济不断发展。2019年，福建省重点互联网企业达270家，网络游戏、电子商务占据主导地位，云计算、大数据、物联网等领域加速兴起。在"2019中国软件和信息技术服务综合竞争力百强企业"榜单中，福建有6家企业入选。福建已经成为国内物联网产业重地，福州马尾成为4个国家级物联网产业基地之一。同时，在自主创新日益重要的时代，闽商致力于在各领域投入创新，大型企业集团努力填补国内空白，小微企业也力求突破。闽商还从产品输出发展到品牌、技术、文化输出，如为国际奥委会定制服装、在欧美建设工厂等，形成了越来越大的国际影响力。

2019年，福建省外闽商在房地产、制造业等领域也得到了较好

的发展,尤其是在互联网领域表现突出,以字节跳动、美团等企业为代表,闽商在中国互联网领域已经形成一股强大的力量,其所创造的许多互联网产品,如今日头条、抖音、美团外卖、喜马拉雅等,都是不少中国人手机中必备的应用。本书聚焦以龙岩人为代表的"武夷山系",重点选择字节跳动、美团、微医等三家近年来屡登各类榜单、发展模式与创新能力受到各方认可的闽商企业作为案例,对闽商在互联网领域的发展模式、地域分布特征等进行深入的分析。

2019年,中美贸易摩擦仍在继续,对世界经济发展产生重要影响,给境外闽商的经济活动也带来直接或间接的影响,但整体而言境外闽商的全球格局并未发生明显变化。具体来说,亚洲区域的闽商传统格局基本未变,优势依旧,同时,他们有序推进数字化转型,当地较成功的数字化企业背后都有闽商的支持。欧洲区域的闽商维持财富现状,未有较大突破;同时,中生代闽商群体开始崭露头角,丰富了闽商的创业领域。随着移民人口结构和消费趋势的变化,传统闽商在北美地区的超市业、中餐业等亟须转型。南美地区的闽商受地区经济萎靡不振的影响,整体发展受限。随着"一带一路"建设的推进,非洲经济整体上扬,闽商的成就较为突出。

为了更鲜明清晰地体现闽商在各方面的发展情况,本书对闽商在食品工业、健康产业方面的发展进行了专题分析。食品工业是福建重要的基础产业之一,在国内食品行业中占据重要地位,近年来向现代化、规模化的产业集群方向发展,成就斐然。2019年,福建食品工业依旧保持较好的势头,整体产值超过6000亿元,在全国排名第五。健康产业加速驶入增长快车道,在生物医药和化学制药、中药、医疗器械、民营医院等领域得到较大发展,并在"互联网+医疗"领域崭露头角。

继承闽商热心公益的优良传统,2019年闽商仍活跃在各大慈善榜单上。同时,精准扶贫成为闽商发展慈善事业的一大方向。除了给贫困大学生、贫困户捐款外，闽商响应全省各级工商联的号召，成为闽宁扶贫协作中的经济主体，活跃于宁夏经济的各个行业，带动了宁夏经济的发展，推进了宁夏经济结构的调整，为宁夏脱贫攻坚工作做出了不可替代的贡献。

本书也分析了闽商商会在推动闽商作为方面发挥的作用以及女性闽商的发展情况。未来闽商将在各领域继续发展，为国家和地方经济社会的繁荣贡献自己的一份力量。

关键词： 闽商　民营企业　传统产业　新兴产业　社会影响力

目 录

Ⅰ 总报告

B.1 2020年闽商发展报告 …………………………… 苏文菁 / 001

Ⅱ 分报告

B.2 2020年福建省闽商发展报告 ………………………… 邹挺超 / 015
B.3 2020年福建省外闽商发展报告：以互联网领域为例
………………………………………………………… 邹挺超 / 041
B.4 2020年境外闽商发展报告 ………………………… 杨宏云 / 063

Ⅲ 专题报告

B.5 闽商参与闽宁扶贫协作情况分析 …………………… 叶兴建 / 096
B.6 2020年闽商商会发展报告：以宁德市总商会为例
………………………………………………… 吕巧琴 叶 茂 / 114
B.7 2020年健康产业闽商发展报告 …………………… 陈丽媛 / 130
B.8 2020年巾帼闽商发展报告 ………………… 张 羽 叶秋云 / 158

001

B.9　2020年福建食品工业闽商发展报告 …………………… 林仙平 / 177

Ⅳ　附录

B.10　2019年闽商大事记 ……………………………………………… / 200

皮书数据库阅读使用指南

总报告

General Report

B.1
2020年闽商发展报告

苏文菁*

摘　要： 2019年，闽商在社会财富与社会影响力方面皆获得良好的成绩。传统制造业上出现了强者愈强的发展态势，数字等新兴行业也成为年轻一代闽商彰显才干的平台。闽商行走四方，在精准扶贫事业上也成就了自我。境外不少闽商世家近年来迎来了人事兴替的过程，表明了闽商与时俱进的发展特点。2019年值得关注的现象是改革开放中成长的一代闽商在创造财富神话并完成传承后，进入了开创社会文化影响力的新阶段。

---

* 苏文菁，福州大学教授，福州大学闽商文化研究院院长，主要研究领域：区域文化与经济、海洋文化、文化创意产业。

闽商蓝皮书

关键词： 闽商 民营企业 制造业 新兴产业 精准扶贫

2019年，第六届世界闽商大会召开，此次大会是闽商群体在2018年喜迎改革开放40年之后，又一个总结经验、再创佳绩的契机。本届大会以"凝心凝智凝力，创新创业创造"为主题，关键词为营造企业良好发展环境。

2019年，习近平总书记在全国两会参加福建代表团审议时提出：要"着力解决影响创新创业创造的突出体制机制问题，营造鼓励创新创业创造的社会氛围，特别是要为中小企业、年轻人发展提供有利条件"；"要坚持'两个毫不动摇'，落实鼓励引导支持民营经济发展的各项政策措施，为各类所有制企业营造公平、透明、法治的发展环境。"①

作为对总书记讲话的回应，福建省人民政府办公厅于2019年4月出台《关于聚焦企业关切进一步推动优化营商环境政策落实的实施意见》，通过21条具体措施，推动优化营商环境政策落实。5月，印发《关于营造有利于创新创业创造良好发展环境的实施意见》。② 第六届世界闽商大会期间，中共福建省委书记于伟国再次强调要认真贯彻落实习近平总书记的重要讲话精神，把营造公平透明法治的发展环境做好，打破各种"卷帘门""玻璃门""旋转门"，减税降费，精简行政审批手续，把对企业的金融支持和精准服务做好，优化企业在福建的营商环境。

从中央到地方对营商环境优化的支持，从外在环境上为闽商群体的发展创造了良好的条件。

---

① 《新华网评：营造有利于创新创业创造的良好发展环境》，客家新闻网，http://www.gndaily.com/news/system/2019/03/11/030031767.shtml，2019年3月11日。
② 王永珍、戴艳梅：《福建出台〈关于营造有利于创新创业创造良好发展环境的实施意见〉》，东南网，http://fjnews.fjsen.com/2019-05/28/content_22334062.htm，2019年5月28日。

一 2019~2020年闽商发展总体情况

2019年闽商总体发展情况可以概括为稳中有进，可以用一系列数字来说明。2019年，福建省地区生产总值（GDP）42395.00亿元，比上年增长7.6%，高于全国平均增速1.5个百分点。2019年，全省民营经济实现增加值28889.5亿元，同比增长8.4%，占本省GDP的比重为68.1%。同样，在福建省的民营企业数量方面，截至2019年12月底，福建省实有民营企业128.99万户，同比增长13.01%，占全省企业数的92.97%；注册资金9.22万亿元，同比增长15.63%。[①]另一个能够体现民营企业成长的是其上市情况，截至2019年12月底，福建省共有A股上市企业139家，比上年增加6家，总市值19021.74亿元，增长34.7%，其中民营企业超过百家。另据不完全统计，在境外上市民营企业约有145家。

从中华全国工商业联合会（以下简称全国工商联）、福建省工商业联合会（以下简称福建省工商联）发布的"民营企业500强"与"民营企业100强"榜单中，我们同样可以看到闽商民营企业稳中有进的发展态势。2020年，福建省共有21家企业上榜全国工商联发布的"2020中国民营企业500强"名单，包括阳光龙净集团有限公司（以下简称阳光龙净集团）、融侨集团股份有限公司（以下简称融侨集团）、永辉超市股份有限公司（以下简称永辉超市）、福建大东海实业集团有限公司（以下简称大东海集团）、融信（福建）投资集团有限公司（以下简称融信集团）、恒申控股集团有限公司（以下简称恒申控股集团）、福建永荣控股集团有限公司（以下简称永荣控股集

---

① 《2020福建省民营企业100强分析：百亿企业达31家 福建民企475亿元投入研发》，闽商观察，https://baijiahao.baidu.com/s?id=1676219092828815598&wfr=spider&for=pc，2020年8月28日。

团）、宁德时代新能源科技股份有限公司（以下简称宁德时代公司）、三盛集团有限公司（以下简称三盛集团）、盛屯矿业集团股份有限公司（以下简称盛屯矿业集团）、安踏体育用品集团有限公司（以下简称安踏集团）、福建省金纶高纤股份有限公司（以下简称金纶高纤公司）、正荣地产控股股份有限公司（以下简称正荣地产公司）、名城企业管理集团有限公司、禹洲地产股份有限公司、福建圣农控股集团有限公司（以下简称圣农集团）、三宝集团股份有限公司（以下简称三宝集团）、福建恒安集团有限公司（以下简称恒安集团）、达利食品集团有限公司（以下简称达利食品集团）、福耀玻璃工业集团股份有限公司（以下简称福耀集团）、福建闽海石化有限公司。① 福建省工商联发布的"2020 福建省民营企业 100 强"名单显示，本年度百强企业入围门槛是 18 亿元，比上年增加 2.94 亿元。整体来看，福建民企百强规模总量不断壮大，年营业收入突破 100 亿元的有 31 家企业，阳光龙净集团、青拓集团有限公司（以下简称青拓集团）突破千亿元大关；质量效益不断提升，企业税后利润总额达 958 亿元，人均税后净利润 12.79 万元；社会贡献更加凸显，人均纳税 10.33 万元，纳税超 20 亿元的企业有 12 家。制造业企业仍占主体，共有 53 家入围，其中高技术产业制造企业 13 家；现代服务业企业 42 家。② 民营企业 100 强发展的显著特点之一是，经营多个行业的综合性企业集团数量快速增加，尤其是传统房地产企业纷纷转型开拓多元化业务。多元化集团企业数量达到 24 家，主营业务全部涉及现代服务业——5 家涉及省主导产业、5 家涉及省特色传统产业、8 家涉及战

---

① 《2020 中国民营企业 500 强出炉，华为第一（附全名单）》，猎芯网，https：//baijiahao. baidu. com/s？ id = 16779747291721 12293&wfr = spider&for = pc，2020 年 9 月 16 日。
② 《2020 福建省民营企业 100 强分析：百亿企业达 31 家 福建民企 475 亿元投入研发》，闽商观察，https：//baijiahao. baidu. com/s？ id = 1676219092828815598&wfr = spider&for = pc，2020 年 8 月 28 日。

略性新兴产业，数量都有不同程度的增加，大型民营企业集团与省重点产业的关联度进一步增强。①

二 2019~2020年闽商各行业发展情况

2019年，在"传统制造业""食品工业""互联网与数字经济""健康产业"等行业的闽商发展情况良好，具体分析如下。

在传统制造业领域，在全国工商联发布的"2019中国民营企业制造业500强"名单中上榜的13家闽商，分别是青拓集团、永荣控股集团、恒申控股集团、宁德时代公司、三宝集团、安踏集团、金纶高纤公司、达利食品集团、恒安集团、福耀集团、福建捷联电子有限公司（以下简称捷联电子公司）、福建百宏聚纤科技实业有限公司（以下简称百宏聚纤公司）、祥兴（福建）箱包集团有限公司（以下简称祥兴箱包公司）。②"2020中国制造业民营企业500强"榜单中，有15家闽商，分别是大东海集团、恒申控股集团、永荣控股集团、宁德时代公司、安踏集团、金纶高纤公司、圣农集团、三宝集团、恒安集团、达利食品集团、福耀集团、捷联电子公司、百宏聚纤公司、祥兴箱包公司、福建长源纺织有限公司。③ 这些闽商民营企业中，既有诞生于改革开放前期的"老"品牌，如恒安集团（1985）、福耀集团（1987）、达利食品集团（1989）等；也有20世纪90年代成立的

---

① 《最新福建民企100强发布！》，海峡网，https：//baijiahao.baidu.com/s？id=1676193062587458957&wfr=spider&for=pc&searchword=福建省民营企业100强名单&isFailFlag=1，2020年8月27日。
② 《2019中国民营企业制造业500强榜单》，全国工商联网站，http：//www.acfic.org.cn/zzjg_327/nsjg/jjb/jjbgzhdzt/2019my5bq/2019my5bq_bgbd/201908/t20190822_138382.html，2019年8月22日。
③ 《2020中国制造业民营企业500强榜单》，全国工商联网站，http：//www.acfic.org.cn/zzjg_327/nsjg/jjb/jjbgzhdzt/2020my5bq/2020my5bq_bgbd/202009/t20200910_244591.html，2020年9月10日。

安踏集团（1991）、三宝集团（1999）等，更多的则是21世纪、中国"入世"之后成立的民营企业；而堪称亮眼的是成立于2011年的宁德时代公司。在本土成长起来的闽商民营企业中，以安踏集团、厦门钨业股份有限公司、福建龙马环卫装备股份有限公司等为代表的制造业企业，从多品牌、全球化运营，打破国外关键材料、关键部件的技术封锁，借助互联网技术和数字化管理模式等方面，加快转型升级步伐，亮点纷呈。

食品工业是福建在全国具有重大影响力、竞争力的传统产业。截至2019年，福建累计有63家企业列入农业产业化国家重点龙头企业名单。在《农民日报》发布的"2019农业产业化龙头企业500强"榜单中，闽企有15家入选，其中厦门象屿股份有限公司排名500强榜单第一。① 2019年，福建食品工业主营业务收入居全省消费品工业首位。福建省规模以上食品工业企业达2372家，实现主营业务收入6648.9亿元，居全国第5位，居福建省消费工业首位；② 实现出口交货值1063.16亿元，同比增长9.9%。2019年，福建省的食品工业在盈利水平、主要产品产量方面均实现提高。③

近年来，互联网与数字经济也是闽商崛起的一大领域，数字经济成为福建高质量发展的新引擎。2018~2020年，连续三届"数字中国建设峰会"的举办持续带动福建数字经济的快速成长。相关的榜单，在"2020福建省民营企业100强"中，涉及数字经济范畴的企业总计15家；而在中国电子信息行业联合会发布的"2019软件和

---

① 《2019农业产业化龙头企业500强完整名单》，http://www.ttpaihang.com/news/daynews/2019/19102332891.htm，2019年10月23日。
② 《福建省规模以上食品工业主营业务收入跃居全国第五》，福建省食品工业协会网站，http://www.fjfood.com/Item/Show.asp?m=1&d=5359，2020年7月3日。
③ 林辉：《2019年福建省食品工业经济运行情况》，《福建轻纺》2020年第4期，第8~10页。

信息技术服务综合竞争力百强企业"中,福建共有6家企业入选,其中5家为闽商民营企业。2019年,福建省重点互联网企业达270家,它们不仅在传统的网络游戏、电子商务业务中占据主导地位,而且在云计算、大数据、物联网等领域加速兴起。从全国来看,闽商创立的北京字节跳动科技有限公司(以下简称字节跳动)和美团、微医等互联网企业巨头增长强劲,同时还在积极向其他相关产业布局。

健康产业是闽商民营企业活跃的一大板块。2019年,分布在健康产业中的闽商大致有四类:一是以恒安集团为代表的卫生用品生产行业;二是以莆系医疗为代表的民营医疗机构行业;三是在福建各级政府大力支持下完成了起步的生物医药产业,目前主要集中在厦门市海沧区;四是在大健康产业与互联网融合的背景下产生的"互联网+"健康产业。在"数字福建"建设的支持下,2019年5月,福建省被国家卫生健康委员会(以下简称国家卫健委)确定为"互联网+医疗健康"示范省。传统健康企业尝试通过与互联网企业合作完成数字化转型,互联网企业也看中了大健康产业的蓝海市场积极展开尝试。"中华老字号"片仔癀药业公司(以下简称片仔癀公司)紧跟时代步伐,仅2019年电商全渠道销售过亿元;同时,片仔癀公司还引入直播、小红书推广、新媒体平台合作等方式,扩大老字号品牌的影响力。

此外,闽商民营企业在细分的新市场上也开始布局,从2020年1月3日公布的"2019闽商十大新锐人物"中可以看出,一批闽商新锐所从事的行业已经完全不同于闽商的传统优势行业。从循环经济、无人驾驶技术,到生态水务、汽车尾气催化净化器的研发等,新一代闽商在继承传统闽商拼搏奋斗精神的同时,也展示出拥抱创新的时代思维。10位闽商新锐人物分别是:锦楠建设集团有限公司总裁陈剑宇、广州易流智能装备科技有限公司董事长陈章芳、福建帝视信

闽商蓝皮书

息科技有限公司董事长兼总经理高钦泉、菠萝创投执行合伙人兼CEO黄灿斌、智恒科技股份有限公司董事长兼总裁李贵生、福建朝日环保科技开发有限公司董事长翁希明、深圳市龙岗区时代学校董事长徐丽萍、中国金属资源利用有限公司董事局主席俞建秋、恒鸿达科技有限公司董事长章珠明、福建乐游网络科技有限公司（以下简称乐游网络公司）董事长朱大凯。①

三 2019年境外闽商发展情况

中东欧是2019年闽商境外布局比较热门的区域。在中东欧，闽商主要布局的产业有箱包、鞋服贸易、零售、餐饮、商品批发、茶叶等，在当地布局的主要闽商有紫金矿业集团股份有限公司（以下简称紫金矿业集团）、恒申控股集团等。2019年，紫金矿业集团收购塞尔维亚Timok铜金矿，厦门盈趣科技股份有限公司（以下简称盈趣科技公司）和匈牙利威克集团共同出资打造的盈趣科技匈牙利产业园一期项目正式投产，恒申控股集团与西班牙石油公司签订了合作建设上游产品生产装置和全球战略采购协议，闽商在当地矿业、消费电子产品及纺织业等方面均有较大投资。

亚洲是传统闽商所在的核心区域，东南亚地区的闽商堪称境外闽商典范。东南亚地区的闽商主要关注农业、旅游业、矿业、能源开发、信息通信、食品工业、金融、传媒、餐饮娱乐、畜牧业、香烟制造、房地产等。在保持传统产业优势的同时，闽商积极投身互联网经济，或投资或合作开发，引领互联网科技产业的崛起。2019年值得关注的是有多位老一辈闽商故去。1月，菲律宾首富、SM集团创办

---

① 《2019闽商十大新锐人物正式揭晓》，闽商观察，https://baijiahao.baidu.com/s?id=1654966458440400607&wfr=spider&for=pc，2020年1月6日。

人施至成和印度尼西亚金光集团创始人黄奕聪去世；6月，马来西亚IOI集团创始人李深静去世；11月，菲律宾JG顶峰控股公司名誉董事长吴奕辉去世。随着创始人的老去，东南亚地区闽商企业的传承和发展问题引发了广泛的关注。

美洲地区的闽商正面临中美、中加关系的变化以及其他政治因素的微妙影响，这些因素都直接或间接影响着闽商的在地运营。美、加华人移民结构的变化，推动以传统产业为主的闽商转型升级。与此同时，新生代的闽商群体则从中看到机会。他们积极引入互联网科技，尝试改变和赋能闽商传统产业，从而形成了闽商创业的不同路径。这一趋势仍在演变之中。在以阿根廷和巴西为代表的拉美地区，闽商传统的超市、贸易产业仍在继续扩大。深受中国经济影响的中生代闽商也开始崛起，并积极面向中国寻找发展机会，"双重嵌入"成为他们的不二选择。

非洲地区提供了闽商发展所需要的机遇和空间，许多老一辈闽商已经利用贸易优势，把握时机进一步发展，在超市和贸易等行业创造了可观的财富。后期陆续前往的闽商，则充分依托非洲充裕的劳动力、自然资源以及广阔的市场空间，结合中国的优势进行深耕。在西亚北非，闽商的主要产业是石材、石油、建材、物流、矿产、远洋渔业、百货、电子产品，在当地布局的闽商有福州宏东远洋渔业有限公司、九牧厨卫股份有限公司（以下简称九牧厨卫公司）、网龙网络控股有限公司等。

大洋洲地区的闽商面对地广人稀、资源丰富的优势，依托中国经济快速发展的机遇，利用跨国优势在传统领域取得不错的成绩。在澳大利亚的闽商在木材出口、房地产、农业以及矿业资源出口等领域都有成功案例。但因市场有限，闽商民营企业发展的规模和实力还不够大。

四 2019年闽商的慈善力量

继承闽商热心公益的优良传统,2019年闽商仍活跃在各大慈善榜单上。2019年5月21日,2019胡润慈善榜发布,统计了2018年4月1日至2019年3月31日期间的现金捐赠、和现金相关的捐赠以及有法律效力的承诺捐赠情况。值得注意的是,该年首次将港澳台慈善家统计在内。从企业家的出生地看,闽商比去年增加5人,以16人位居第二,仅次于粤商;地区捐赠总额占10.0%。新华都实业集团股份有限公司(以下简称新华都集团)的陈发树以个人名义捐赠5亿元,设立"北京大学发树医学发展基金",成为2019年福建首善。这已经是陈发树第五次登上胡润慈善榜。此外,上榜闽商民营企业家还有世纪金源集团黄如论、黄涛父子,世茂集团许荣茂,泰禾集团黄其森家族,宝龙集团许健康家族,恒安集团许连捷家族,信义集团李贤义,香江国际集团杨孙西,澳门金龙集团陈明金,厦门源昌集团有限公司(以下简称源昌集团)侯昌财,正荣地产公司欧宗荣,安踏集团丁和木家族,字节跳动张一鸣,九牧王股份有限公司(以下简称九牧王公司)林聪颖,中骏集团黄朝阳,盼盼食品集团蔡金垵。福耀集团的曹德旺本年度虽未上榜,但凭借历年积累的捐赠额,在历年捐赠额超5亿元的"2019胡润全球华人大慈善家"榜单上名列第五。①

2019年,《福布斯》中文版调查了中国民营企业家及企业在2018年向公益慈善领域的现金捐款情况,并将企业家及其管理企业的捐款额合并计算,编制"2019中国慈善榜",于2019年7月24日发布。福建本土共有10家企业上榜,分别是新华都集团陈发树、泰

---

① 《2019胡润慈善榜》,新浪网,http://finance.sina.com.cn/zt_d/2019hrcsb/,2019年5月21日。

禾集团黄其森、恒安集团许连捷家族和施文博、宏晖集团林福平、源昌集团侯昌财、安踏集团丁世家家族、七匹狼集团周永伟、达利食品集团许世辉、九牧王公司林聪颖和柒牌集团洪肇设。按照籍贯计算，此次共有21位闽商上榜，捐赠金额占上榜企业家捐赠总额的16.14%。其中中骏集团黄朝阳以5.25亿元捐赠额名列第七，为2019年度闽商首善。①

精准扶贫是闽商发展慈善事业的一大方向。截至2020年4月23日全省"千企帮千村"行动巩固提升推进会，全省1300家民营企业和商会组织结对帮扶1397个贫困村，投入资金7.9亿元，惠及4.9万贫困人口。② 与2018年底数据相比，参与行动的企业（商会）增加71家，帮扶贫困村增加122个，范围不断扩大。以"同心·光彩助学"活动为载体，福建省光彩事业促进会捐资575万元资助了1150名贫困大学生，并带动全省民营企业家捐赠2.12亿元资助贫困学生57478人。福建省女企业家商会发起"光彩·粉红丝带"健康扶贫活动，帮助更多贫困地区女性进行两癌筛查。福建省太阳能光伏商会在福清市一都村捐建光伏电站，所得电费收入直补给贫困户，项目将持续开展20年。③

除捐款之外，闽商的公益活动也在形式上不断升级。响应全省各级工商联的号召，闽商民营企业及商会组织通过返乡创业或支持创业的形式，定点招收帮扶村农民务工就业。如江苏镇江福建商会会长丁任友2019年以来在浦城县泽潭村投资2000万元，流转土地800多

---

① 《福布斯2019中国慈善榜》，https：//baijiahao. baidu. com/s？id = 1640015132363910993&wfr = spider&for = pc，2019年7月25日。
② 陈欢欢：《福建省召开"千企帮千村"行动巩固提升推进会》，腾讯网，https：// new. qq. com/omn/20200423/20200423A0RVEB00. html，2020年4月23日。
③ 《福建省工商联及所属商会与民营经济人士齐心发力"千企帮千村"》，全国工商联网站，https：//www. acfic. org. cn/gdgsl_ 362/fj/fjgslgz/202006/t20200623_ 239153. html，2020年6月23日。

亩，开展中草药种植和林下经济项目，带动当地60户贫困户就业，帮助每户贫困户每年增收3000余元。①

闽商作为闽宁扶贫协作中的经济主体，活跃于宁夏经济的各个行业，带动了宁夏经济的发展，推进了宁夏经济结构的调整，为宁夏脱贫攻坚工作做出了不可替代的贡献。截至2020年，在宁闽籍企业与商户达到5700多家，在宁闽企年产值350亿元，8万多闽籍人员在宁从业，为宁夏招商引资1500亿元。②闽商在宁夏经营的范围比较广泛，主要包括房地产开发、建筑材料、食品加工、餐饮娱乐、服装鞋帽、煤炭化工、黄金珠宝、电子通信、医院医药、农林开发、教育文化、智能制造等20多个行业。闽宁扶贫协作走过24年，离不开闽商群体的积极参与。2019年闽宁两省区结对县（区）加强消费扶贫协作，累计采购宁夏9个贫困县和永宁县农特产品10.76亿元。③

五 2019年闽商的社会影响力

闽商作为中国古老而又年轻的商人群体，与改革开放共同成长起来的一代闽商不仅以财富反哺社会，更以成功者的思考来启迪社会，形成了不可忽视的、强大的社会影响力。

2019年，美国前总统奥巴马与夫人成立制片公司后出品的首部纪录片《美国工厂》在奈飞（Netflix）平台上线。这部讲述福耀集团在美国俄亥俄州开设工厂的纪录片被翻译成30多种语言，并面向全

---

① 陈欢欢:《福建省召开"千企帮千村"行动巩固提升推进会》，腾讯网，https://new.qq.com/omn/20200423/20200423A0RVEB00.html，2020年4月23日。
② 《"民间资本"为闽宁协作注入市场活力——八闽企业家在宁夏》，中国共产党新闻网，http://cpc.people.com.cn/n1/2020/0709/c64104-31777368.html，2020年7月9日。
③ 王建宏、高建进、张文攀:《闽宁协作24载 海风吹绿黄土地》，光明网，http://epaper.gmw.cn/gmrb/html/2020-09/03/nw.D110000gmrb_20200903_2-05.htm，2020年9月3日。

世界播放，该片获得了美国第 92 届奥斯卡奖最佳纪录片奖。《美国工厂》的上映和获奖，使得在片中本色出镜的闽商曹德旺一下子获得了世界范围的知名度。据报道，曹德旺在 2015 年原本打算邀请外部团队拍摄一部宣传片，但在与两位导演沟通之后，决定"让他们拍一部他们想拍的影片"，给予了拍摄团队最大的自由。纪录片没有回避在美建厂初期福耀集团遇到的种种问题，特别是中美企业文化之间的冲突，这是该纪录片呈现的重点。对此，曹德旺本人及福耀集团的管理层不仅没有责怪两位导演，还提倡员工们都来看一看这部纪录片，认为"每个人都能从片子里学到很多东西"。早在 2015 年，曹德旺就出版了自传《心若菩提》，在书中，曹德旺用平实的语言讲述自己成长为企业家的心路历程。从《心若菩提》到《美国工厂》，曹德旺勇于展示自己、不怕外界质疑，这是一位从商 40 余年的闽商所展现出来的自信和从容。

另一位闽商中的代表性人物福建新大陆科技集团董事长王晶也在 2019 年推出了自己的著作《人类命运治理简史：从国家的诞生到全球治理时代的来临》。作者在书中表达的所思所想已经超出了企业管理和技术的发展，而是站到了全人类共同发展的高度，探讨在物理世界和数字世界深度融合的今天，数字时代治理的新方向、新空间、新模式，阐述对人类未来命运和发展方向的思考。当一名企业家从人类发展的宏观角度思考人类命运的共同发展时，世界听到了一位闽商发出了不同于"小目标几个亿"的声音。

2019 年 5 月，在中国香港异常复杂的氛围中，中国政协主席汪洋在北京迎来了一个特殊的团队，由香港太平绅士、香港嘉祥交通（亚洲）集团董事局主席、闽商姚志胜博士等率团的中国和平统一促进会香港总会代表团抵达北京。自从姚志胜担任中国和平统一促进会香港总会执行会长以来，该会在祖国统一、香港"修例风波"期间充分发挥了反"台独"、反"港独"的力量，在止暴治乱的关键时刻为祖国的和平统一提供了有力的支持。早在2017年，姚志胜就以政论文集《筑梦香江》的出版记录了自己多年来对促进祖国和平统一、维护香港繁荣稳定的思考。这些思考不仅停留在纸上，更体现在坚决捍卫"一国两制"、坚决反对"港独"分裂势力的工作实践中。

他们是闽商群体中极具代表性的人物，他们在"富起来"之后，勇于担当社会责任，不仅积极参与社会公益事业，而且不断思考社会与时代的前进方向，在新的时代开启新的征程。

六　结语

2019年，闽商民营企业与企业家的发展无疑是中国社会经济发展的一个代表。一直以来，民营企业与企业家的发展离不开时代的大背景、政府的政策导向，更离不开商人群体的长期积累和传承，以及企业家的机遇和拼搏，他们在变化中发展，走出了强者辈出、新兴产业人才不断涌现的道路，为国家、社会经济的发展贡献着自己的力量。

分　报　告

Topical Reports

B.2
2020年福建省闽商发展报告

邹挺超*

摘　要： 2019年福建省民营企业发展环境尤其是营商环境不断优化，推动了闽商的民间投资，促进了闽商民营企业在省内的发展。本报告从当下福建省委省政府对民营经济的引导方向出发，选择龙头企业、数字经济、自主创新、国际影响力四个方面，描述2019年福建省内闽商发展的主要特征，并在此基础上对闽商在制造业及高新技术产业、生态文明建设、乡村振兴等领域的发展进行了深入的分析。

关键词： 闽商　制造业　高新技术产业　生态文明建设　乡村振兴

---

* 邹挺超，《闽商》杂志社执行总编辑。

一 2019年福建省闽商整体发展情况

民营经济是闽商的主体。2019年，福建省民营经济发展继续保持稳中有进的趋势。相关统计部门数据表明，2019年，福建省地区生产总值（GDP）42395.00亿元，比上年增长7.6%，高于全国平均增长值1.5个百分点。① 2019年，全省民营经济实现增加值28889.5亿元，增长8.4%，占GDP的比重为68.1%。② 福建省民营企业提供了70%以上的税收、80%以上的就业、90%以上的市场主体③，是闽商力量的集中体现。

整体而言，2019年闽商在福建省内发展环境不断优化。2019年4月，福建省政府办公厅印发《关于聚焦企业关切进一步推动优化营商环境政策落实的实施意见》，从减少社会资本市场准入限制、降低企业生产经营成本等方面，优化营商环境。④

2019年6月18日，第六届世界闽商大会在福州举办，大会期间，中共福建省委书记于伟国与部分闽商代表座谈时，专门讲到打破各种"卷帘门""玻璃门""旋转门"等，并提出要采取营造公平透明法治的发展环境，精简行政手续、降税降费，提供金融支持、精准服务等四个方面的措施，为企业发展打好基础。⑤ 据统计，2019年，

---

① 《2019年福建经济运行总体平稳》，福建省统计信息网，https://tjj.fujian.gov.cn/xxgk/tjxx/jjyxqk/202001/t20200121_5184779.htm，2020年1月20日。
② 《〈关于加快推动民营经济发展的建议〉的答复》，福建省工业和信息化厅网站，https://gxt.fujian.gov.cn/gk/dbwyzs/202005/t20200508_5261827.htm，2020年5月8日。
③ 福建省工商业联合会：《2020福建省民营企业社会责任报告》，2020年8月，第5页。
④ 《福建省人民政府办公厅关于聚焦企业关切进一步推动优化营商环境政策落实的实施意见》，福建省人民政府网，http://www.fujian.gov.cn/zc/zxwj/szfbgtwj/201904/t20190412_4850104.htm，2019年4月12日。
⑤ 《第六届世界闽商大会全记录》，《闽商》2019年第7期，第27页。

福建全年减税降费超过 600 亿元，减轻企业负担超过 900 亿元。①

营商环境的优化，也推动了闽商民间投资的增长。2019 年福建全年固定资产投资（含铁路）比上年增长 6.0%；民间投资增长 5.6%，占固定资产投资的比重为 57.0%；高技术产业投资增长 2.8%，占固定资产投资的比重为 5.8%。② 截至 2019 年 12 月底，福建省实有民营企业 128.99 万家，同比增长 13.01%，占全省企业数的 92.97%；注册资金 9.22 万亿元，同比增长 15.63%；③ 福建省共有 A 股上市企业 139 家，④ 比上年增加 6 家，总市值为 19021.74 亿元，比上年增长 34.7%，⑤ 其中民营企业超过百家。另据不完全统计，在境外上市民营企业约有 145 家。⑥

二　2019 年福建省闽商发展的主要特征

（一）龙头企业：从规模做大到做优做强

闽商的发展，首先体现在企业规模的不断壮大上。2019 年，这一特征更加突出。

---

① 《政府工作报告》，福建省人民政府网，http：//www.fujian.gov.cn/szf/gzbg/szfgzbg/202001/t20200121_5184943.htm，2020 年 1 月 21 日。
② 《2019 年福建省国民经济和社会发展统计公报》，福建省统计信息网，https：//tjj.fujian.gov.cn/xxgk/tjgb/202003/t20200302_5206961.htm，2020 年 3 月 2 日。
③ 福建省工商联：《2020 福建省民营企业社会责任报告》，2020 年 8 月，第 5 页。
④ 《福建辖区（不含厦门）上市公司名单（截至 2019 年 12 月 31 日）》，中国证券监督管理委员会福建监管局网站，http：//www.csrc.gov.cn/zjhpublicoffj/jgdx/202001/t20200110_369489.htm，2020 年 1 月 10 日；《厦门辖区上市公司一览表（截至 2019 年 12 月 31 日 49 家）》，中国证券监督管理委员会厦门监管局网站，http：//www.csrc.gov.cn/zjhpublicofxm/jgdx/202001/t20200108_369390.htm，2020 年 1 月 8 日。
⑤ 《2019 年福建省国民经济和社会发展统计公报》，福建省统计信息网，https：//tjj.fujian.gov.cn/xxgk/tjgb/202003/t20200302_5206961.htm，2020 年 3 月 2 日。
⑥ 《闽商》杂志社：《2019 闽商年度报告》，2020 年 1 月，第 4 页。

2019年,福建省出台《福建省加快推动制造业优势龙头企业和小巨人企业高质量发展的行动计划(2020-2022年)》,在此期间,要培育443家省级工业和信息化龙头企业、22家国家级和181家省级制造业单项冠军企业(产品),以优势龙头企业和小巨人企业带动产业基础高级化、产业链现代化。① 2019年,全省工信领域省级龙头企业营业收入增长8.6%,年营业收入百亿元以上工业企业达46家。②

2019年8月,全国工商联发布"2019中国民营企业500强",其中福建企业有22家(详见表1)上榜,比2018年新增2家,上榜企业数量位居全国第六。排名福建第一的阳光龙净集团有限公司(以下简称阳光龙净集团),在500强中排名第20位,2018年营业收入为2208.96亿元。③

上榜的福建企业中,正荣集团有限公司、青拓集团有限公司(以下简称青拓集团)、福晟集团有限公司营业收入也都超过千亿元。其中,青拓集团是福建省首家年产值超千亿元的民营企业。④

在子榜单"2019中国民营企业制造业500强"中,福建企业也占据了13席(详见表2)⑤,比2018年新增1家。

此外,福建省工商联发布的"2020福建省民营企业100强"名单显示,依照2019年营业收入,阳光龙净集团(2480.78亿元)、青

---

① 《〈关于加快推动民营经济发展的建议〉的答复》,福建省工业和信息化厅网站,https://gxt.fujian.gov.cn/gk/dbwyzs/202005/t20200508_5261827.htm,2020年5月8日。
② 《〈关于加快推动民营经济发展的建议〉的答复》,福建省工业和信息化厅网站,https://gxt.fujian.gov.cn/gk/dbwyzs/202005/t20200508_5261827.htm,2020年5月8日。
③ 《2019中国民营企业500强榜单》,全国工商联网站,https://www.acfic.org.cn/zzjg_327/nsjg/jjb/jjbgzhdzt/2019my5bq/2019my5bq_bgbd/201908/t20190822_138379.html,2019年8月22日。
④ 《1008亿元!青拓集团成我省首家年产值超千亿民企;吉利与宁德时代组建合资公司》,搜狐网,https://www.sohu.com/a/283590565_99928348,2018年12月21日。
⑤ 《2019中国民营企业制造业500强榜单》,全国工商联网站,https://www.acfic.org.cn/zzjg_327/nsjg/jjb/jjbgzhdzt/2019my5bq/2019my5bq_bgbd/201908/t20190822_138382.html,2019年8月22日。

2020年福建省闽商发展报告

表1 "2019中国民营企业500强"榜单中的福建企业

排名	企业名称	行业	营业收入（万元）
20	阳光龙净集团有限公司	综合	22089593
27	正荣集团有限公司	综合	14580001
46	青拓集团有限公司	黑色金属冶炼和压延加工业	11036402
56	福晟集团有限公司	综合	10026844
88	融侨集团股份有限公司	房地产业	7535750
93	永辉超市股份有限公司	零售业	7051665
197	福建永荣控股集团有限公司	化学纤维制造业	4014512
199	恒申控股集团有限公司	化学纤维制造业	4002426
215	三盛集团有限公司	房地产业	3798690
245	融信（福建）投资集团有限公司	房地产业	3436650
269	泰禾集团股份有限公司	房地产业	3098492
273	盛屯矿业集团股份有限公司	煤炭开采和洗选业	3075433
285	福建省金纶高纤股份有限公司	化学纤维制造业	2986688
291	宁德时代新能源科技股份有限公司	电气机械和器材制造业	2961126
349	厦门禹洲集团股份有限公司	房地产业	2430587
353	安踏体育用品集团有限公司	皮革、毛皮、羽毛及其制品和制鞋业	2410004
427	达利食品集团有限公司	食品制造业	2086356
441	福建恒安集团有限公司	造纸和纸制品业	2051388
446	三宝集团股份有限公司	黑色金属冶炼和压延加工业	2030638
451	福耀玻璃工业集团股份有限公司	非金属矿物制品业	2022499
480	福建圣农控股集团有限公司	畜牧业	1915175
484	厦门恒兴集团有限公司	批发业	1909876

表2 "2019中国民营企业制造业500强"榜单中的福建企业

排名	企业名称	行业	营业收入（万元）
25	青拓集团有限公司	黑色金属冶炼和压延加工业	11036402
116	福建永荣控股集团有限公司	化学纤维制造业	4014512
118	恒申控股集团有限公司	化学纤维制造业	4002426

019

续表

排名	企业名称	行业	营业收入（万元）
165	福建省金纶高纤股份有限公司	化学纤维制造业	2986688
169	宁德时代新能源科技股份有限公司	电气机械和器材制造业	2961126
203	安踏体育用品集团有限公司	皮革、毛皮、羽毛及其制品和制鞋业	2410004
250	达利食品集团有限公司	食品制造业	2086356
259	福建恒安集团有限公司	造纸和纸制品业	2051388
264	三宝集团股份有限公司	黑色金属冶炼和压延加工业	2030638
268	福耀玻璃工业集团股份有限公司	非金属矿物制品业	2022499
299	福建捷联电子有限公司	计算机、通信和其他电子设备制造业	1844264
396	祥兴（福建）箱包集团有限公司	其他制造业	1210953
496	福建百宏聚纤科技实业有限公司	化学纤维制造业	860203

拓集团（1367.55亿元）、融侨集团股份有限公司（865.08亿元）、永辉超市股份有限公司（848.77亿元，以下简称永辉超市）、福建大东海实业集团有限公司（573.36亿元）、融信（福建）投资集团有限公司（516.47亿元）、恒申控股集团有限公司（504.47亿元）、福建永荣控股集团有限公司（501.39亿元）、宁德时代新能源科技股份有限公司（457.88亿元，以下简称宁德时代公司）、三盛集团有限公司（420.23亿元）位列前十。名单还显示，有31家入榜企业2019年营业收入超过100亿元，其中15家突破300亿元。①

值得一提的是，在全国及福建省榜单中占据头名的阳光龙净集团，自2017年以来已经四度进入《财富》世界500强，从2017年的第459名到2020年的第354名，排名跨越式上升，总资产也从

---

① 福建省工商联：《2020福建省民营企业100强调研分析报告》，2020年8月，第26~27页。该报告评价百强的主要依据为2019年企业营业收入等数据。

242.31亿美元，增长到600.53亿美元①，形成环保、教育、地产、金融、物产和资本六大产业集团。

受到国外媒体关注的闽商不止阳光龙净集团。2019年10月，《财富》杂志发布"2019年全球未来50强"排行榜，中国共有16家企业上榜。宁德时代公司、永辉超市两家闽商企业入选。其中，宁德时代公司以3.4的活力得分，居总榜单第4名，也成为入选中国企业名单中的第1名。永辉超市则列总榜单第35名。②

入选榜单的两家闽企，各有亮点。宁德时代公司作为全球销量最大的电动车电池供应商，在全球汽车业一片萧条的背景下展开逆周期投资；永辉超市近几年则在新零售领域大刀阔斧，2019年还推出了由大型超市供应小型生鲜超市的"永辉mini"。这也体现出闽商不仅在规模上做大，更在发展模式上做优做强的趋势。

做优做强还体现在闽商品牌价值不断提升上。在"2020中国品牌价值评价"中，福建有44个品牌进入"上5亿元榜单"，多个品牌位居所在行业前十。③

在电子信息榜单中，厦门宏发电声股份有限公司排名第8，品牌价值42.18亿元；厦门市美亚柏科信息股份有限公司（以下简称美亚柏科公司）排名第9，品牌价值17.26亿元。在轻工榜单中，福建恒安集团有限公司（以下简称恒安集团）排名第6，品牌价值454.72亿元。在纺织服装鞋帽榜单中，恒申控股集团有限公司（以下简称恒申控股集团）排名第10，品牌价值94.67亿元。在食品加工制造榜单中，达利食品集团有限公司（以下简称达利食品集团）排名第

---

① https://www.fortunechina.com/global500/723/2020。
② 《两家闽企上榜2019年〈财富〉未来50强》，福建省人民政府官网，http://www.fujian.gov.cn/xw/fjyw/201910/t20191025_5078108.htm，2019年10月25日。
③ 《2020中国品牌价值评价结果发布 福建省这些品牌荣登5亿元榜单》，福州新闻网，https://news.fznews.com.cn/dsxw/20200512/5eba5d5ced12b.shtml，2020年5月12日。

2，品牌价值232.61亿元；福建圣农食品有限公司（以下简称圣农食品公司）排名第8，品牌价值20.10亿元。在金融保险业榜单中，兴业银行排名第8，品牌价值822.36亿元。在农业榜单中，福建圣农发展股份有限公司（以下简称圣农发展公司）排名第2，品牌价值31.14亿元。在创新品牌榜单中，九牧厨卫股份有限公司（以下简称九牧厨卫公司）以76.18亿元的品牌价值位居榜首；福建匹克集团有限公司排名第2，品牌价值52.65亿元；蜡笔小新（福建）食品工业有限公司排名第4，品牌价值29.41亿元；福建武夷山正山茶业有限公司排名第8，品牌价值17.42亿元。在中华老字号品牌榜单中，片仔癀药业公司以304.55亿元的品牌价值蝉联第2。在地理标志产品区域品牌榜单中，安溪铁观音以1426.86亿元位列区域品牌（地理标志产品）价值第一。①

福建省工商联对省内500家企业的调研显示，2019年被调研企业品牌投入20.67亿元，平均每家企业419.36万元，同比增长88.95%。样本企业拥有中国驰名商标205个，本省名牌产品240个，比2018年增长8.9%。②

（二）数字经济：物联网与5G是重点

自2000年福建省时任省长习近平做出建设"数字福建"的战略决策以来，"数字福建"已经融入福建社会经济各个领域。近年来，福建更将数字经济作为产业转型的抓手。2018年，首届"数字中国建设峰会"在福建召开，2019年，又举办了第二届"数字中国建设峰会"，带动了福建数字经济的成长。③据统计，2019年，福建省数字经济规

---

① 《2020中国品牌价值评价结果发布　福建省这些品牌荣登5亿元榜单》，福州新闻网，https://news.fznews.com.cn/dsxw/20200512/5eba5d5ced12b.shtml，2020年5月12日。
② 福建省工商联：《2020福建省民营企业社会责任报告》，2020年8月，第8页。
③ 《十九年久久为功　总书记提出的"数字福建"建设取得了哪些新成绩?》，央广网，http://news.cnr.cn/dj/20190505/t20190505_524600452.shtml，2019年5月5日。

模突破1.7万亿元，增速近20%，占全省GDP的比重超过40%。①

与福建数字经济发展相呼应，闽商在数字经济领域也有不俗表现。在"2020福建省民营企业100强"中，业务涉及数字经济范畴的企业总计15家，比上年增加5家，其中12家主营业务为数字经济相关产业，另外3家为多元化企业集团，业务领域涉及数字经济。②

2019年6月，中国电子信息行业联合会发布了"2019软件和信息技术服务综合竞争力百强企业"榜单。福建共有6家企业入选，分别是福州福大自动化科技有限公司（以下简称福大自动化公司）、福建新大陆科技集团、福建网龙计算机网络信息技术有限公司、厦门信息集团有限公司、厦门吉比特网络技术股份有限公司（以下简称吉比特公司）、美亚柏科公司。除福大自动化公司及厦门信息集团有限公司外，其余4家都是闽商民营企业。③

2019年8月，中国互联网协会、工业和信息化部网络安全产业发展中心（工业和信息化部信息中心）联合发布"2019年中国互联网企业100强"榜单，福建省有7家企业上榜，分别是排名第42位的四三九九网络股份有限公司（以下简称四三九九）、排名第58位的福建网龙计算机网络信息技术有限公司、排名第59位的美图公司、排名第83位的吉比特公司、排名第84位的福建乐游网络科技有限公司（以下简称乐游网络公司）、排名第89位的厦门翔通动漫有限公司、排名第98位的厦门美柚信息科技有限公司。④

---

① 《"数字福建"闯新路 福建2019年数字经济规模突破1.7万亿元》，新华网福建频道，http://www.fj.xinhuanet.com/toutiao/2020－06/15/c_1126114830.htm，2020年6月15日。
② 福建省工商联：《2020福建省民营企业100强调研分析报告》，2020年8月，第16页。
③ 《重磅！2019中国软件百强企业榜单揭晓》，新浪财经网，https://finance.sina.com.cn/roll/2019－06－28/doc－ihytcitk8369661.shtml，2019年6月28日。
④ 《2019年中国互联网企业100强榜单揭晓（附百强榜单）》，搜狐网，https://www.sohu.com/a/333792810_114984，2019年8月14日。

2019年,福建省重点互联网企业达270家,[①] 其中,网络游戏、电子商务业务占据主导地位,这一点从上述榜单中也可以反映出来。四三九九、吉比特公司、乐游网络公司等均聚焦网络游戏。不过,榜单也显示,闽商在云计算、大数据、物联网等领域正在加速兴起。尤其在物联网领域,福建已经成为国内物联网产业重地。2018年福建物联网产值已超千亿元,相关企业超过500家,福州马尾是4个国家级物联网产业基地之一。[②] 其中,新大陆科技集团是较有代表性的闽商企业。

成立于1994年的新大陆科技集团,已经发展成为产业横跨物联网、大数据、IT三大板块的综合性高科技产业集团,在职员工5000余人,业务遍及全球100多个国家和地区。新大陆科技集团拥有国际领先、完全自主知识产权的物联网二维码核心技术、行业芯片设计技术,2010年正式发布了"全球首颗物联网应用二维码芯片"。[③]

2019年"数字中国建设峰会"期间,新大陆科技集团与公安部第一研究所北京中盾安信科技发展有限公司(以下简称中盾安信公司)、中国移动信息技术有限公司(以下简称中国移动公司)签约共建数字身份创新运营体系,全面助力中盾安信公司为中国移动公司构建中国移动数字身份创新运营平台,这也标志着"互联网+"可信身份认证平台(CTID)的首个全国级可信数字身份合作正式落地。[④] 2019年,新大陆科技集团还依托在自动识别领域的优势,在山东济南助

[①] 《福建7家企业入选2019年中国互联网企业100强》,搜狐网,https://www.sohu.com/a/333733140_733300,2019年8月14日。
[②] 《福建省成为国内物联网产业重地》,人民网,http://fj.people.com.cn/n2/2019/1203/c181466-33598020.html,2019年12月3日。
[③] "集团简介",新大陆集团官网,http://www.newland.com.cn/about.html,最后访问日期:2020年11月3日。
[④] 《新大陆助力CTID推动中移动DIDP平台上线 首个全国级数字身份合作》,新大陆集团官网新闻中心,http://www.newland.com.cn/news/4128.html,2019年10月25日。

力全国医保电子凭证首发,①推动"互联网+医疗"落地。

此外,闽商在物联网领域的代表性企业还有智恒科技股份有限公司,该公司建设了行业首个私有云智慧水务云数据服务中心,主编了《智慧水务信息系统建设与应用指南》《城镇供水信息系统工程技术标准》《建筑及居住区数字化技术应用基础数据元》等,是全国智慧水务理论体系与标准的建设单位之一。②

5G建设是近年来的热点,在这方面,也有一些闽商提前布局,如三安光电股份有限公司(以下简称三安光电公司)就在加快转型,在5G领域投入巨资。作为LED行业龙头,三安光电公司在集成电路领域拥有一定的优势。在5G时代,许多领域都需要用到化合物半导体,这也正是三安光电公司布局的重点。早在2014年,三安光电公司就成立了全资子公司——厦门市三安集成电路有限公司,以聚焦化合物半导体芯片产业。③

2018年,三安光电公司在福建泉州南安高新技术产业园区斥资333亿元投资Ⅲ-Ⅴ族化合物半导体材料、LED外延片、芯片、微波集成电路、光通信、射频滤波器、电力电子、SIC材料及器件、特种封装等产业。2022年项目建成后,三安光电公司将实现在化合物半导体高端领域的全产业链布局。④

5G射频芯片主要以化合物半导体材料为主,包括氮化镓(GaN)芯片和砷化镓(GaAs)芯片。厦门市三安集成电路有限公司已建成国内第一条6英寸氮化镓、砷化镓外延芯片生产线并投入量产,打造

---

① 《新大陆助力全国医保电子凭证首发》,新大陆集团官网新闻中心,http://www.newland.com.cn/news/4158.html,2019年12月19日。
② 李贵生:《三次创业愈战愈勇成就"智恒传奇"》,《闽商》2020年第1/2期,第95页。
③ 《三安光电积极调整产品结构,在Mini/Micro LED等方面加大投入》,中国触摸屏网,http://www.51touch.com/lcd/news/dynamic/2019/0826/55025.html,2019年8月26日。
④ 《三安光电多款用于5G产品芯片已经小批量供货》,中国IC网,https://www.ic37.com/htm_news/2019-4/284443_117352.htm,2019年4月1日。

出国内第一个商用化和半导体晶圆代工制造平台,是中国唯一一家有能力批量制造氮化镓和砷化镓外延芯片的企业。①

(三)自主创新:填补国内空白

2019年全国两会期间,习近平总书记参加福建代表团审议时强调,要营造有利于创新创业创造的良好发展环境。②

当下,闽商自主创新面临着良好的政策环境。2019年,福建新技术产业化效益指数居全国第7位,科技创新环境指数居全国第9位。③ 2019年,福建省深入实施新一轮企业技术改造专项行动,落实技改奖励普惠政策,全年累计实施省重点技改项目738项,总投资2169亿元,预计投产后新增销售收入3760多亿元。④ 在这种环境下,谋求自主创新,打破国外垄断,成为不少闽商的选择。

2019年5月13日,由圣农发展公司自主研发培育、具有完全自主知识产权的国内第一个白羽肉鸡新品种在光泽县诞生。⑤ 中国白羽肉鸡生产起步于20世纪80年代,经过30多年的发展,白羽肉鸡年出栏约45亿羽,但种鸡100%依赖国外进口。⑥ 圣农发展公司年产白羽肉鸡5亿羽,占白羽肉鸡行业10%的份额,⑦ 规模位居全球第7、亚洲第一,

---

① 《三安光电积极调整产品结构,在Mini/Micro LED等方面加大投入》,中国触摸屏网,http://www.51touch.com/lcd/news/dynamic/2019/0826/55025.html,2019年8月26日。
② 《创新创业创造:释放高质量发展强劲动力》,福建省工业和信息化厅官网新闻,https://gxt.fujian.gov.cn/xw/jxyw/202005/t20200525_5272895.htm,2020年5月25日。
③ 《创新创业创造:释放高质量发展强劲动力》,福建省工业和信息化厅官网新闻,https://gxt.fujian.gov.cn/xw/jxyw/202005/t20200525_5272895.htm,2020年5月25日。
④ 《创新创业创造:释放高质量发展强劲动力》,福建省工业和信息化厅官网新闻,https://gxt.fujian.gov.cn/xw/jxyw/202005/t20200525_5272895.htm,2020年5月25日。
⑤ 《圣农实现"种源突破",自主研发培育出国内第一个白羽肉鸡新品种!》,搜狐网,https://www.sohu.com/a/320502563_223261,2019年6月14日。
⑥ 《圣农巨资锻造白羽肉鸡"中国芯" 达国际先进水平》,腾讯网,https://new.qq.com/omn/20190513/20190513A0ON58.html,2019年5月13日。
⑦ 《圣农实现"种源突破",自主研发培育出国内第一个白羽肉鸡新品种!》,搜狐网,https://www.sohu.com/a/320502563_223261,2019年6月14日。

但一年引种的花费达数千万元。白羽肉鸡育种技术被国外垄断，严重制约了中国白羽肉鸡产业的健康发展。2016年初，圣农发展公司正式启动白羽肉鸡育种项目，计划用3年时间培育出中国自有的白羽肉鸡新品种，用5~6年时间培育出中国自有的白羽肉鸡配套系。[1]

圣农发展公司投资数亿元，从国内引进多名长期从事肉种鸡育种、种鸡场设计建设的专家组成项目团队，并与多家知名院校和研究机构在原种鸡群疾病净化等方面进行技术合作，按照国家P3实验室标准新建技术中心，该技术中心拥有通过国家CNAS认证的全国模范院士专家工作站，检测水平达到国家级实验室的要求。[2] 圣农发展公司还利用光泽县作为国家级生态县拥有优越自然环境的优势，建立起具有国际水平的生物安全防控体系，以及白羽肉鸡纯系和配套系种鸡饲养管理标准体系，进行精细的系谱核心群全同胞家系孵化。[3] 2019年8月8日，圣农集团旗下福建圣泽生物科技发展有限公司还成功培育出新世代原种鸡。[4] 同时，圣农发展公司建立了国内第一个白羽肉鸡配套系——SZ901配套系。一个配套系约能够生产80万套祖代种鸡，可以满足中国市场需求的80%。因此，圣农集团生产经营所需的祖代种鸡数量已经实现自给自足。[5]

不止圣农发展公司，2019年，福建有14项成果获得国家科学技术奖，实现翻番，全省共有有效发明专利43791件，同比增长

---

[1] 《圣农发展培育出国内首个白羽肉鸡新品种，打破国外垄断》，闽商观察，https：//baijiahao.baidu.com/s？id=1636033440170995124&wfr=spider&for=pc，2019年6月11日。
[2] 《圣农有"种"》，南平市人民政府，http：//www.np.gov.cn/cms/html/npszf/2019-06-27/1937740372.html，2019年6月27日。
[3] 《福建圣农锻造白羽肉鸡"中国芯" 为行业发展谋取国际话语权》，新浪网，http：//fj.sina.com.cn/news/b/2019-06-28/detail-ihytcerk9891377.shtml，2019年6月28日。
[4] 《圣农集团成功培育出新世代原种鸡》，搜狐网，https：//www.sohu.com/a/332614901_100017914，2019年8月9日。
[5] 《圣农集团成功培育出新世代原种鸡》，搜狐网，https：//www.sohu.com/a/332614901_100017914，2019年8月9日。

13.68%，每万人拥有发明专利11.1件，同比增长12.8%。① 全省拥有国家企业技术中心60家，省企业技术中心475家，市企业技术中心836家，4家省创新实验室、10个省级科技创新平台启动建设。②

创新已经成为闽商民营企业打造核心竞争力的主要手段。福建省工商联对500家民营企业的调研显示，2019年被调研企业研发创新投入总额为475.72亿元，被调研企业中有405家2019年加大了研发投入，研发经费占总收入的比例超过3%以上的民营企业占42.2%，比2018年增长了19.2个百分点。③

除了大型企业集团外，小微企业也在创新方面力求突破。

2019年，福建省统计局对规模以下工业（包括采矿业，制造业，电力、热力、燃气及水的生产和供应业）企业，规模以下交通运输、仓储和邮政业，信息传输、软件和信息技术服务业，租赁和商务服务业，科学研究和技术服务业，水利、环境和公共设施管理业企业的创新活动及相关情况实施了抽样调查。调查显示，19.2%的企业开展了创新活动，比上年提高4.2个百分点，居全国第9位，略高于全国平均水平1.2个百分点。④

在这些开展创新活动的企业中，有28.9%的企业通过创新提高了生产效率，28.4%的企业提高了产品或服务质量，25.5%的企业降低了经营成本，22.8%的企业改善了工作条件。开展创新活动的规模以下工业企业主营业务收入和利润同比增长35.0%和62.0%，分别比未开展创新的企业高13.5个和41.6个百分点。⑤

---

① 福建省工商联：《2020福建省民营企业社会责任报告》，2020年8月，第6页。
② 福建省工商联：《2020福建省民营企业社会责任报告》，2020年8月，第6~7页。
③ 福建省工商联：《2020福建省民营企业社会责任报告》，2020年8月，第7页。
④ 《闽商》杂志社：《2019闽商年度报告》，2020年1月，第61页。
⑤ 《闽商》杂志社：《2019闽商年度报告》，2020年1月，第61页。

（四）国际影响力：从产品输出到品牌、技术、文化输出

2019年10月29日，国际奥委会正式宣布安踏集团成为国际奥委会官方体育服装供应商，期限至2022年底。安踏集团将为国际奥委会委员及工作人员提供体育装备，包括为2020年洛桑冬季青奥会、2020年东京奥运会、2022年北京冬奥会、2022年达喀尔青奥会以及国际奥委会洛桑总部工作人员提供体育服装装备。此前，安踏集团还在2018年平昌冬奥会和2018年布宜诺斯艾利斯青奥会期间为国际奥委会定制了官方体育服装装备。①

闽商体育品牌走向世界，安踏集团是其中的佼佼者。英国品牌评估机构"品牌金融"发布的"2019全球最有价值的50个服饰品牌"排行榜中，安踏集团居第21位，也是此榜单中唯一一个中国内地品牌。② 2019年安踏集团完成对国际体育巨头亚玛芬集团的收购，2019年底，安踏集团全球零售总部——上海安踏中心（ANTA Sports Campus）在上海奠基，③ 标志着其全球化迈出重要一步。

从过去的产品输出到以安踏集团为代表的品牌输出，闽商正在迈出国际化的新步伐。

而在高新技术领域，闽商的技术输出也在迈开脚步。2019年10月18日，宁德时代公司位于德国图林根州的首个海外工厂正式破土开工，这不仅标志着宁德时代公司全球战略布局又向前迈出了一大步，也为德国填补了锂离子动力电池制造的空白。根据计划，宁德时代公司欧洲工厂此次开工面积为23公顷，生产线包括电芯及模组产

---

① 《安踏成为国际奥委会官方体育服装供应商》，新华网体育频道，http://sports.xinhuanet.com/c/2019-10/30/c_1125169140.htm，2019年10月30日。
② 《2019全球服饰品牌最具价值前50榜单 安踏升至第21位》，搜狐网，https://www.sohu.com/a/331668480_261465，2019年8月5日。
③ 《深度！2019全年营收近340亿元，安踏为什么这么牛?!》，搜狐网，https://www.sohu.com/a/382898873_196488，2020年3月25日。

品，预计2022年可实现14GWh的电池产能。①

近年来，宁德时代公司海外拓展不断提速。2019年，宁德时代公司分别与大众（拉美）卡客车公司、戴姆勒卡客车公司签署战略合作协议。宁德时代公司将于2021年为戴姆勒电动系列卡车大规模供应电池，将为大众（拉美）卡客车提供包括开发、制造、回收与梯次利用在内的全生命周期电池解决方案。②而在电池需求更为广阔的乘用车市场，宁德时代公司已与宝马、戴姆勒、现代、捷豹、路虎、标致、雪铁龙、大众和沃尔沃等国际品牌车企开展合作。③

与此前产品和解决方案等输出不同，宁德时代公司欧洲工厂将以核心科技为依托，引入符合要求的本土材料、零部件、系统及服务供应商，从而构建高质量的本土锂电池供应链，这是宁德时代公司从产品输出到技术输出的有效尝试。④

早就迈出国际化步伐的福耀集团，则成为2019年奥巴马夫妇投拍的纪录片处女作《美国工厂》中的主角，该片全面地展现了中国企业及其文化在美国落地的历程。《美国工厂》详尽地展现了福耀集团刚到美国设厂时处处碰壁的状况，如遇到当地员工的态度和技能差异、工会运动、文化冲突等各种始料未及的问题。⑤

福耀集团是中国第一、世界第二大汽车玻璃供应商，产品占全球市场份额的约25%，也是美国多家汽车巨头的供货商。⑥2014年，福耀集团买下代顿市郊莫瑞恩的通用汽车公司原有的厂房，将之改造成玻璃设计和制造工厂。

---

① 《宁德时代首个海外工厂正式动工》，第一电动网资讯频道，https://www.d1ev.com/news/qiye/101498，2019年10月21日。
② 《2019闽商年历》，《闽商》2020年第1/2期，第38页。
③ 《2019闽商年历》，《闽商》2020年第1/2期，第38页。
④ 《宁德时代首个海外工厂正式动工》，第一电动网资讯频道，https://www.d1ev.com/news/qiye/101498，2019年10月21日。
⑤ 《2019闽商年历》，《闽商》2020年第1/2期，第39页。
⑥ 福耀集团官网首页，https://www.fuyaogroup.com/global.html。

在处理中美员工文化差异方面，福耀集团美国工厂的做法可圈可点。他们下大力气给员工营造家的氛围并让美国员工感受到自己被足够尊重。员工食堂提供 2 美元一餐的热食，逢年过节公司会组织庆祝活动。此外，公司推出"一对一"培训项目，"中国师傅"倾囊相授，手把手地把美国员工教成熟练技工。为了让员工对中国文化和福耀集团的企业文化有更直观的认识，福耀集团还在春节期间组织优秀员工到中国旅游并参观福耀集团在中国的工厂。公司还设有员工困难帮扶基金，帮助生活上有困难的工人，向符合申请条件的工人提供 500~3000 美元的补贴。[①] 福耀集团美国工厂解决文化冲突的各种做法，为探索全球化下中国企业走向世界、中国文化与世界其他文化相互融合提供了一个很好的样本。

三 2019年福建省闽商发展特征

（一）制造业优势不断巩固，并向高新技术产业及战略性新兴产业进发

制造业是闽商的传统优势产业，2019 年，闽商在制造业方面的优势不断巩固。在"2019 中国民营企业 500 强"上榜的 22 家福建企业中，有 11 家涉及制造业，占上榜企业的一半。所涉行业有黑色金属冶炼和压延加工业、化学纤维制造业、煤炭开采和洗选业、电气机械和器材制造业、皮革、毛皮、羽毛及其制品和制鞋业、食品制造业、造纸和纸制品业、非金属矿物制品业等多个。[②] 而在"2020 福建

---

① 《2019 闽商年历》，《闽商》2020 年第 1/2 期，第 39 页。
② 《2019 中国民营企业 500 强榜单》，全国工商联网站，https://www.acfic.org.cn/6zzjg_327/nsjg/jjb/jjbgzhdzt/2019my5bq/2019my5bq_bgbd/201908/t20190822_138379.html，2019 年 8 月 22 日。

省民营企业100强"中,属于第二产业的有67家,其中53家是制造业企业。①

工业和信息化部、中国工业经济联合会在2019年第四季度公布的"第四批制造业单项冠军企业(产品)名单"中,宁德新能源科技有限公司、福建长源纺织有限公司入选单项冠军示范企业,单项冠军产品则有福建联迪商用设备有限公司的智能POS终端、厦门金达威集团股份有限公司的辅酶Q10。② 按照工信部的标准,制造业单项冠军企业是指长期专注于制造业某些特定细分产品市场,生产技术或工艺国际领先,单项产品市场占有率位居全球前列的企业。③ 目前,福建省国家级制造业单项冠军(含单项冠军产品、企业)数量已达22家,居全国第5位,详见表3、表4、表5。表3~表5资料来源为《工业和信息化部 中国工业经济联合会关于公布第四批制造业单项冠军企业(产品)及通过复核的第一批制造业单项冠军企业名单的通告》,搜狐网,https://www.sohu.com/a/356949823_368400,2019年11月27日(第四批、第一批复核名单);《两部门关于公布第二批制造业单项冠军企业和单项冠军产品名单的通告》,中国工业新闻网,http://www.cinn.cn/pphd/dxgj/201805/t20180503_186626.html,2018年5月3日(第二批);《关于第三批制造业单项冠军企业和单项冠军产品名单的通告》,中国政府网,http://www.gov.cn/xinwen/2018-11/10/content_5339058.htm,2018年11月10日(第三批)。

---

① 福建省工商联:《2020福建省民营企业100强调研分析报告》,2020年8月,第13~14页。
② 《工业和信息化部 中国工业经济联合会关于公布第四批制造业单项冠军企业(产品)及通过复核的第一批制造业单项冠军企业名单的通告》,搜狐网,https://www.sohu.com/a/356949823_368400,2019年11月27日。
③ 《工信部是如何定义"单项冠军"?》,福建省工业和信息化厅官网,https://gxt.fujian.gov.cn/hd/cjwt/cyjs/201911/t20191121_5125934.htm,2019年11月21日。

表3 制造业单项冠军示范企业福建入选名单

批次	单项冠军示范企业	主营产品
第一批	福建龙溪轴承(集团)股份有限公司	关节轴承
第一批	福建泉工股份有限公司	全自动混凝土砌块成型智能生产线
第二批	厦门宏发电声股份有限公司	控制继电器
第二批	厦门法拉电子股份有限公司	薄膜电容器
第二批	福建新大陆支付技术有限公司	转账POS机
第二批	福建龙净环保股份有限公司	除尘设备
第二批	福耀玻璃工业集团股份有限公司	汽车安全玻璃
第二批	长乐力恒锦纶科技有限公司	锦纶长丝
第三批	厦门立达信绿色照明集团有限公司	发光二极管(LED)灯泡(管)
第三批	福建雪人股份有限公司	工商用制冰机
第三批	宁德时代新能源科技股份有限公司	锂离子动力电池
第三批	福建锦江科技有限公司	锦纶长丝
第四批	宁德新能源科技有限公司	消费类软包锂离子电池
第四批	福建长源纺织有限公司	非棉纱(化纤短纤纱、棉混纺纱)

表4 单项冠军培育企业福建入选名单

批次	单项冠军培育企业	主营产品
第一批	福建铁拓机械有限公司	沥青混合料厂拌热再生设备
第二批	福建升腾资讯有限公司	瘦客户机
第三批	福建睿能科技股份有限公司	单系统电脑针织横机控制系统

表5 单项冠军产品福建入选名单

批次	单项冠军产品名称	生产企业
第三批	LBO晶体器件	福建福晶科技股份有限公司
第三批	木制活性炭	福建元力活性炭股份有限公司
第三批	合成纤维制染色经编织物	福建华峰新材料有限公司
第四批	智能POS终端	福建联迪商用设备有限公司
第四批	辅酶Q10	厦门金达威集团股份有限公司

凭借传统优势，闽商正在向高新技术产业、战略性新兴产业进发。这也是福建省政府近年来政策引导的主要方向。数据显示，2019年福建工业战略性新兴产业增加值增长8.1%，占规模以上工业增加值的比重为23.8%。高技术制造业增加值增长12.3%，占规模以上工业增加值的比重为11.8%。①

2019年福建新增高新技术企业700家以上，总数超过4500家，②其中98%为民营企业。③2019年福建省战略性新兴产业增加值达5400亿元，同比增长25%；新型功能材料、生物医药等4个集群入围国家战略性新兴产业集群。④

在"2020福建省民营企业100强"中，有13家企业主营业务涉及高技术产业制造，6家主营业务涉及高技术产业服务，⑤23家企业业务涉及战略性新兴产业，分布在新一代信息技术、新材料、新能源、节能环保、生物医药等行业。⑥

2019年7月，科创板首批企业上市。科创板是由中国国家主席习近平于2018年11月5日在首届中国国际进口博览会开幕式上宣布设立的、独立于现有主板市场的新设板块，主要服务于符合国家战略、突破关键核心技术、市场认可度高的科技创新企业。⑦在首批上市企业中，福建福光股份有限公司（以下简称福光股份公司）成为

---

① 《2019年福建省国民经济和社会发展统计公报》，福建省统计局官网，https://tjj.fujian.gov.cn/xxgk/tjgb/202003/t20200302_5206961.htm，2020年3月2日。
② 《〈关于加快推动民营经济发展的建议〉的答复》，福建省工业和信息化厅网站，https://gxt.fujian.gov.cn/gk/dbwyzs/202005/t20200508_5261827.htm，2020年5月8日。
③ 《政府工作报告》，福建省人民政府网，http://www.fujian.gov.cn/szf/gzbg/szfgzbg/202001/t20200121_5184943.htm，2020年1月21日。
④ 《创新创业创造：释放高质量发展强劲动力》，福建省工信厅官网，https://gxt.fujian.gov.cn/xw/jxyw/202005/t20200525_5272895.htm，2020年5月25日。
⑤ 福建省工商联：《2020福建省民营企业100强调研分析报告》，2020年8月，第14页。
⑥ 福建省工商联：《2020福建省民营企业100强调研分析报告》，2020年8月，第17页。
⑦ 《科创板概念介绍》，南方财富网，http://www.southmoney.com/zhishi/2944052.html，2019年1月31日。

福建科创板第一股。①

福光股份公司的前身是1958年成立的福建师范学院光学仪器厂，目前福光股份公司已经成为全球第三大安防视频监控镜头制造商、第二大变焦镜头制造商，以及全球最大的4K高清镜头制造商。②

2019年11月21日，龙岩卓越新能源股份有限公司（以下简称卓越新能源公司）成为福建第二家科创板上市公司。③这是一家专业利用废油脂（地沟油、酸化油等）从事生物柴油、衍生产品工业甘油、生物酯增塑剂、水性醇酸树脂等的研发、生产与销售的资源高效循环利用企业。④

2019年，福建省地方金融监督管理局牵头筛选了近150家具备科创板上市潜力的科创型企业进行跟踪培育。⑤在政策与金融体系的加持下，闽商高新技术及战略性新兴产业企业将有更广阔的发展空间。

（二）坚持绿色发展，助力生态文明建设

当下，福建正在推进国家首个生态文明试验区建设，绿色发展也成为闽商近几年来的趋势。

2020年6月3日，福建省生态环境厅发布的《2019年福建省生态环境状况公报》指出，福建全省生态环境质量继续保持全优，领先全国，2019年中国工程院发布了全国生态文明指数，福建排

---

① 《福建：拥抱科创板　合力加快企业上市步伐》，新华网，http://www.fj.xinhuanet.com/fangtan/201911sjrjgj/index.htm。
② 《2019闽商年历》，《闽商》2020年第1/2期，第36页。
③ 《福建：拥抱科创板　合力加快企业上市步伐》，新华网，http://www.fj.xinhuanet.com/fangtan/201911sjrjgj/index.htm。
④ 龙岩卓越新能源股份有限公司官网首页，http://www.zyxny.com/index.html，最后访问日期，2020年11月4日。
⑤ 《福建：拥抱科创板　合力加快企业上市步伐》，新华网，http://www.fj.xinhuanet.com/fangtan/201911sjrjgj/index.htm。

名第一。①

2019年9月,工业和信息化部公布第四批绿色制造名单,福建省有28家绿色工厂、5种绿色设计产品、1家绿色园区、6家绿色供应链管理示范企业上榜。入围绿色工厂的企业有:福建凤竹纺织科技股份有限公司、福建福光光电科技有限公司、福建厚德节能科技发展有限公司、福建三宝钢铁有限公司、福建三钢闽光股份有限公司、福建申远新材料有限公司、福建百川资源再生科技股份有限公司、福建省闽发铝业股份有限公司、福建省长汀金龙稀土有限公司、福建圣农发展股份有限公司、福建圣农食品有限公司、福人集团邵武木业有限公司、福耀玻璃工业集团股份有限公司、福州京东方光电科技有限公司、宁德新能源科技有限公司、三六一度(中国)有限公司、瓮福紫金化工股份有限公司、信泰(福建)科技有限公司、兴业皮革科技股份有限公司、中仑塑业(福建)有限公司、金旸(厦门)新材料科技有限公司、厦门金龙汽车集团股份有限公司、福建强力巨彩光电科技有限公司、厦门松霖科技股份有限公司、厦门正新海燕轮胎有限公司、厦门正新实业有限公司、厦门中坤化学有限公司、厦门华联电子有限公司。② 其中大多数是闽商民营企业。

福建省工商联调研显示,2019年500家被调研企业环保投入为12.03亿元,同比增长7.3%,超半数被调研企业(54.3%)投入污染防控,42.2%的企业建立了环保培训制度,43%的企业建立了环境事件应急机制,29.6%的企业建立了环境信息披露机制,26.2%的企

---

① 《2019年福建省生态环境状况公报》,福建省生态环境厅网站,https://sthjt.fujian.gov.cn/zwgk/sjfb/hjsj/qshjzkgb/202006/t20200603_5290293.htm,2020年6月3日。
② 《福建省28家绿色工厂上榜绿色制造新名单》,新华网,http://m.xinhuanet.com/fj/2019-10/09/c_1125081861.htm,2019年10月9日。

业制订有绿色采购计划，40.8%的企业倡导并参与公共环境治理与保护。① 可见，闽商民营企业对环境保护与污染防护日益重视，越来越多的企业建立了相关机制。

在钢铁这样的重污染产业，福建大东海集团近年来推进清洁生产工艺技术的应用，使环保指标达到行业先进水平。② 而在服务业领域，永辉超市通过在门店建设时推广节能产品、开展节能改造、引入水循环系统冷链技术，在供应商和产品选择中推进产业链绿色发展等方式，开展绿色经营。绿色生产、绿色运营已经成为不少闽商选择的发展路径。

闽商不仅参与绿色发展，在节能环保产业领域也有不少优秀企业。2019年在科创板上市的卓越新能源公司，就是一家资源循环利用企业，也是国内第一家专业利用废油脂进行生物柴油技术研发生产的企业。③ 公司产品应用于清洁动力能源和生物基绿色化学品等领域，是福建省循环经济示范企业。④

而在环保污染治理方面，阳光龙净集团下属的福建龙净环保股份有限公司（以下简称龙净环保公司）是国内领先的企业。龙净环保公司是全国大气环保装备制造企业首家上市公司，在全国环保行业建立了首个"国家认定企业技术中心"，拥有"国家环境保护电力工业烟尘治理工程技术中心""国家地方工程联合研究中心""院士专家工作站""博士后科研工作站""国际科技合作基地"等技术创新平台，承担国家和行业标准制定任务95项。⑤ 印度尼西亚、巴基斯坦、孟加拉国、越南等40多个国家和地区都在使用龙净环保公司的设备，

---

① 福建省工商联：《2020福建省民营企业100强调研分析报告》，2020年8月，第9~10页。
② 福建省工商联：《2020福建省民营企业100强调研分析报告》，2020年8月，第69页。
③ "发展历程"，龙岩卓越新能源股份有限公司官网，http://www.zyxny.com/text_26.html。
④ "企业简介"，龙岩卓越新能源股份有限公司官网，http://www.zyxny.com/text_12.html。
⑤ "公司概况"，福建龙净环保股份有限公司官网，http://www.longking.com.cn/About/Index/42。

市场占有率约25%。①

2019年,龙净环保公司牵头创建"福建省生态环保产业创新中心",这是全国首个覆盖生态环保全领域的产业创新中心②,此外,还成功收购德长环保股份有限公司99.28%股份,向垃圾焚烧发电领域发展。③

(三)寻找乡村产业机遇,助力乡村振兴战略

乡村振兴战略的实施成为近年来闽商产业发展的突破口之一。

福建自然资源丰富,乡村特色产业本身就是闽商创业的一大凭借。福建省在做强做优做大茶叶、蔬菜、水果、畜禽、水产、林竹、花卉苗木等七个特色产业的基础上,加快培育食用菌产业、乡村旅游业、乡村物流业,形成十大乡村特色产业,力争在"十四五"末十大乡村特色产业全产业链总产值突破3万亿元。④

2019年,福建十大乡村特色产业全产业链总产值达1.78万亿元,千亿元产业增至8个,规模以上农产品加工企业销售收入超万亿元,无公害、绿色、有机和地理标志农产品达4450个。⑤

以闽商名声在外的茶产业来说,福建是全国著名的产茶大省,2018年在全国率先实现茶产业产值超千亿元的目标。⑥ 全省现有茶叶类农业产业化国家重点龙头企业13家、省级重点龙头企业155家,

---

① 福建省工商联:《2020福建省民营企业社会责任报告》,2020年8月,第54页。
② 《全国首个生态环保产业创新中心落户福建》,搜狐网,https://www.sohu.com/a/297983077_637762,2019年2月27日。
③ 《精彩2019 龙净年度十大新闻》,搜狐网,https://www.sohu.com/a/367937476_120058256,2020年1月19日。
④ 《福建做强做优做大十大乡村特色产业》,新华网福建频道,http://www.fj.xinhuanet.com/zhengqing/2020-07/23/c_1126275251.htm,2020年7月23日。
⑤ 《政府工作报告》,福建省人民政府网,http://www.fujian.gov.cn/szf/gzbg/szfgzbg/202001/t20200121_5184943.htm,2020年1月21日。
⑥ 《茶业产值超千亿元的福建,有这样一个先进的现代化茶产区》,搜狐网,https://www.sohu.com/a/307111740_99921346,2019年4月10日。

约占省级以上龙头企业总数的20%。[1] 2019年福建省茶叶全产业链产值近1200亿元，茶叶产量、单产、茶树良种推广率、全产业链产值、出口额增速等五项指标均居全国第一位。[2]

在助力乡村振兴方面，茶企业拥有天然优势，许多闽商茶企业也在这方面表现突出。以茉莉花茶为主业的福建春伦集团有限公司（以下简称春伦集团）就改变了传统工厂与茶农单一的买卖关系，创建了农业合作社，建立起覆盖省内的10个规模化生产基地，茶园总面积达4.2万亩，带动了周边10多万亩茶园的发展。[3]

同时，春伦集团还在永泰开辟茉莉花种植基地，雇用当地村民参与种植与日常维护管理，通过租地建设茶基地的模式，带动乡村产业发展。[4]

福建省沈郎油茶股份有限公司也采用了类似的"公司+基地+农户"的经营合作模式，对乡村实施产业帮扶。[5]

关注乡村产业发展的不仅有农业类企业，还有如盼盼食品集团这样的食品企业。盼盼食品集团的子公司——福建省长汀盼盼食品有限公司，也在龙岩长汀县不少村庄建立了农副产品种植、养殖基地，目前在全县直接和间接带动10000户参与种植，基地面积达20000亩，近3万农民受益。[6]

扎根福建光泽县的圣农集团，则提出"让产业链嵌入村集体"的乡村振兴模式，提供资金帮助设立物流公司等村办企业，帮助乡村

---

[1]《福建2019年茶产业五项指标均居全国第一》，人民网，http://fj.people.com.cn/n2/2020/0609/c181466-34074178.html，2020年6月9日。
[2]《福建2019年茶产业五项指标均居全国第一》，人民网，http://fj.people.com.cn/n2/2020/0609/c181466-34074178.html，2020年6月9日。
[3] 福建省工商联：《2020福建省民营企业100强调研分析报告》，2020年8月，第75页。
[4] 福建省工商联：《2020福建省民营企业100强调研分析报告》，2020年8月，第75页。
[5] 福建省工商联：《2020福建省民营企业100强调研分析报告》，2020年8月，第89页。
[6] 福建省工商联：《2020福建省民营企业100强调研分析报告》，2020年8月，第60页。

产业发展。①

除了特色优势产业外，福建农村电商的发展也为闽商产品、产业"下乡"奠定了基础。目前，福建省已实现全省农村乡镇电商站点全覆盖，建制村电商站点覆盖率近90%。2019年，福建省农村网络零售额达1860亿元，居全国第三位，同比增长30%。②

---

① 《圣农集团开启乡村振兴新模式》，《中国食品安全报》电子报，http://paper.cfsn.cn/content/2020-06/02/content_91098.htm，2020年6月2日。
② 《福建：十大乡村特色产业全产业链总产值今年可破2万亿元》，新华网，http://m.xinhuanet.com/fj/2020-07/24/c_1126279434.htm，2020年7月24日。

B.3
2020年福建省外闽商发展报告：
以互联网领域为例

邹挺超*

摘　要： 以字节跳动、美团点评等企业为代表，闽商在中国互联网领域已经形成一股强大的力量。对于闽商在福建省外的传统优势，许多资料都有所涉及，但对于互联网领域闽商的发展情况缺少完整的梳理。本报告聚焦以龙岩人为代表的"武夷山系"，重点选择字节跳动、美团点评、微医等三家近年来屡登各类榜单、发展模式与创新能力受到各方认可的闽商企业作为案例，对中国互联网领域的闽商力量在发展模式、地域分布等方面的特征进行探讨。

关键词： 福建省外闽商　互联网领域　美团点评　字节跳动　微医

一　省外闽商互联网产业发展概况

闽商在互联网领域的发展，得益于福建省电子信息产业的发达。福建省电子信息产业起源于20世纪80年代。1998年，厦门软件园开

---

* 邹挺超，《闽商》杂志社执行总编辑。

始建设；1999年，福州软件园动工兴建；2000年，福建省将电子信息产业确立为三大主导产业之一。① 电子信息产业的发展，在福建省催生了一大波互联网企业，也为互联网领域闽商走向全国奠定了基础。

省外闽商在互联网领域的创业，以电子商务为最早。在中国电商行业的历史上，"8848"是一个绕不开的名字。其创始人就是福建人王峻涛，他也因此被一些媒体称为"中国电商之父"。② 王峻涛最早从软件行业起家，1994年，他了解到北京连邦软件股份有限公司采用连锁方式出售正版软件，就加入其中。1997年，他设计出了国内第一个电子商务网页，建立网上软件销售试验站点"软件港"，该网站在当年以最高票被评为福建省十大网站之一。③ 由此，他开始了在电商领域的探索。

1999年，他前往北京，创立了北京珠穆朗玛电子商务网络服务公司，公司网站的域名用的就是"8848"。④ 在当时，电子商务基础薄弱，但"8848"通过中国特色的货到付款解决了电子商务中的诚信问题，并且推动中国建设银行、中国招商银行建立了网上支付接口。⑤ 可惜的是，作为中国电商领域较早的探索者，"8848"很快遭遇了内部矛盾：王峻涛看好亚马逊的B2C模式，但投资人力主B2B模式。由于无法调和股东矛盾，2001年，王峻涛离职，加入北京西单电子商务有限公司。⑥ 此后，他又创办了六六八八科技发展（北

---

① 《闽商》杂志社编《跨越40年：闽商创业史》，厦门大学出版社，2019，第185页。
② 《王峻涛：远去的中国电商之父》，搜狐网，https://www.sohu.com/a/221141554_170223，2018年2月5日。
③ 《王峻涛：远去的中国电商之父》，搜狐网，https://www.sohu.com/a/221141554_170223，2018年2月5日。
④ 《王峻涛：远去的中国电商之父》，搜狐网，https://www.sohu.com/a/221141554_170223，2018年2月5日。
⑤ 《王峻涛：8848与6688的距离》，创业邦网站，https://magazine.cyzone.cn/article/197319.html，最后访问日期：2020年11月4日。
⑥ 《王峻涛：远去的中国电商之父》，搜狐网，https://www.sohu.com/a/221141554_170223，2018年2月5日。

京）有限公司（即"6688"）。

进入21世纪，中国互联网发展进入一个新阶段，闽商的互联网势力也开始壮大。其中，比较有代表性的就是以域名投资闻名的蔡文胜。2000年，蔡文胜偶然看到域名business.com卖了750万美元的新闻，敏锐地察觉到其中的商机，开始投资域名。2004年，他带着模仿hao123做的网址导航265奔赴北京，3年之后，将265卖给谷歌。此后，他回到厦门，成为互联网领域的投资人，先后投资了美图、同步推、飞鱼科技等，在厦门打造了一个以他为中心的互联网圈。[1]

在今天的中国互联网相关行业，出身福建省的创业者主要有三个群体，除了以蔡文胜为中心的"闽南系"基本在省内发展外，其他两个群体中有不少在省外发展。

有一种说法称，中国互联网有"四座大山"，除了B（百度）、A（阿里巴巴）、T（腾讯），还有一座武夷山。[2] 这主要指的是，出身龙岩、南平、三明等武夷山沿线的县市的创业者，他们一般被归入所谓的"武夷山系"。许多令中国人耳熟能详的互联网产品和品牌都出自这一群体。其中最有代表性的是出身龙岩的创业者，如字节跳动的创始人张一鸣、美团点评的创始人王兴、雪球创始人方三文、微医的创始人廖杰远、格格货栈的创始人郑伟杰等。

字节跳动最早从信息聚合App"今日头条"起家，到今天，已经拥有今日头条、抖音、西瓜视频、懂车帝、GoGoKid英语、皮皮虾、飞书、番茄小说等10多个应用[3]，涵盖新闻、短视频、教育、娱乐等多个领域。在胡润研究院发布的"2019胡润中国500强民营

---

[1] 《闽商》杂志社编《跨越40年：闽商创业史》，厦门大学出版社，2019，第238页。
[2] 《闽商》杂志社编《跨越40年：闽商创业史》，厦门大学出版社，2019，第233页。
[3] 字节跳动官网首页（https://www.bytedance.com/zh/products，最后访问日期：2020年11月4日）。

企业"中,字节跳动以5300亿元的估值位列第7。①

美团点评从团购起家,到今天,发展成为庞大的本地生活服务平台,涵盖外卖、团购、票务、酒店、网约车、单车等多个领域。在胡润研究院发布的"2019胡润中国500强民营企业"中,美团点评以5500亿元市值位列第6。②

雪球则是著名的财经资讯网站,为投资者提供实时行情、新闻资讯、投资策略、交易服务等,旗下拥有手机炒股应用"雪球",该App曾多次被Appstore评为优秀App。③

微医则是智能化数字健康平台,致力于推动中国医疗健康产业数字化、智能化发展。2015年,微医创建了中国首家互联网医院——乌镇互联网医院,开创了中国在线诊疗、处方流转、医保在线支付等互联网医院新业态。④在胡润研究院发布的"2019胡润中国500强民营企业"中,微医以385亿元估值位列第175。⑤

格格货栈主要聚焦智能快递柜。2014年,郑伟杰创立南京魔格信息科技有限公司,当年即获得千万元级别的风险投资。目前,其产品已进入北京、上海、广州、深圳、天津、南京、杭州、苏州、无锡、合肥、武汉、成都等22个主要城市的上万个社区。2019年,格格货栈获得苏宁易购正式入股。⑥

"武夷山系"还有不少出身南平的创业者,如喜马拉雅的创始人

---

① 《胡润研究院发布〈2019胡润中国500强民营企业〉》,胡润百富网站,https://www.hurun.net/CN/Article/Details?num=956B3DE566B6,2020年1月9日。
② 《胡润研究院发布〈2019胡润中国500强民营企业〉》,胡润百富网站,https://www.hurun.net/CN/Article/Details?num=956B3DE566B6,2020年1月9日。
③ 《闽商》杂志社编《跨越40年:闽商创业史》,厦门大学出版社,2019,第237页。
④ 微医官网简介板块(https://im.wedoctor.com/about/company-profile,最后访问日期:2020年11月4日)。
⑤ 《胡润研究院发布〈2019胡润中国500强民营企业〉》,胡润百富网站,https://www.hurun.net/CN/Article/Details?num=956B3DE566B6,2020年1月9日。
⑥ 《2019闽商年历》,《闽商》2020年第1/2期,第35页。

余建军；以及出身三明的创业者，如创立齐家网的邓华金。

喜马拉雅是著名的音频分享平台，2019年，其用户已经超过6亿人。2019年10月21日，胡润研究院发布"2019胡润全球独角兽榜"，喜马拉雅排名第84位。① 而在胡润研究院发布的"2019胡润中国500强民营企业"中，喜马拉雅以200亿元估值位列第367。②

齐家网成立于2007年，业务涵盖自营装修业务和供应链体系等多个子生态，是当前国内最大的互联网家装平台。2018年7月，以齐家网为运营主体的齐屹科技在香港交易所主板上市，成为家装垂直平台第一股。③

另外一个在省外发展得有声有色的群体，就是"闽东系"，主要由出身福州、宁德等闽东地区的创业者组成。其中的代表人物，包括创立脉脉的林凡、比特大陆的创始人之一詹克团、神州优车的创始人陆正耀等。

脉脉是著名的职场社交软件，其创始人林凡曾是搜狗的核心创业团队成员，后来曾创立淘友网，如今是北京淘友天下科技发展有限公司首席执行官。2012年1月创办脉脉并担任CEO，将其打造成中国最大的职场实名社交平台。脉脉拥有数千万名高净值职场用户，主要用户来自金融贸易、互联网、文化传媒、医疗生物、政府法律、教育培训等领域。

比特大陆创立于2013年，产品包括算力芯片、算力服务器、算力云，主要应用于区块链和人工智能领域。④ 在"2019胡润全球独角

---

① 《胡润研究院发布〈2019胡润全球独角兽榜〉》，胡润百富网站，https：//www.hurun.net/CN/Article/Details？num＝E7190250C866，2019年10月21日。
② 《胡润研究院发布〈2019胡润中国500强民营企业〉》，胡润百富网站，https：//www.hurun.net/CN/Article/Details？num＝956B3DE566B6，2020年1月9日。
③ 《齐家网获评"2019~2020十大优选互联网家居服务平台"》，砍柴网百家号，https：//baijiahao.baidu.com/s？id＝1676528380094877102&wfr＝spider&for＝pc，2020年8月31日。
④ 比特大陆官网（www.bitmain.com，最后访问日期：2020年11月4日）。

兽榜"上，比特大陆排名第20。①

神州优车是中国出行和汽车领域领先的综合服务平台，旗下有神州租车、神州专车、神州买买车、神州车闪贷四大板块，于2016年7月21日挂牌新三板。

在中国互联网领域，闽商已经形成一股独特的力量。无论是就企业体量，还是就其对中国互联网领域的影响，省外闽商都有不少代表性的企业。闽商所创造的许多互联网产品，如今日头条、抖音、美团外卖、喜马拉雅等，都是今天不少中国人手机中必备的应用。

二 省外闽商互联网企业发展情况

（一）美团点评：打造本地生活服务生态

美团点评是中国著名的生活服务电子商务平台，拥有美团外卖、美团打车、摩拜单车等消费者熟知的App，服务涵盖餐饮、乘车、共享单车、酒店旅游、电影、休闲娱乐等200多个品类，业务覆盖全国2800个县区市。②

今天的美团点评，由美团网和大众点评于2015年合并而成。

在创立美团网之前，王兴已经有多次创业经历。2004年，他联合大学舍友王慧文和中学同学赖斌强，创立"多多友"与"游子图"两个互联网社交项目，但并没有取得成功。③

2005年秋天，受Facebook在美国崛起的启发，王兴与团队选择

---

① 《胡润研究院发布〈2019胡润全球独角兽榜〉》，胡润百富网站，https：//www.hurun.net/CN/Article/Details? num = E7190250C866，2019年10月21日。
② 《美团点评 – 公司概况》，东方财富网，https：//emweb.securities.eastmoney.com/PC_HKF10/CompanyProfile/index? type = web&code = 03690&color = b#gszl，最后访问日期：2020年11月4日。
③ 《闽商》杂志社编《跨越40年：闽商创业史》，厦门大学出版社，2019，第233页。

聚焦大学校园 SNS（社区类网站），开发出了校内网。校内网上线后，用户增长迅速，3 个月就吸引了 3 万名用户。但由于当时校内网还没有成熟的商业变现模式，缺乏资金增加支撑用户增长所需要的服务器与带宽。迫不得已，2006 年王兴以 200 万美元的价格，将校内网卖给陈一舟。后来校内网更名为人人网，并于 2011 年 5 月在美国纽交所上市。[1]

2007 年 5 月，王兴又创办轻博客网站饭否网，饭否与 Twitter 类似，被视为中国微博的"鼻祖"。[2]

2010 年 3 月 4 日，王兴推出美团网。从当时热门的团购起家，美团网很快收获了许多关注，上线仅仅一年，就获得"团购之星"称号。在美团网上线之后，众多企业跟进。高峰时的 2011 年，国内大小真假团购网站超过 5800 家，引发了一场互联网商业史上有名的"千团大战"。[3]

在众多对手将资金疯狂砸向线下、线上广告以吸引客户的时候，王兴坚持效率优先、精细管理、现金为王的策略取得了巨大成功。当对手们海量的广告，让团购概念得到普及的时候，在这场"千团大战"中，手握大把现金的美团网，最终成为占据 60% 市场份额的幸存者。[4]

从美团网上，也可以看到今天美团点评的影子，其实质就是在消费者、商家和物流体系之间，以科技推动更高效率的资源配置。也因如此，王兴将自己创立美团网的 2010 年称为"中国服务电子商务元年"。

更重要的是，在对手还在重视 PC 网站流量的争夺时，王兴已经

---

[1] 《闽商》杂志社编《跨越 40 年：闽商创业史》，厦门大学出版社，2019，第 234 页。
[2] 《闽商》杂志社编《跨越 40 年：闽商创业史》，厦门大学出版社，2019，第 234 页。
[3] 《闽商》杂志社编《跨越 40 年：闽商创业史》，厦门大学出版社，2019，第 234 页。
[4] 《闽商》杂志社编《跨越 40 年：闽商创业史》，厦门大学出版社，2019，第 234 页。

注意到移动互联的重要性。2011年3月，美团网发布Android、iOS版手机客户端，领先竞争对手半年。而在服务创新上，也在2011年，美团网创新性地推出"7天未消费无条件退款""消费不满意先行赔付""过期包退"等服务，获得了大量粉丝的拥趸。到2012年12月，美团网交易额达21亿，市场份额占全国一半以上。①

在团购基础上，美团网迅速向生活服务的其他领域推进：2012年，美团网推出电影票线上预订服务，进入娱乐行业；2013年，美团网推出酒店预订及餐饮外卖服务；2014年，美团网推出旅游门票预订服务，业务涵盖范围继续扩大。②

2015年，已经在国内团购领域排名第一的美团网，与排名第二的大众点评进行合并，组合成新的美团点评。③

2017年，美团点评推出生鲜超市业务，进一步扩展即时配送服务至生鲜及其他非餐饮外卖类别。这一年，美团点评平台交易笔数超过58亿笔，年度交易金额达3570亿元，为3.1亿名交易用户及440万名活跃商家提供了服务。王兴为美团点评制定的使命——"吃得更好，活得更好"——也在这一年初具雏形。④

2017年，美团打车在南京试运行。2018年，美团点评又收购中国领先的共享单车品牌摩拜单车，进一步向本地生活服务中的出行领域延伸。⑤

2018年9月20日，美团点评正式在港交所挂牌。上市首日，受到投资者热捧，开盘大涨，股价一度冲高至74元/股。

---

① 《闽商》杂志社编《跨越40年：闽商创业史》，厦门大学出版社，2019，第234页。
② 《闽商》杂志社编《跨越40年：闽商创业史》，厦门大学出版社，2019，第234页。
③ 《美团点评今日提交IPO？公司不予置评》，新浪网，https：//tech.sina.com.cn/i/2018-06-22/doc-ihefphqm3104063.shtml?_zbs_baidu_bk，2018年6月22日。
④ 《闽商》杂志社编《跨越40年：闽商创业史》，厦门大学出版社，2019，第235页。
⑤ 《美团27亿美金收摩拜，到底买了啥？》，虎嗅网，https：//www.huxiu.com/article/240101.html，2018年4月15日。

在王兴的心中，美团点评最终的目标是对标亚马逊，成为一个覆盖线上到线下整个消费周期的超级平台。王兴认为，21世纪第二个十年，将是O2O（线上到线下）的十年，以吃喝玩乐为主的本地生活服务，将涵盖更大的市场。由此，王兴带着美团点评，从早期的团购，逐步扩展成为一个以"吃"为核心，包括互联网外卖、酒店、生鲜电商、共享单车与快驴进货等在内的本地生活服务生态。①

在王兴看来，数字经济分为需求侧的数字化和供给侧的数字化。当下的美团点评，乃至中国互联网企业，在需求侧的数字化已经基本完成，而供给侧的数字化才刚刚开始。② 基于这种对趋势的把握，当下的美团点评，正在建设生活服务业从需求侧到供给侧的多层次科技服务平台。③

2019年，美团点评总收入由2018年的652亿元增至975亿元，同比增长49.5%。另外，餐饮外卖业务的交易金额增长38.9%，至3927亿元；到店、酒店及旅游业务的交易金额同比增长25.6%至2221亿元，收入同比增长40.6%至223亿元；新业务及其他分部的收入同比增长81.5%至204亿元。从收入结构看，餐饮外卖业务仍占据着美团点评收入的半壁江山。④

从盈利来看，2019年全年美团点评毛利323.3亿元，同比增长114.0%，年内盈利22.4亿元，经调整后盈利46.6亿元⑤，有史以来

---

① 《闽商》杂志社编《跨越40年：闽商创业史》，厦门大学出版社，2019，第235页。
② 《闽商》杂志社编《跨越40年：闽商创业史》，厦门大学出版社，2019，第235页。
③ 《美团点评－公司概况》，东方财富网，https://emweb.securities.eastmoney.com/PC_HKF10/CompanyProfile/index?type=web&code=03690&color=b#gszl，最后访问日期：2020年11月4日。
④ 《美团点评2019年度报告》，香港交易所网站，https://www1.hkexnews.hk/listedco/listconews/sehk/2020/0417/2020041700014_c.pdf，第10~13页，2020年4月17日。
⑤ 《美团点评2019年度报告》，香港交易所网站，https://www1.hkexnews.hk/listedco/listconews/sehk/2020/0417/2020041700014_c.pdf，第6页，2020年4月17日。

首次录得正值经营盈利及经营现金流量①。由2018年的亏损111亿元，到2019年的盈利，显示美团点评的盈利能力正在增强。

2019年也是美团点评与阿里巴巴展开全面竞争的关键一年。2018年底，美团点评的内部进行了新的调整，由原来的四大业务体系（到店、大零售、酒旅、出行），变成两大平台（用户平台、LBS平台）、两大事业群（到店和到家）以及两大事业部（快驴和小象）。②聚焦"吃"这个核心，美团点评强化了到店和到家两个场景。

在新业务上，2019年美团点评重点探索社区超市，上线了社区型生鲜零售平台"美团买菜"。③同年4月，美团打车开始试水"聚合模式"，由原来的烧钱补贴向一键呼叫多个第三方打车服务商提供的车辆的平台模式转变。④目前，打车服务已覆盖42座城市。

此外，针对生活服务领域的人才培训计划，也在这一年展开。2019年10月15日，美团大学正式成立。未来十年，美团大学计划与1000所院校达成合作，带动1亿名生活服务从业者实现数字化发展，同时打通长期发展通道。⑤

这一年，美团点评市值大涨，也显示了它在中国互联网领域地位的变化。2019年12月27日，美团点评市值为5964亿港币（约合人民币5358亿元），稳居中国市值第三大的互联网企业，仅次于阿里巴巴和腾讯。⑥

---

① 《美团点评2019年度报告》，香港交易所网站，https：//www1.hkexnews.hk/listedco/listconews/sehk/2020/0417/2020041700014_c.pdf，第9页，2020年4月17日。
② 《美团大变阵：架构调整背后的变与不变》，新浪网，https：//tech.sina.com.cn/csj/2018-11-01/doc-ihnfikve1723090.shtml?cre=tianyi&mod=pctech&loc=5&r=25&doct=0&rfunc=14&tj=none&tr=25，2018年11月1日。
③ 《闽商》杂志社：《2019闽商年度报告》，2020年1月，第25页。
④ 《美团打车在南京上线"聚合模式"意在与阿里"PK"？》，中国新闻网财经频道，https：//www.chinanews.com/cj/2019/04-26/8821061.shtml，2019年4月26日。
⑤ 《2019闽商年历》，《闽商》2020年第1/2期，第29页。
⑥ 《2019闽商年历》，《闽商》2020年第1/2期，第29页。

这一年，也是美团点评创新能力获得国际认可的一年。2019年2月，美国知名商业杂志 *Fast Company* 发布"2019年全球50家最具创新力企业"榜单，美团点评首次上榜，并高居首位，取代了2018年的冠军苹果，苹果排名降至第17位。上榜理由是，它是开创性的交易型超级应用，公司"加快了酒店住宿、电影票和食品等服务的预订和交付。"①

（二）字节跳动：信息创造价值

创立于2012年3月的北京字节跳动科技有限公司，可以说是当下中国移动互联网领域风头无两的公司。旗下今日头条、抖音、西瓜视频等产品，都是当下热门的应用。

2018年10月，字节跳动完成Pre-IPO，估值达到750亿美元，超越Uber，成为全世界估值最高的创业公司。②

依照官方介绍，字节跳动是最早把人工智能技术大规模应用于信息分发的公司之一。③ 2012年3月，它的第一个主力产品"今日头条"上线，基于算法的个性化推荐信息模式，很快为它收获了爆炸性的流量。2014年初，头条号自媒体平台上线，今日头条开始产生原创性内容。此后，在信息流媒体领域不断加码，今日头条成为中国最热门的信息流App之一。

张一鸣的创业历程与王兴有过交集。2005年从南开大学毕业后，他曾先后参与和创建酷讯、九九房等。对于王兴创立的饭否网，他也曾担任技术合伙人。④

在张一鸣看来，毕业后他所参与或创建的公司都围绕着一个关键

---

① 《2019闽商年历》，《闽商》2020年第1/2期，第31页。
② 《2019闽商年历》，《闽商》2020年第1/2期，第58页。
③ 字节跳动官网首页（https://www.bytedance.com/zh/，最后访问日期：2020年11月4日）。
④ 《闽商》杂志社编《跨越40年：闽商创业史》，厦门大学出版社，2019，第235页。

词：信息。在与清华大学经管学院院长钱颖的对话中，张一鸣说，信息流动效率是自己创业的主旋律，他认为信息传递对人类社会的效益、合作以及认知都有很大影响。[1]

而他2012年创立的今日头条，正是以信息聚合与推荐为核心，通过算法推荐，将客户最喜欢的内容传递给合适的人。没有采编人员，依靠算法，计算用户的喜好，将他可能感兴趣的信息推荐给他，这种全新的想法，使得今日头条在当时已经林立的新闻客户端中脱颖而出。[2]

上线三个月之后，今日头条用户数突破1000万人。上线一年多之后，今日头条在2013年8月，用户数突破5000万人。2014年，今日头条激活用户突破1亿人；2015年突破2亿人，日活跃用户突破2000万人。在2016年世界互联网大会上，张一鸣透露今日头条已经累计有6亿个激活用户，1.4亿个活跃用户。[3]

2016年以后，字节跳动又投入短视频领域，连续推出火山、西瓜、抖音三个短视频App，取得了巨大的成功。尤其是抖音，成为字节跳动用户、收入和估值的最大增长引擎。截至2020年1月，抖音日活跃用户超过4亿人。[4]

2016年，字节跳动开始了国际化布局，这一年先后出资2500万美元投资印度最大的新闻聚合平台Dailyhunt、控股印度尼西亚的新闻推荐阅读平台BABE。2017年全资收购北美知名短视频社区Flipagra及其旗下新闻资讯产品News Republic，并用10亿美元把在美国最大的竞争对手Musical.ly收入囊中，随后还用5000万美元投资

---

[1] 《闽商》杂志社编《跨越40年：闽商创业史》，厦门大学出版社，2019，第235页。
[2] 《闽商》杂志社编《跨越40年：闽商创业史》，厦门大学出版社，2019，第235页。
[3] 《闽商》杂志社编《跨越40年：闽商创业史》，厦门大学出版社，2019，第235页。
[4] 字节跳动官网产品页（https：//www.bytedance.com/zh/products，最后访问日期：2020年11月4日）。

了直播应用Live. me。①

除了投资海外内容资讯和短视频产品，它还推出了自建产品的国际版。抖音国际版"Tik Tok"在多个国家App应用下载榜单上排名第一。②

按照官宣数字，截至2019年7月，字节跳动旗下产品全球月活跃用户15亿人，日活跃用户7亿人，抖音日活跃用户超过3.2亿人。③今日头条与抖音两张王牌依然是整个字节跳动的现金流担当，其中，抖音贡献了字节跳动收入的60%。④

根据咨询机构R3的报告，2019年上半年，字节跳动超越腾讯、百度，成为中国第二大数字广告商，占数字媒体支出市场份额的23%，折合为500亿元。⑤2019年2月，界面新闻援引"内部人士"消息报道，字节跳动2019年营收目标是1000亿元，而到了9月底，有外媒报道称，字节跳动上半年营收好于预期（在500亿~600亿元），2019年营收目标上调至1200亿元。⑥

字节跳动的飞速发展，也让张一鸣成为闽商新首富。2019年11月，在福布斯发布的"中国400富豪榜"上，字节跳动掌舵人张一鸣，以1145.5亿元财富值登顶闽商首富。⑦

而在此前发布的胡润百富榜中，张一鸣以950亿元财富与许荣茂

---

① 《字节跳动的海外繁荣能持续吗?》，澎湃网，https：//www. thepaper. cn/newsDetail_ forward_ 4167813，2019年8月15日。
② 《字节跳动投资版图》，华尔街见闻百家号，https：//baijiahao. baidu. com/s? id = 1636852794740259154&wfr = spider&for = pc，2019年6月20日。
③ 《字节跳动的海外繁荣能持续吗?》，澎湃网，https：//www. thepaper. cn/newsDetail_ forward_ 4167813，2019年8月15日。
④ 《2019闽商年历》，《闽商》2020年第1/2期，第58页。
⑤ 《字节跳动2019关键词：社交、游戏、搜索》，创业邦传媒百家号，https：//baijiahao. baidu. com/s? id = 1654580852198651251&wfr = spider&for = pc，2020年1月2日。
⑥ 《2019闽商年历》，《闽商》2020年第1/2期，第58页。
⑦ 《2019福布斯中国400富豪榜》，福布斯中文网站，https：//www. forbeschina. com/lists/1728，最后访问日期：2020年11月4日。

家族并列闽商首富。①

尽管两张榜单统计的尺度各不相同,但张一鸣作为新晋闽商首富,是双方共同承认的。

2019年,字节跳动在各个垂直领域的布局不断加码,这一年,字节跳动相关的并购案例达到27起,多于2018年。② 字节跳动不仅发力互联网教育,还进军社交与微信正面交锋,在搜索领域也与百度展开竞争,并且加强了在游戏领域的投入。③

体育、教育、社交和游戏,成为2019年字节跳动布局的重点。

在体育方面,2019年6月6日,虎扑官方确认,获得字节跳动的Pre-IPO轮投资,金额为12.6亿元。这是虎扑自2004年成立以来获得的最大一笔融资。本轮融资交易完成后,字节跳动通过量子科技和闻学科技最终持股30%,成为虎扑第二大股东。④

在教育方面,2019年1月,字节跳动对外宣布收购了锤子科技部分专利使用权,探索教育领域相关业务,9个月后,阳陆育和吴德周率领的原锤子科技硬件团队,依托字节跳动的AI团队,探索可以突破想象力的创新教育产品。⑤ 这一年,字节跳动还收购了清北网校;战略投资了美国大学Minerva Project(创新型大学教育机构)、新升力(早教内容提供商)、极课大数据(一家K12大数据精准教学运营商)等。⑥ 通过一系列并购,从2018年展开的对教育领域的布局已经形成"全覆盖"的趋势:不仅覆盖从早教到高中阶段,而且扩展到大学教育。

---

① 《2019年LEXUS雷克萨斯·胡润百富榜》,胡润百富网站,https://www.hurun.net/CN/HuList/Index?num=5DC30MY79707,最后访问日期:2020年11月4日。
② 《字节跳动2019关键词:社交、游戏、搜索》,创业邦传媒百家号,https://baijiahao.baidu.com/s?id=1654580852198651251&wfr=spider&for=pc,2020年1月2日。
③ 《2019闽商年历》,《闽商》2020年第1/2期,第58页。
④ 《字节跳动12.6亿获30%股权 虎扑:管理层仍是最大股东》,新浪网,https://tech.sina.com.cn/i/2019-06-06/doc-ihvhiqay3995909.shtml,2019年6月6日。
⑤ 《2019闽商年历》,《闽商》2020年第1/2期,第58页。
⑥ 《2019闽商年历》,《闽商》2020年第1/2期,第59页。

在社交方面，2019年初，字节跳动推出短视频社交App"多闪"，发布当天就遭到微信屏蔽；5月，又推出兴趣社交App"飞聊"，将兴趣社区和即时通信融合；10月底，又有消息称，字节跳动正在研发一款名为"音乐帮"的音乐社交产品。在校园社交方面，还收购了匿名社交App"Biu校园"，参与投资号称"中国第一校园交友社区"的"Summer"。[①]

而在游戏方面，一方面，通过收购游戏公司切入游戏领域；另一方面，成立专门项目，加码大型游戏开发。尤其是在游戏自主研发方面，2019年12月，字节跳动完成对AI游戏公司北京深极智能科技有限公司的全资收购，这家定位于"让机器人为人类制作游戏娱乐内容"的公司加入旗下，无疑显露出字节跳动对游戏与AI结合的野心。[②]

张一鸣曾说，内容变现的核心是流量、粉丝和付费用户。在2019年6~7月的CEO面对面会上，张一鸣暗示，如果没有搜索场景的拓展和优质内容，今日头条的增长空间可能只剩4000万名日活跃用户。[③] 大刀阔斧地布局新领域，是为培育下一个"流量收割机"做准备。其中，游戏、教育都可以说是流量变现的基础，而社交与体育则是带来新流量的入口。

值得一提的是，2019年，字节跳动还布局了5G相关产业。2019年12月，字节跳动通过量子科技投资了北京云智软通信息技术有限公司。该公司以5G无线通信技术为基础，面向以智慧工厂、智能制造为主的企业应用场景，提供低成本、低功耗、高灵活性的工业企业级无线网络连接产品和服务。[④]

---

① 《2019闽商年历》，《闽商》2020年第1/2期，第58页。
② 《2019闽商年历》，《闽商》2020年第1/2期，第58页。
③ 《字节跳动2019关键词：社交、游戏、搜索》，创业邦传媒百家号，https：//baijiahao.baidu.com/s?id=1654580852198651251&wfr=spider&for=pc，2020年1月2日。
④ 北京云智软通信息技术有限公司官网公司介绍（http：//www.yunzhiruantong.com/?m=home&c=Lists&a=index&tid=82，最后访问日期：2020年11月4日）

（三）微医：数字健康驱动产业升级

依照官方介绍，微医是"国际领先的智能化数字健康平台"，业务布局覆盖医疗、医药、医检、健保等领域，致力于通过创新和科技推动中国医疗健康产业数字化、智能化发展，为全社会提供优质、高效、可及的医疗健康服务。①

微医的创始人廖杰远，可以说是"老互联网人"。1999年，他和几个合伙人一起创立了今天在智能语音及语言技术研究方面赫赫有名的科大讯飞，并长期担任国家863智能计算机成果转化基地的负责人。②2009年，因为家人的一次就医经历，让他萌生了第二次创业的想法。③

2010年，廖杰远创立了挂号网，通过信息技术改变医疗流程中的第一步——挂号。④这个网站也就是微医的前身。2009年，卫生部出台了《关于在公立医院施行预约诊疗服务工作的意见》，规定从2009年11月起，所有公立三级医院都要开展实名预约挂号服务。廖杰远从挂号展开医疗流程改造，可以说适逢其会。

他找到的第一家医院是复旦大学附属华山医院，花了6个月，说服了医院方，换来了当时华山医院5%的号源。⑤按照相同的模式，第二年，挂号网与全国267家医院达成了合作，且获得了3000万名

---

① 微医官网简介板块（https：//im.wedoctor.com/about/company-profile，最后访问日期：2020年11月4日）。
② 《廖杰远：愿做医疗领域的阿甘》，杭州日报数字报纸，https：//hzdaily.hangzhou.com.cn/hzrb/html/2016-11/15/content_2403532.htm，2016年11月15日。
③ 《微医廖杰远：科技改变医疗》，犀牛财经百家号，https：//baijiahao.baidu.com/s?id=1601132907220791186&wfr=spider&for=pc，2018年5月22日。
④ 《廖杰远：愿做医疗领域的阿甘》，杭州日报数字报纸，https：//hzdaily.hangzhou.com.cn/hzrb/html/2016-11/15/content_2403532.htm，2016年11月15日。
⑤ 《微医廖杰远：科技改变医疗》，犀牛财经百家号，https：//baijiahao.baidu.com/s?id=1601132907220791186&wfr=spider&for=pc，2018年5月22日。

用户的认可。①

在解决挂号问题的基础上，廖杰远及其团队开始构建导诊平台，并组建专家团队。在导诊平台上，患者可以上传病历、检测报告等，微医根据自身的疾病库，大致判断病种，推荐专家团队，专家团队的助理再次进行医生与患者的匹配，这样可以最大可能地实现精准医疗，缩短双方就诊时间。②

2015年9月，挂号网正式更名"微医"。③ 这一年12月，微医迈出了崭新的一步，创建了中国第一家互联网医院——乌镇互联网医院，开创了中国在线诊疗、处方流转、医保在线支付等互联网医院新业态。④ 在互联网医院，专家可以有自己的线上诊室，医生可以在线上诊室里为患者做复诊、会诊，还可以借助互联网跨地域协作，对棘手的病例发起视频会诊。⑤

当下，微医已经在19个省市建立互联网医院，在全国建立起100多个区域医疗服务基地，同时，帮助黑龙江、温州、桐乡等建立了区域人口健康信息平台、协同平台。⑥

2017年3月，首家微医全科开业，标志着微医线上线下结合的闭环医疗服务体系形成。⑦ 这一年，微医还创建了全球首个智慧医疗

---

① 《微医廖杰远：科技改变医疗》，犀牛财经百家号，https：//baijiahao.baidu.com/s？id=1601132907220791186&wfr=spider&for=pc，2018年5月22日。
② 《微医廖杰远：科技改变医疗》，犀牛财经百家号，https：//baijiahao.baidu.com/s？id=1601132907220791186&wfr=spider&for=pc，2018年5月22日。
③ 微医官网发展历程板块（https：//im.wedoctor.com/about/milestones，最后访问日期：2020年11月4日）。
④ 微医官网发展历程板块（https：//im.wedoctor.com/about/milestones，最后访问日期：2020年11月4日）。
⑤ 《微医廖杰远：科技改变医疗》，犀牛财经百家号，https：//baijiahao.baidu.com/s？id=1601132907220791186&wfr=spider&for=pc，2018年5月22日。
⑥ 《微医廖杰远：科技改变医疗》，犀牛财经百家号，https：//baijiahao.baidu.com/s？id=1601132907220791186&wfr=spider&for=pc，2018年5月22日。
⑦ 微医官网发展历程板块（https：//im.wedoctor.com/about/milestones，最后访问日期：2020年11月4日）。

云平台——微医云。通过智能云平台，为政府、医院、基层医疗机构和企业多类用户，提供包含人口健康信息平台、互联网医院与医联体、家医签约平台、处方共享平台、云检查检验等在内的数十种云化解决方案。在此基础上，还推出了睿医智能医生和华佗智能医生。①

2018年，国家医疗保障局宣布组建，承担统筹医疗、医保、医药"三医联动"改革的重任。三明市成为这一改革方案的最早实践者。这一年11月，微医联手易联众信息技术股份有限公司、海西医药交易中心创建全国首个三医联动平台——"三医联"平台，成为全国首个三医联动综合改革平台。② 平台主要协助全国各省区市落地三医联动改革，实现医疗、医药、医保互联互通，实现数据的统一、标准的统一、业务逻辑的统一，构建以个人健康为中心的医疗服务体系。③

2019年，通过增资扩股，微医入主海西医药交易中心，通过二级市场举牌的方式，参股易联众信息技术股份有限公司，"三医联"平台的三家主流公司已经在股权层面形成稳固的联盟。在国家医疗保障局成立以来的第一次公开招标中，"三医联"平台在9个标段中成功中标3个。④

三明市通过数字平台海西医药交易中心在全国率先实现药品耗材的集中采购，节省了大量药品耗材支出。⑤ 2019年4月，已经纳入微医旗下的海西医药交易中心受国家医疗保障局委托，建设全国的药品和医用耗材招采管理子系统，在三明市经验的基础上，推进建立区域

---

① 《微医廖杰远：科技改变医疗》，犀牛财经百家号，https：//baijiahao.baidu.com/s？id = 1601132907220791186&wfr = spider&for = pc，2018年5月22日。

② 《开盘涨停！微医举牌易联众，力挺"三明模式"！》，鲁南快报网，http：//www.ln632.com.cn/35654.html，2019年1月11日。

③ 《开盘涨停！微医举牌易联众，力挺"三明模式"！》，鲁南快报网，http：//www.ln632.com.cn/35654.html，2019年1月11日。

④ 《半年入局两家上市公司，"潜龙"微医打造医疗界亚马逊》，北青网，https：//finance.ynet.com/2019/12/12/2260930t632.html，2019年12月22日。

⑤ 《微医廖杰远：数字健康是产业互联网的最宽跑道》，中国新闻网百家号，https：//baijiahao.baidu.com/s？id = 1652603318276710007&wfr = spider&for = pc，2019年12月11日。

的药品采购平台，实现药品联采、议价、交易、结算和监管，进一步降低采购价格。据估计，平台建成使用后，一年至少能为财政节省6000亿元。①

截至2019年6月，微医连接了全国30个省区市的2700多家医院、29万余名医生，拥有超过2亿名实名注册用户，其中健康险付费用户超过1100万人，历年累计服务人次超过9.2亿人次。②

2019年，全球知名的数据研究机构CB Insights发布全球首个数字健康150强榜单，微医在2018年中的市场估值已达55亿美元，为全球医疗科技行业最大的独角兽。③

2019年10月，廖杰远在2019中国国际数字经济博览会上，首次披露了医改3.0阶段的"健共体"方案，并公开了以数字化平台和医共体为基础的"健共体"标准。④ 所谓"健共体"，是"健康共同体"的简称。微医倡导打造的"数字健康共同体"，是以健康为中心、以数字平台为支撑的医疗共同体。一方面，"区域健共体"以地市为单位，通过数字平台打通市、县、乡、村，融通医疗、医药、医保、医养，从而推动当地医保支出增幅下降，提升区域医疗水平和居民健康水平；另一方面，在"区域健共体"的基础上，"专病健共体"以专病为纽带，建立"线上+线下"、覆盖全生命周期的疾病管理体系，推动以慢性病为核心的疾病防治关口前移。⑤

---

① 《微医廖杰远：数字健康是产业互联网的最宽跑道》，中国新闻网百家号，https：//baijiahao. baidu. com/s？ id =1652603318276710007&wfr = spider&for = pc，2019年12月11日。
② 《数字医疗网络再获殊荣 微医获2019沙利文中国新经济奖》，和讯网，https：//news. hexun. com/2019 –07 –22/197943548. html，2019年7月22日。
③ 《2019最具潜力独角兽企业TOP150发布，微医成医疗科技领域头名独角兽》，站长之家网，https：//www. chinaz. com/news/mt/2019/0423/1011263. shtml，2019年4月23日。
④ 《WHO发布数字健康全球战略 微医数字健共体方案首次亮相》，新浪网，https：//finance. sina. com. cn/stock/relnews/cn/2019 –10 –12/doc – iicezzrr1748843. shtml，2019年10月12日。
⑤ 《"数字健共体"助力健康中国行动》，新华网，http：//www. xinhuanet. com/info/2019 –10/25/c_ 138501006. htm，2019年10月25日。

闽商蓝皮书

在 2019 年 10 月举办的世界互联网大会期间，平顶山市人民政府与微医签约共建"平顶山健共体"。包括泰安市、银川市、南平市、厦门市、龙岩市在内的 10 余个地市已启动"区域健共体"建设。①

用廖杰远的话说，"健共体"的实质就是"打通各级医疗机构之间的信息壁垒，通过大数据、AI 等技术提高医生的工作效率，让大规模管理签约用户的健康成为可能"。②

用数字化技术推动健康产业升级，微医的创新仍在继续。

三 省外闽商互联网企业主要发展特征

（一）并购模式

闽商互联网企业往往在一个领域深入挖掘，通过并购与投资来巩固自身优势、完善自身产业生态。字节跳动近年来有大量并购，甚至在 2019 年涉足服装等以往并不熟悉的领域，美团点评在 2019 年前也被各路媒体视为狂飙突进，在出行、生鲜等多个领域全面开花。无论是张一鸣还是王兴，在被采访时，都曾被问及"边界"问题，就两家所涉及的产业版图来说，也确实有"跨界"之嫌。

但是闽商的并购与投资并非无的放矢，而是始终围绕着自身的核心发展模式在延伸、布局。

从前述案例可以看出，字节跳动是以"信息创造价值"为核心的，并购也基本围绕流量入口、流量变现展开。梳理近年来字节跳动的投资版图，可以发现，大致在媒体资讯、企业服务、教育、娱乐和

---

① 《"数字健共体"助力健康中国行动》，新华网，http://www.xinhuanet.com/info/2019-10/25/c_138501006.htm，2019 年 10 月 25 日。
② 《微医廖杰远：2020 年数字化健康将占产业总产值的 5%》，网易网，https://dy.163.com/article/F04VVK0K0514BJBO.html，2019 年 12 月 11 日。

社交等板块。在其90多起的并购中，企业服务18起，媒体资讯13起，社交社区10起，文化娱乐9起、教育培训9起。① 这些基本都围绕着信息流量收割与变现来布局。

美团点评则是围绕着"本地生活服务电商"来布局。当下，美团点评的主要业务结构是餐饮外卖、到店、酒旅，此外还有共享单车、网约车等新业务。② 以餐饮外卖为流量入口，以到店、酒旅为主要创收盈利的基础，围绕出行、生鲜等高频生活场景布局新业务，进一步提升用户黏性、形成新流量入口，美团点评以"吃"为核心，聚焦"Food + Platform"（食品 + 平台）的战略格局已经成型。

微医2019年也有多个并购事件，对海西医药交易中心的并购，对易联众信息技术股份有限公司的入股，是为了深入合作打造"三医联"，而另外一起通过廖杰远绝对控股的杭州广发科技有限公司对杭州前进齿轮箱集团股份有限公司的并购，则是剑指智能医疗设备制造。③

就互联网企业来说，边界并不能按照传统企业的方式来划定，并购与投资，都是围绕着打造完整生态进行。这其实也与中国互联网企业现阶段的发展特征相一致。恒大研究院发布的《2020中国独角兽报告》表明，大约50%的独角兽企业或多或少与阿里巴巴、百度、腾讯、京东、美团等相关联。其中，企业估值越高，巨头对其影响力越强。从投资策略来看，巨头企业也是基于各自主营业务和重点布局领域而展开的。④

同时也可以看到，近几年，闽商互联网企业多数在人工智能、大数据、云计算、5G等热门领域大举布局，字节跳动在人工智能、5G

---

① 《7年渗透14大行业，最全详解字节跳动全球投资版图和野心》，凤凰网，https://tech.ifeng.com/c/7wtLWpv3pn2，2020年5月29日。
② 《美团点评2019年度报告》，香港交易所网站，https://www1.hkexnews.hk/listedco/listconews/sehk/2020/0417/2020041700014_c.pdf，第10~13页，2020年4月17日。
③ 《杭齿前进引战投成"独角戏" 微医系掌门廖杰远资本版图浮现》，中国证券网，https://company.cnstock.com/company/scp_gsxw/201904/4357801.htm，2019年4月2日。
④ 《中国独角兽报告：2020》，新浪财经百家号，https://baijiahao.baidu.com/s?id=1666585685821623435&wfr=spider&for=pc，2020年5月3日。

等领域提前布局,大数据、云计算相关的企业服务行业是美团点评投资第二多的领域(占其投资事件的12.2%)[1],微医将云计算、打造云平台引入"数字健康共同体"建设中,都显示了这种趋势。

(二)地域分布

省外闽商互联网企业大多分布在北京,尤其是巨头(字节跳动、美团点评、脉脉等)大多集中在北京。其他省份少,但是作为金融中心的上海,也有一些闽商互联网企业落地,如喜马拉雅、齐家网。另外,浙江省作为互联网产业发达的区域,也吸引了像微医这样的闽商企业。就西部而言,互联网产业根基不够深厚,闽商互联网企业少,较大的企业有:熊新翔创立的重庆市博恩科技(集团)有限公司,它是扎根西部的代表。

恒大研究院发布的《2020中国独角兽报告》显示,2019年北京独角兽共69家,数量占比为41.6%,全国第一。从地域分布来看,独角兽集中于北京、上海、深圳、杭州,2019年四城独角兽数量占整体的比例达82%,估值占比达93.3%。上海、杭州、深圳独角兽数量依次为35家、20家、13家,数量占比分别为21.1%、12.0%、7.8%。四城在经济发达度、制造业成熟度、人才质量、政策优惠度和基础设施完善度方面都处于全国前列。[2] 这份报告的内容与闽商互联网企业的地域分布相互印证,可以看出地域分布基本一致。

---

[1]《中国独角兽报告:2020》,新浪财经百家号,https://baijiahao.baidu.com/s?id=1666585685821623435&wfr=spider&for=pc,2020年5月3日。

[2]《中国独角兽报告:2020》,新浪财经百家号,https://baijiahao.baidu.com/s?id=1666585685821623435&wfr=spider&for=pc,2020年5月3日。

B.4
2020年境外闽商发展报告

杨宏云*

摘　要： 2019年以来，中美贸易摩擦导致两国关系的恶化呈螺旋式上升态势，进而影响甚至重塑着全球政治经济格局。这种深刻的时代变局，给海外闽商经济活动带来直接或间接的影响。虽然境外闽商的全球格局并未明显变化，但因所处区域不同、各地经济状况有所差异，境外闽商在各自区域的表现是不变之中仍有改变甚至跃变的现象。具体来说，亚洲区域的闽商传统格局基本未变，优势依旧，他们迎接数字化的转型也在有序推进。而且，当地较为成功的数字化企业背后都有杰出闽商的强大支持。欧洲区域的闽商维持财富现状未有较大突破，同时，中生代的闽商群体开始崭露头角，也拓宽了闽商创业领域。北美地区则随着移民人口结构和消费趋势的变化，传统闽商的超市业、中餐业等急需迭代或转型；因中美贸易摩擦带来的政治冲击，闽商发展也受到一定冲击。南美地区的闽商则同样受地区经济萎靡不振影响，整体发展受限。虽然如此，非洲大陆却因与中国"一带一路"倡议的深度对接，整体经济上扬，当地闽商的成就则较为突出，成为世

---

* 杨宏云，福州大学经济与管理学院副教授，主要研究领域：东南亚华人企业经营与管理、企业家管理思想等。

闽商蓝皮书

界萎靡经济中的亮点。

关键词： 境外闽商　亚洲闽商　欧洲闽商　美洲闽商　非洲闽商

2019年是非同寻常的一年。中美贸易摩擦呈螺旋式上升态势，进而影响甚至重塑全球政治经济格局。这种深刻的变局，直接或间接地给境外闽商带来影响和冲击。与此同时，2020年肆虐全球的新冠肺炎疫情，更是给本已陷入困境的境外闽商带来更加沉重的打击。在这大变局下，境外闽商呈现哪些深刻变化？本报告将按各大洲进行概要性梳理。

一　亚洲地区——闽商传统格局依旧

东南亚地区很久以前就是境外闽商的集聚地。因交通便利，闽商前往该地较早，因而在此创新创业。除勤力经营外，闽商群体的发展得益于自身的商人基因、当地丰富的资源和强大的消费力，所以闽商群体能够脱颖而出，并一直保持杰出的成就。

（一）传统闽商财富格局保持不变

近十几年来，无论是福布斯富豪榜，还是胡润全球富豪榜，华商在东南亚富豪中都占据了大多数席位。其中，印度尼西亚的闽籍华商（简称印尼闽商）尤其突出。承续2018年的排名，2019年的福布斯印度尼西亚（以下简称印尼）富豪前50名排行榜中，过半是华人，其中排名第一和第二的仍是祖籍福建晋江的黄惠忠、黄惠祥兄弟。且前10名中仍有5位闽籍华人上榜。在15位进入"2020福布斯全球亿万富豪榜"的印尼富豪当中，有4位是闽籍华侨。除了吴笙福祖籍是福建晋江，翁俊民、李文正、陈江和等祖籍均为福建莆田。①

而在过去的30多年时间里，首富宝座几乎均由印尼闽籍华人占据。如已故印尼华侨林绍良曾是华人首富，1984年有海外媒体称林绍良资产超越美国洛克菲勒家族；在1995年达到184亿美元，荣升华人首富，全球排名第六。又如祖籍莆田的金鹰国际集团主席陈江和，2006年以220亿美元身家荣登印尼首富之位。再如曾被世界著名财经杂志《福布斯》评为印尼第一大财团的金光集团的黄奕聪，在2011年印尼十大富豪排名榜中晋升为印尼首富。之后，印尼首富位置几乎为祖籍晋江的黄惠忠、黄惠祥兄弟垄断。这种持续的格局体现了印尼闽籍华人财富的稳定性，他们对于印尼经济社会发展发挥着关键性的作用。

在新加坡，华人富豪的基本格局也基本未变。福布斯2019新加坡富豪榜中，海底捞集团创始人张勇首次入榜，便以138亿美元身家登上新加坡首富之位。过去十年稳坐新加坡首富之位的闽籍商人、远东集团掌门人黄志祥和黄志达兄弟位居榜单第二。新加坡富豪榜前25强中，有10位闽籍富豪，占据榜单4成。继之，福布斯发布2020新加坡富豪榜，50位富豪进入排行榜，其中福建人势力最大，仍有4位跻身十大富豪之列。福布斯2019菲律宾10大富豪榜单中，我们也可以清晰地看到，闽商占据7位，可见闽籍华人在菲律宾有着举足轻重的经济地位。而且，值得一提的是，施至成及其后代掌控的SM集团已经在福布斯菲律宾富豪榜第一的位置待了十多年之久。菲律宾的富豪榜前10名几乎都是华人，其中多以福建泉州人为主。这种格局多年未变。

---

① 《印尼华人有多富？2020印尼首富依旧是泉籍兄弟》，腾讯网，https://new.qq.com/rain/a/20200903A0FG2U00，2020年9月3日。

（二）传统闽商企业涉足互联网经济并加快推进

短短几年时间，东南亚的土地上生长出了一众互联网"代言人"，有电商领域的"LST"（Lazada、Shopee和Tokopedia），有出行领域的"双G"巨头（Grab和Go-Jek），还有一大批仍在抢登作战的支付平台。有研究显示，东南亚人平均每天花费3.6小时使用互联网，而这个数字位居世界第一。看似基础设施尚不完善、信息化水平低且人均受教育水平相对落后的东南亚地区，却正在经历一场轰轰烈烈的移动互联网大变革。① 而依靠传统产业成就财富传奇的东南亚闽商，一直以来给人的感觉都是落后、不符合潮流。但在最近几年，一些知名而具有前瞻性的东南亚闽商对该地区不断发展的互联网科技加大投入或投资力度，并开始引领闽商企业踏上新的发展征程。

如黄奕聪家族的金光集团组建了技术投资机构Sinar Mas Digital Ventures。该公司迄今已在东南亚投资了7家公司。投资组合公司包括位于泰国的支付解决方案Omise和Ardent Capital。Ardent Capital是一家泰国风险投资公司，致力于发展初创公司解决市场差距。该公司也支持电子商务aCommerce，帮助线下零售商在线销售和改进现有的数字产品，其中包括以亚洲为重点的技术媒体网站e27。黄惠忠的儿子Martin Hartono是风险投资基金GDP Venture的创始人兼首席执行官。GDP Venture运营了Merah Putih，后者是创业扶持机构，然后实行再投资。其投资领域之一是印尼科技新闻网DailySocial。李文正和他的家族自2015年以来开始涉足科技领域投资。通过复杂的投资关系，李文正家族的力宝数字企业深入涉足了电子商务网站。如力宝集

---

① 《中国互联网巨头的东南亚谋局》，虎嗅网，https://www.huxiu.com/article/325063.html，2019年11月7日。

团电子商务网站很早就进军东南亚电子商务领域。力宝集团又和新加坡打车公司 Grab Taxi 携手共建战略合作伙伴关系。而 Grab 对 OVO 进行了投资。OVO 则是一家成立了 3 年的支付服务公司，背后投资人又是印尼企业力宝集团。2014 年，林逢生通过菲律宾长途电话公司（PLD）收购了德国火箭互联网（Rocket Internet）10% 的股份。而火箭互联网在印尼投资了印尼控股电子商务公司 Lazada Group SA 的股份。Lazada Group SA 是东南亚最大的电商企业之一。火箭互联网还投资创建了东南亚最大时尚电商 Zalora。[①] 此外，三林集团已经与韩国乐天集团（LGT）合资组建了 B2C 电子商务网站。2020 年 5 月，当新冠肺炎疫情让全世界的公司都沉沦时，东南亚地区一家以游戏、电商、金融科技为支柱的 Sea 公司却掀起了浪潮。该公司与印尼 Youtap 合作，开始在印尼提供基础金融服务。而 Youtap 是一家商务数字支付网络公司，有着 60 年历史的三林集团为其背书。

甚至在 5G 设备选择上，印尼的闽商也积极参与。如中兴和印尼金光集团签署了 4G 网络扩展和 5G 实验局项目协议，支持印尼 5G 在制造业中的应用。菲律宾的吴奕辉在 2019 年去世前六个月，其公司还拨出 5000 万美元用于数字化转型。JG 顶峰旗下的网络购物平台 Shopee，更是菲律宾版的"双 11"。

（三）新生代传承有喜有忧

传统闽商的企业一贯以家族企业模式运作。这种管理的局限性也使很多企业出现"富不过三代"，或者是企业传承陷入各种纠纷之中，影响企业的运营甚至持续发展。2019 年的境外闽商在传承这一问题上有喜有忧。

[①] 林仙平：《起底东南亚闽商巨头的互联网版图》，腾讯网，https：//new.qq.com/omn/20190510/20190510A0D8TM.html，2019 年 5 月 10 日。

闽商蓝皮书

菲律宾 SM 集团创始人施至成于 2019 年逝世，但企业已确立了其大女儿施蒂丝作为继承人掌控 SM 集团。在其努力下，2020 年，施氏兄弟姐妹仍以 139 亿美元财富位列 2020 福布斯菲律宾富豪榜榜首。融侨集团林文镜去世后，其长子林宏修任融侨集团董事长兼总裁，围绕"医食住教，美好生活在融侨"的使命，仍走在可持续发展的道路上。2019 年，有着"菲律宾李嘉诚"称誉的吴奕辉去世，但长期以来，吴奕辉一直依靠儿子吴诗农来监管他发展的大部分业务。目前吴诗农担任 JG Summit 的总裁兼首席运营官，企业运转良好。2018 年，吴聪满长子吴启明开始担任 Alliance Global 首席执行官，掌管地产开发公司 Megaworld、世界最大的白兰地制造商 Emperador 以及菲律宾麦当劳公司的特许权持有人，企业已在平稳交接。印尼三林集团在林逢生的带领下，自 2013 年以来已恢复活力。最近几年，该企业集团已经连续排名福布斯印尼富豪榜前 10 名。印尼翁俊民创办的国信集团，已经发展成为集金融业、免税业、医院、豪华商业大厦经营、媒体五个主要商业平台于一体的综合性商业王国。他已经将公司主要事务交由其儿子翁大川打理。力宝集团的李白和李棕各自负责不同区域业务，保持力宝集团良好运转。马来西亚的骆建聪，是已故的骆文秀家族企业的第三代继承人，于 2007 年首次出任文秀集团董事，并获委任为文秀私人有限公司副主席。该公司业务范围涵盖汽车产业、油棕种植产业、投资控股及金融服务、房地产投资开发、酒店产业和医疗保健产业等。[①] 企业在他的带领下保持健康运转。

与此同时，我们也观察到东南亚地区闽商家族企业在财产继承中的纷扰。如印尼金光集团，在黄奕聪 2019 年去世后，家族成员因为

---

① 《2019 福布斯马来西亚富豪榜 50 强》，郝儿儿网，http：//www.hao22.com/i62929.html，2020 年 11 月 3 日。

对财产分配有异议,已启动官司程序。而菲律宾陈永栽的主要继承人陈俊望意外去世,打乱了他一直筹划的接班人计划。有着"棕榈油之王"美誉的IOI集团创办人李深静,本计划于2019年6月3日宣布退休,却于6月1日意外去世,且还未透露两儿子谁将接任其职务。目前,李深静的长子李耀祖和次子李耀升目前分别担任IOI集团和IOI产业的首席执行官。集团公司后续的发展和潜在的继承权问题有待观察。

二 欧洲早期闽商维持现状,中生代闽商显山露水

欧洲华人来源多样,无论是家庭团聚、劳工移民还是留学移民,仍在努力跻身于经济舞台的中央。传统的中餐业等因互联网和疫情冲击,面临着转型。而留学创业的一代则发展了以服务业为主的新兴产业。不少人的事业取得引人注目的成就,成为家乡的骄傲,成为家乡在海外的形象标识。总体而言,欧洲闽商群体的格局虽未变,但中生代或留学生创业群体正在兴起。

(一)传统闽商的实力格局未有较大变化

欧洲的闽商,至今仍高度集中于传统的餐饮、纺织和零售批发业,历经多年并没有太大的变化。资本大积累迟迟无法完成,对当地的经济格局缺乏足够的影响力。这种局面与他们耕耘时间较短和所面临的市场环境密切相关。通过纵深观察,从事相同行业的闽商企业中很少出现较具影响力的品牌。绝大多数华人同行无论在经营规模、市场占有程度上还是消费对象上几乎都是相同的。这种同质化竞争无法将市场蛋糕做大。

据统计,目前在英国,闽籍华侨华人占1/7左右,是数量最大的

华裔群体之一。其中,英国福建商会会长李光喜经营宠物相关的业务,属于比较特别的生意。何家金从事的金融业,是伦敦上市企业,是闽商中的少数。英国其他的闽籍华人中,装修业一直是他们较多从事的行业。此外,在英国的宁德籍闽商有近3000人。他们以从事餐饮业为主,部分从事贸易、物流业和娱乐业,足迹遍布全英国,其中有600多人居住在纽卡斯尔市。① 担任英国(苏格兰)福建青年会会长的薛瑞勇,创建了薛氏建筑房产装修有限公司,也成立了英国英华旅游公司,并成为多家公司的股东,但仍是在传统的行业和领域发展。英国的闽商没有办法渗透到更多的产业中,只能在餐饮、食品、中式百货、装修建筑业等领域勉力经营。

在匈牙利的华人以从事贸易业者居多,大部分都自己开公司。如今的匈牙利华人已经走过了最初的创业阶段,进入事业扩张期。匈牙利闽籍华人华侨工商业联合会会长方良瑞介绍说,如今在匈牙利有近3万华侨华人,其中闽籍侨胞1万多人,福清籍侨胞有3000多人。② 多数闽商都是1991年前后到布达佩斯来淘金,在当地大多以批发鞋子衣服为主,也有少数批发其他商品如手机用品等,能卖的基本都卖。③ 小部分从事以华人为服务对象的中餐业、会计师事务所、医疗门诊、中文传媒等行业。目前,匈牙利闽商经济虽然仍以布达佩斯八区的几个批发市场为主,但是越来越多地开始寻求多元化发展,并已在制造业、医疗和服务业取得突破。④

---

① 《英国宁德商会会长陈勇:凝聚在英宁德籍闽商 搭建"爱乡爱国"桥梁》,中国网海峡频道,http://fj.china.com.cn/p/372552.html,2017年8月24日。
② 《匈牙利侨贤方良瑞——恋祖爱乡 追梦而行》,搜狐网,https://www.sohu.com/a/311249827_120046962,2019年4月30日。
③ 《匈牙利华商大型市场遭封查 福清籍华商损失惨重》,中国侨网,http://www.chinaqw.com/hqhr/2014/11-11/25452.shtml,2014年11月11日。
④ 张行、董婧涓:《匈牙利华侨华人与"一带一路"建设》,《侨务工作研究》期刊网,http://qwgzyj.gqb.gov.cn/hwzh/191/2809.shtml,2016年第5期。

（二）中生代闽商开始显山露水，改变了移民创业路径，但实力有限

近年来，餐饮、零售、低档产品加工等曾被视为境外华人社会支柱的传统行业，对华人新生代的吸引力正逐渐减弱。得益于重视教育的家庭传统，以及生长于境外的背景优势，年青一代华人和华裔往往具备更高的知识层次和更强的适应能力，更有机会跳出华人社会传统行业，或将新的创意和技术注入传统产业，改变创业路径。

在欧洲经济的"寒冬"和企业转型压力的巨大背景下，与过去大多数从事餐饮行业不同，越来越多的闽商二代踏入了收入较高的"蓝领"领域。他们很多受过高等教育，熟悉欧洲文化、法律，也开始重视品牌，重视开发自己的产品，从"走量"到"品牌"，提升产品附加值。他们不断尝试经营的新模式，为传统产业注入新的创意。而且，大多数"华二代"都有转型的想法。很多人正在把欧洲的产品带到中国。他们具有两种文化的优势——比欧洲人了解中国，比国内中国人了解欧洲，更具有高科技和数字经济的视野。

原籍福建莆田仙游的魏翔就是一个典型。他在匈牙利用来自福建的货源，自创了一个"闪亮"品牌"WINK"，瞄准中东和欧洲的中端市场，打造出深受当地民众青睐的运动鞋。仅在中东欧地区市场，"WINK"年销量就多达300万双，缔造出一个商业帝国。目前，魏翔27岁的儿子魏子丰已接班，并开发出试水高端市场的杰作。[①] 在英国美食界，华人厨师彭永浩（Jeremy Pang）创办的"锅学院"声名日隆。越来越多的30岁左右的年轻人慕名来到这家教授中餐制作的培训学校，非华人学员高达九成。"虽然没有接手祖辈的中餐馆，

---

① 《匈牙利华商误入"鞋"途却缔造出商业帝国》，欧洲时报网，http://www.oushinet.com/qj/qjnews/20161129/248733.html，2016年11月29日。

但这丝毫不妨碍我对中华餐饮文化的传承。"彭永浩告诉记者,不少学员毕业后投身餐饮界,在英国各地传播中国美食。对传统中餐的改良与创新,是彭永浩长期的坚持,"既保留中式餐饮的精髓,又更贴合当地食客的口味,这样'与时俱进'的中餐才能开拓更大市场"。①出生于福建莆田郭氏家族的郭国雄,他不甘沿袭家族相关产业,2010年独闯匈牙利,一手打造了属于自己的商业帝国。他掌管的摩根斯达集团现在是匈牙利数一数二的财团。摩根斯达集团总部位于匈牙利,在国际贸易、文化交流、传媒传播、高科技研发、农业和教育业等方面形成了有效运转网络,极具影响力。②

与此同时,许多闽籍留学生利用开阔的眼界和对互联网知识的熟稔而创业,也改变了境外闽商创业致富的路径。如福建留学生徐轶夫妇,于2004年创立了一家致力于日本、韩国食品批发的企业利鑫公司,随着公司的发展与壮大,目前在法国已成为日韩食品批发行业的龙头企业。现在公司创立了不少独立自主的品牌。拥有约4000平方米三类温度带(冷冻、保鲜、常温)的大型仓储配送中心,实现了全自动化的仓储配送,并收购了9000平方米的物流仓储中心,以扩大经营。公司业务开始向外拓展延伸,建立了果茶连锁店、高档亚洲食品专卖店等,深受消费者欢迎。③德国福建闽商会会长周鸿图于2002年和几个同学一起创建了"开元网"。经过十几年的坚守,"开元网"已成长为年发团量近10万人的欧洲华人旅游业翘楚——开元周游集团。开元周游集团目前在全球十几个国家和地区设立了子公司,营业额每年以两位数的速度增长,目前已经超过5

---

① 《华人新生代进军专业领域 融入主流亦不忘"根本"》,中国侨网,http://www.chinaqw.com/hqhr/2018/05-26/190871.shtml,2018年5月26日。
② 《莆商档案:华裔侨领、匈牙利摩根斯达集团董事长——郭国雄》,莆田市侨联网,http://www.ptsql.org/hxqj/201703/t20170306_515129.htm,2017年3月6日。
③ 《福建侨务代表团访法 考察侨情 走访侨企》,欧洲时报网,http://www.oushinet.com/qj/qjnews/20170720/267502.html,2017年7月20日。

亿元人民币。① 荷兰华人经济技术发展中心常务副主席任景涛创立的唯物链，让中国食品利用唯物链的核心技术，防止假货，让真正的中国质量走向世界，通过溯源解决食品流通到终端消费者的追溯问题。此项目已引起了福清市的高度重视，并与福清元洪工业园对接。

从财富实力和表现来看，闽商新生代的成就还远未耀眼。但大量的闽籍留学生，或受过良好教育的闽商二代或将成为华人创业的排头兵。他们的创业领域和经历，必将改变欧洲闽商的创业现状。

三 美洲地区——深刻的变局引发闽商求变

（一）美国和加拿大闽商求变

1. 华人人口结构变化，给中餐、超市业带来深远影响

根据美国联邦人口普查局的数据，2019年在美国的亚籍人口已经达到2140万人，其中华人数量最多，超过了500万人。在这500万人里，有超过110万都来自福建长乐、连江、福清等地。在纽约，福建人成为最大的华人移民群体，有超过20万福建长乐人居住在法拉盛等七八处唐人街里，开餐馆，经营洗衣店，送外卖，从事最底层的劳务工作。② 但不可忽视的变化是，大量的留学生群体，以及华二代的成长，使美国的华人群体构成发生了或多或少的变化。从大方面来说，这给美国对华政策、商业运作，以及华人社会传统产业带来不同的影响；从小方面而言，在不同的小区会出现新的经济生态。中国留学生的存在，也很大程度上改变了附近餐饮消费生态。

---

① 《海外学子在欧洲创业闯出旅游"一片天"》，中国侨网，http://www.chinaqw.com/jjkj/2018/05-14/189600.shtml，2018年5月14日。
② 《南洋巨富与英美偷渡客：福建商人在海外的两张面孔》，ZAKER网，http://app.myzaker.com/news/article.php?pk=5dc3e4a7b15ec051b5623113，2019年11月7日。

如餐饮业，旧金山大学附近近年来就出现许多迎合留学生口味的北方菜馆，经营时间也延续到深夜10时、11时。与后来兴起的意大利等菜式一样，中餐的发展走的是"下层路线"，靠杂碎等廉价的家常菜，长久停留在"方便廉价"上，而并未捕捉到华人社会人口结构变化带来的消费变化。而且，美国中餐业也未充分与中国的巨大发展紧密关联起来。越来越多的美国消费者开始认为中国不再是过去的廉价劳工来源，中餐也是值得花大价钱享用的佳肴。这种趋势的深刻变化，使得中餐业的发展形势与早期迥异。过去，中餐馆多数是小型家庭企业，是移民家庭谋生的一个手段。但现在的新移民，特别是年青一代已经完全不同了，中国经济发展的巨大影响效应，以及移民结构变化带来了中餐用工的困难。中餐业如何适应变化而创新，是以闽商为代表的从业群体的巨大挑战。

美国中餐业的困境是大量从事中餐业闽籍华人的一个侧影。而在加拿大闽籍华人从事的传统超市行业，也同样面临转型升级的困境。加拿大闽籍华侨华人约有30万人，分布在各行各业，是加拿大华人社区中较大的群体，也是加拿大华人经济中的一支重要力量。① 其中，超市行业是闽商的优势领域，其发展趋势则透射出闽商应对时代巨变的努力。

来自福清的魏成义，自2001年在加拿大多伦多开出第一家超市后，到2009年，已经发展为闽商在加拿大最大的华人超市——丰泰超市的老板。同时，魏成义还涉足多伦多地产，总建筑面积173亩的"中华不夜城"成为北美最大的中华美食不夜城。在多伦多华人商界，魏成义影响力越来越大。2012年，他被推选为多伦多华人团体联合总会主席。但如今的世界已经和他19年前闯荡加拿大时迥然不

---

① 《中加企业家座谈会在福州举行》，中国侨网，http://www.chinaqw.com/gqqj/2018/05-09/189077.shtml，2018年5月9日。

同。他认识到，中国越来越富强，到海外的中国人越来越多。他们不管到哪里，都从未改变消费和生活餐饮习惯。因而，华人超市必须用华人销售，讲国语，让一句英语都不会说的中国人能畅通无阻地购物。且经济水平提高的中国人，也对超市环境提出了高要求。华人超市过去脏乱差的形象必须彻底改变。特别的，数字经济时代中国人对移动支付的庞大需求给终端零售超市带来影响。"从引领支付发展的中国来看，手机支付肯定是北美超市将来一个必然的发展阶段。"因此，2018年，温哥华丰泰店快人一步，全线接入了支付宝，并成为支付宝在加拿大的支付体验店。① 近年来，大型连锁超市管理观念植入超市经营者心中，促使"福建军团"不但以量取胜，更进行"质变"而有迎头赶上之势。阳光超市董事长陈凯说，当初他从华人超市打工开始，后来自己开一家华人小超市，再后来扩展到穆斯林市场，如今拥有四家大型连锁超市。一路走来，与他学会运用适宜本地市场的营销策略并且推行现代化的管理理念密不可分。②

近年来，中国跨境电商的影响力不断扩大，在销售新概念、新科技下的网络销售等方面发展飞速。中国大型电商的模式正在改变世界的商业销售和商业结构，境外闽商如不能搭上中国经济高速发展的这班车，将会失去一次重大的机会。

2. 疫情改变生活，闽商危机中尝试抓住机遇开拓事业

中美贸易摩擦给闽商经营带来明显的影响。2020年暴发的新冠肺炎疫情更是给美国、加拿大等地的闽商经济重重一击。特别是疫情较为严重的美国，经济活力顿失。美国很多洗衣店、礼品店、小吃店、饮品店等便利个人日常生活的小商家，在疫情中突然停业，悄无

---

① 《一个福建人的加拿大逆袭之路》，环球时报网，https：//tech.huanqiu.com/article/9CaKrnKll9Q，2019年7月5日。
② 《3华裔移民分享加国创业经验 从打工到当老板》，网易新闻网，https：//edu.163.com/13/0813/11/965FEKQR00294KMJ.html，2013年8月13日。

声息退出了大家的视野,而这大多是闽商赖以生存的基础。在疫情的危机之中化危为机,体现了闽商抓住机遇开拓事业的创新创业精神。

美国的陈清泉说,福建人在美国有200万人左右,其中福州人超过100万人,经营着美国6万多家中餐馆。"这些人自改革开放后陆续到了美国,艰苦创业,互相帮助,在美国发展得很快。"① 但面对来势汹汹的疫情,首先受损的是个体商户,营业额骤降导致资金链断裂,关门成为无奈之举。社会是紧密联系的有机体,产业链的各个环节遭到连锁性破坏。很多行业受困于疫情在破产边缘挣扎,此时美国华人电商发展却如火如荼。"对线上的生意来说,不但没有太大影响,反而销售额有所增长,以2020年6月、7月的销售额来看,是上年同期的5~6倍,疫情期间平均每日有1万多份订单。"美国最大的亚洲商品购物网站——亚米网创始人兼CEO周游的事业逆势增长。大量门店关闭和停业,使得美国日常生活消耗品供不应求,电商平台以其成熟的网络技术和完整的商品供应链缓解了市场压力,促进了市场的平稳运行。线下劳务市场停摆,线上用工需求井喷。周游谈道,目前亚米网工作量和工作强度成倍增加,一些之前从事旅游运输业的人员转向了电商物流和包裹配送。②

同样,受疫情冲击,各地中餐厅取消堂食,营业额下降,中餐从业者不得不转换思路,开拓外卖市场、改菜单、开直播等,希望能在严峻的形势下找到新希望。不少海外餐饮业开始了数字化进程。一位在美华人研发的应用程序,让餐饮从业者免费使用其平台,方便用户在线浏览菜单和下单,同时也让小商家在平台免费上传和出售商品。除了线上点单,有些侨胞还开发了外卖配送平台。加拿大华裔学生陈

---

① 《海外侨界支持〈福建华侨史〉编修》,南非华人网,http://www.nanfei8.com/huarenzixun/huarenshijie/2015-01-27/13952.html,2015年1月27日。
② 《疫情冲击下,美国华人电商以变应变加速发展》,中国侨网,http://www.chinaqw.com/hqhr/2020/08-05/265331.shtml,2020年8月5日。

佳业与同学提出了配送食物的创业设想，并付诸实践，受到了很多人欢迎。而罗斯密的华人海鲜酒楼888顺应大家订外卖的新形势，花费数万元购置两台塑封机器，为外卖产品塑封，深受客人欢迎。尤其是对于那些在医院工作的医护人员，该服务帮助他们减少食物接触到病菌的机会。不仅如此，餐厅还推出物超所值的菜品，价格比以往便宜十多美元，分量和品质却没有因此缩水，大家都觉得好吃又划算。这种逆境求新的举措也降低了疫情对生意的冲击。还有华人餐饮业者改变思路，在社交网络上进行营销。有餐厅经理变身网红，每天在社交网络上上传各种美食照片，吸引客人按照图片来点菜。她说，爱吃是人的天性，不会因为疫情而减弱，大家居家烦闷，看看美食照片也能减压。[①] 纽约中式简餐"君子食堂"（Junzi）创始人赵勇和熊猫外卖（HungryPanda）战略运营官陈攀文都表示，从2020年新冠肺炎疫情暴发起，纽约市36家中餐厅也联合起来，以"抗疫懒人包，美食不打烊"为题，在当地中文媒体刊登整版广告，推广主力菜品，重点增加外卖收入。[②]

在疫情冲击下，加拿大多伦多市餐馆酒吧都取消了堂食服务，纷纷开展外卖业务。位于多伦多市中心的康城餐馆（HONG SHING）入口处摆放着4张桌子，分别贴着东南西北四个标签，桌子上整齐排放着刚烹煮完成、包装好的外卖食品。"4张桌子上的食品，代表这些订餐来自多伦多东南西北四个方向，大概每隔20分钟我们就发车送出。送餐司机都是我的店员，这样既节省了成本，也避免裁员。"而且，该餐馆还利用网上社交平台Instagram开发出自己的订餐外卖服务"及时送餐"，把送餐范围延伸到市区以外地区，并从订餐客户中

[①]《美国中餐业逆境求生：花万元买外卖设备　当网红呼朋唤友》，中国侨网，http://www.chinaqw.com/hqhr/2020/08-06/265487.shtml，2020年8月6日。

[②]《疫情下的中餐业者：没有选择，熬过去，再努力赚钱!》，中国侨网，http://www.chinaqw.com/hqhr/2020/04-20/254114.shtml，2020年4月20日。

随机抽取免费附送新菜品样本，还推出特价菜服务，吸引新旧食客。另外一家名为 Frankie's Italian 的餐馆则另辟蹊径，在外卖服务中免费送给客户厕纸。这一服务既满足客人的食物需求，也可能帮助他们解决生活中遇到的难题，所以很受欢迎。① 还有华人业者不仅贩卖早茶，还承办了各种活动，举办中国文化主题展览，推出了相关的周边产品，很受当地食客追捧。

（二）南美地区闽商保持传统优势，克服风险积极寻找更多的机会

1. 闽商继承传统超市行业优势，不断拓展机遇

在南美洲的阿根廷约有华侨华人20万人，其中闽籍侨胞约占80%。② 当地闽商主要从事小型超市、进出口贸易、餐饮、礼品店、服装加工、农牧业等行业。其中，从事小型自助超市的占绝大多数，形成拉美独特的"华人超市"现象。现在阿根廷华人超市遍布全国各地的大街小巷，成为市民日常生活不可或缺的一部分，为当地民众提供生活便利的同时，也使闽商的事业得到了发展。仅在布宜诺斯艾利斯就有3000多家华人超市。它们在为民众提供生活便利的同时，对阿根廷社会经济的繁荣稳定也起到了积极的作用。③ 依托超市的成功，阿根廷闽商也在不断地拓展新的财富领域。如莆田王庆苍兄弟全部移民阿根廷，经营连锁超市，后延伸到农场、畜牧场，并进行食品加工，生产兴化粉、福州粉干和臭豆干等。④ 王命达是阿根廷著名的

---

① 《加拿大华人餐馆各出奇招：推出特价菜 外卖送厕纸》，中国侨网，http://www.chinaqw.com/hqhr/2020/03-27/251315.shtml，2020年3月27日。
② 《南美洲首个"中国·福建文化海外驿站"落户阿根廷布宜诺斯艾利斯》，东南网，http://ar.fjsen.com/2018-11/29/content_21729514.htm，2018年11月29日。
③ 《阿根廷侨情概况》，南方网，http://newscenter.southcn.com/n/2016-09/27/content_156554312.htm，2016年9月27日。
④ 《莆仙籍阿根廷侨领王庆苍参加70年国庆观礼》，世界王氏网，http://www.wwdoa.com/2019/1008/40748.html，2019年10月8日。

餐饮大王，拥有 12 家大型连锁餐馆，当地大多数百货超市都属其 THEGRANT'S 集团名下或由后者占有股份。其公司业务还涉及餐饮业、连锁百货业、房地产业、汽车业，年营业额上亿美元。公司属下的安第斯山矿业公司还拥有南美超大的钨矿和锡矿，占地面积达 3.4 万公顷。①

祖籍福清的黄琪旺，在其超市之外的事业开拓，更能反映闽商与时俱进的趋势。黄琪旺远渡重洋到阿根廷"淘金"，半年后凭微薄积蓄开了一家"旺盛超市"。埋头苦干了 5 年后，他不仅把旺盛超市做成 10 家品牌连锁店，还收购了当地一家创办了 70 多年的食品批发公司。在经营规模日益扩大时，黄琪旺感受到了传统经营模式效率低、成本高的弊端。"我当时就琢磨着能否利用现代网络技术，整合商品供应链，减少人力物力，提高销售水平。"他从业界获悉，一套网络管理系统，在阿根廷研发需耗资百万美元，而国内则远低于此。因此，他委托国内一家公司在短时间内成功开发。从此，公司每件商品从点单、打单，到出单、入单、配送全部实现信息化管理。黄琪旺从中看到了网络科技的良好前景，遂回国创办福建可比信息科技有限公司。他针对海外华侨华人的特点和需求，研发"互联网＋"新媒体应用软件，推出"华人头条"手机 App。2015 年 5 月，"华人头条"在阿根廷首发上线，并迅速取得成功。目前，"华人头条"已连接 100 多家海外华文媒体，在 48 个国家设立 68 个传播站点，形成跨五洲的庞大融媒体矩阵。同时，开发了 4 个传播终端、6 种语言版本，下载量突破 3000 万次，且以日均 5 万次左右的速度增长，实现了下载量、用户数等同类型媒体第一的目标。②

从 1990 年起，福建移民始抵巴西，主要居住在圣保罗。他们大

---

① 黄意华：《阿根廷的福州华侨华人》，《福州晚报》2013 年 7 月 14 日。
② 《从超商到全球化新媒体掌舵者——记〈华人头条〉创始人黄琪旺》，新浪网，http://fj.sina.com.cn/news/2019－06－12/detail－ihvhiqay5203120.shtml，2019 年 6 月 12 日。

多数沿袭华人在海外的主要生存方式——经营餐馆或者商铺。其中闽籍侨胞近年来人数仍在不断增加，已达数万人之多。较多的是福州连江和福清籍华人，也有为数不多的莆田籍闽商。他们已成为华商的重要组成部分，且实力也越来越强。仅以巴西萨尔瓦多的雨伞市场为例，就可侧证闽商实力的增长。按照在此创业的小老板友龙描述，巴西萨尔瓦多经常下阵雨，不少当地的黑人摊贩卖的是中国制造的雨伞。而这些雨伞都是小贩们从闽商那里批发的，"巴西国内没有生产线，小贩进货渠道有限。而我们中国人都是用集装箱货柜海运来的。萨尔瓦多的雨伞批发商全部是福建的，批发价都是我们定的。"① 由此可见一斑。

同时，侨情显示，在秘鲁，也有为数不少的福建移民，以莆田、福清和三明顺昌人为主，合计有2000多人，大多数居住于首都利马，其余散居于西部沿海一带，并以经营餐饮业、贸易、娱乐、连锁超市、进出口业和服务业等为主。而厄瓜多尔官方资料表明，21世纪初，有福清人1万多人，主要居住于首都基多与瓜亚基尔、克维多3个城市，从事餐饮业、百货业、超市，有少数人转向进出口贸易。委内瑞拉也有闽商从事超市、餐馆、洗衣以及进出口贸易等行业，但最近几年委内瑞拉局势动荡，闽商大多离开，仅有少量坚守。

2. 低迷的经济、黯淡的市场，使闽商面临的风险加大

机遇往往与挑战并存。自2015年底以来，巴西出现经济下滑，大部分闽商遭遇了罕见的冲击。经营难度增加，不少闽商面对黯淡的市场不知该何去何从。而且，闽商经济面临着转型升级的挑战。以往的闽商经济主要集中于劳动密集型产业，行业上集中资本却分散，使得他们在全球经济大潮中面临着极大的压力。未来充满了不确定性。

---

① 《在萨尔瓦多邂逅海都报粉丝》，海西都市报网，http://szb.mnw.cn/html/2014-06/20/content_ 4265264. htm，2014年6月20日。

疫情冲击下，巴西闽商更是在坚守中煎熬。

除市场风险之外，人身安全问题也存在极大隐忧。2019年2月8日，在阿根廷首都布宜诺斯艾利斯弗洛雷斯区一家华人超市，一名华人男子躺卧在货架中间地上，周围有摔碎的酒瓶，头上有流血的伤口，医务人员最后证实受害者已经死亡。频发的枪击案并不是意外，而是国内经济急速下滑导致犯罪率飙升的结果。枪击案在目前来说并不少见，且都是围绕着华人超市进行的，已经闹得人心惶惶。不只是福清人的超市，其他侨胞的财产和人身安全也受到严重威胁。[①] 在这样的经济和社会环境之下，闽商的境况越发艰难。特别是政治动荡的委内瑞拉，闽商更是几乎陷入一无所依的困境。

四 非洲地区——闽商发展显露勃勃生机，但安全隐患仍在

当前世界经济正经历深刻调整，但相对而言，非洲经济仍具有较大增长潜力。而且，非洲自然资源、人力资源等都十分丰富，迫切需要引进资金、技术和经验，将资源优势转化为发展优势。另外，中国目前正深入推进供给侧结构性改革，产业加速转型，双方产业互补优势明显。非洲的工业化发展，将是中国闽商投资发展的重大机遇。

（一）勃勃生机的非洲大地，为闽商提供广阔空间

非洲丰富的资源和几乎完全没有开发的市场，蕴含着巨大的机遇。而中国"一带一路"倡议带动的非洲发展，诱使许多中国人在这里寻找商机。他们在这里做生意，在给当地人提供大量的就业岗位

---

① 《伤亡频发！南非、阿根廷的福清人注意，危机来了!!!》，搜狐网，https://www.sohu.com/a/300352969_120047302，2014年6月20日。

的同时，也借此发家致富。数据显示，目前在非洲生活的华人已经超过了 200 万人，① 其中闽商群体尤为庞大。仅以福清人为例，据福清市侨联高山镇侨联分会 2019 年 12 月数据统计，高山人在南非 10562 人、喀麦隆 3563 人、毛里塔尼亚 2697 人、摩洛哥 2655 人、阿尔及利亚 1647 人。算上短期的流动性人员，高山人在非洲的数量更大。② 其他还有泉州、莆田、三明等地的闽商，也分布在非洲各地。他们在非洲大多开超市，或组建公司从事进出口贸易。但近十几年来，投资建厂的闽商逐渐多起来。

在南非，各家媒体给出的数字不同，但根据南非侨会的大致统计，目前在南非的中国人已达 20 万人，其中福建人就达 10 万人，而福清市人所占比例最多，约为 7 万人，三分天下有其一。③ 这些闽籍华侨华人在南非的经营模式相似，起初多以在乡村开百货店为主，后逐渐迁移到乡镇、城镇、城市。李新铸称，闽籍华侨华人在南非打工的只有 5% 左右，其他多从事商业贸易，以服装、鞋帽、食品等产业乃至制造业、房地产等为主。④ 由于南非签证方便，中国制造的小商品货物在当地销路也广阔。善于闯天下的福清人，2000 年开始陆续前往南非谋生。通过拉帮带，现在有些村几乎所有青壮年都去了非洲。

1995 年，福清人方则江决定去莱索托创业。就这样，"福清哥"像滚雪球一样进入莱索托，很快从 3 人发展到现在的 5000 多人。各种商店、超市由原来 3 家发展到现在 300 多家，经营品种由日用品发展到五金、副食品、服装、鞋帽及餐馆、娱乐、车行等。根据最新财

---

① 《数据显示在非洲生活的华人已超过 200 万，他们大多表示已不愿回来》，腾讯网，https://new.qq.com/omn/20200727/20200727A0YUVP00.html，2020 年 7 月 27 日。
② 《在非洲打拼的福清人》，看福清网，http://share.fqlook.com/wap/thread/view-thread/tid/67250，2020 年 9 月 10 日。
③ 《闯荡非洲的特别华商群体：福清人》，中非商道网，http://news.afrindex.com/zixun/article8276.html，2017 年 1 月 11 日。
④ 《海外侨界支持〈福建华侨史〉编修》，南非华人网，http://www.nanfei8.com/huarenzixun/huarenshijie/2015-01-27/13952.html，2015 年 1 月 27 日。

富统计,方则江身家达到 13 亿美元,蝉联南非华人首富。① 在乌干达华人聚居的"唐人街",中国商人销售着物美价廉的商品,有的开商铺走精品化销售路线,有的则直接大规模批发,商品销往乌干达邻国如卢旺达、南苏丹等地。来自福建的"豆腐大王"林建,通过奋斗拼搏,以制作豆腐而白手起家。在其努力下,豆腐越做越好,林建在非洲实现了他的"财富梦"。② 据乌干达福建同乡会会长、石狮人蔡汉源所言:"目前在乌干达的福建人及台湾同胞约一千多人,经商行业涉及金融、石材等,逐渐在乌各个领域崭露头角,为当地经济建设和社会公益事业做出了贡献。"③

2008 年 8 月,陈春辉来到刚果(金)首都金沙萨,开始新的创业之旅。2013 年他和朋友合办一家生产钢筋的钢铁厂,2014 年涉足建材行业,2015 年又创办一家建筑模板厂,事业蒸蒸日上。④ 同样是在刚果(金)闯荡的林文钦,一开始做鞋帽、外贸批发生意致富后,又瞄准了刚果(金)国内的床垫市场,投资创办了海绵床垫厂,产品畅销,生意兴旺。紧接着,他又投资刚果(金)钢铁行业,引进人才,采取先进的管理,取得成功。接下来,林文钦乘胜追击,又合作办起了 PVC 塑胶管道厂和水泥砖厂,把生意经营得风生水起。2016 年,林文钦与同乡合作,收购了浙江人在刚果(金)经营的一家造纸厂,在很短的时间内便打开了销路。⑤ 据肯尼亚中华总商会秘

---

① 《这个"福建人"在非洲开了 300 家超市,10 年赚了 82 亿》,搜狐网,https://www.sohu.com/a/360324173_120466712,2019 年 12 月 14 日。
② 《非洲唐人街》,参考网,http://www.fx361.com/page/2020/0416/6573220.shtml,2020 年 4 月 16 日。
③ 《非洲闽籍商会再添新成员》,泉州网,http://www.qzwb.com/gb/content/2016-05/04/content_5317127.htm,2016 年 5 月 4 日。
④ 《把侨胞商户生命财产安全系在心上——记刚果(金)华人警民合作中心主任陈春辉》,福建侨联网,http://fjsql.fqworld.org/fqfc/3235.jhtml,2018 年 1 月 17 日。
⑤ 《用亲身经历诠释"逆袭"的福清人,从负债 200 多万到刚果(金)最大华人社团掌门人》,搜狐网,https://www.sohu.com/a/131991077_671332,2017 年 4 月 4 日。

书长何钦文所言,在肯尼亚福建籍乡亲开的企业约有三四十家。① 其中,来自福建省政和县的高远江就是其一。经过多年的努力,夫妻俩于2015年底在肯尼亚创立了茶叶品牌——秦亚(Chinya)。如今他们拥有茶叶工厂及三家直营店,还创办了唯一具有道路建设施工资质的华人建筑工程公司,现有员工400多人。② 喀麦隆杜阿拉的林天星以贸易批发、服装和鞋子为主开始创业。10多年后,他在非洲的事业拓展到鞋厂、木材开发、水电站等多个行业,生意遍布喀麦隆、马拉维、刚果(金)、坦桑尼亚和乌干达等17个非洲国家。③ 王孝金、何辉英夫妇投资创办的莫桑比克金辉塑胶有限公司,成为莫桑比克塑料制品最大供应商。坦桑尼亚的郭栋健以华人超市为基地,成功打通了多个领域的业务,并取得成功。特别是2014年,其华人超市兴建了自己的工厂,引进国内先进的卫生纸生产流水线,打造出"Shwari"(雪阿里,意为美好)品牌。如今"Shwari"品牌已在坦桑尼亚全面打响,在某种程度上填补了坦桑尼亚本土生产卫生纸的空白。此外,华人超市自家酱油品牌"美英"牌也受到坦桑尼亚人的喜爱。在郭栋健的精心经营下,华人超市已经成为一个多元化发展的大集团。2017年,他又在国内成立了艾菲克商贸有限公司,是一家主营进口非洲产品的贸易公司。创办初期首批入关货柜10条,计22000件红酒受到国内广大消费者的青睐。④

---

① 《何钦文:福清哥闯荡肯尼亚》,搜狐网,https://www.sohu.com/a/368479886_120054078,2020年1月22日。
② 《闽北人在非洲》,闽北日报网,http://mbrb.greatwuyi.com/pc/content/201807/16/content_4509.html,2018年7月16日。
③ 《在非洲打拼的福清人》,看福清网,http://share.fqlook.com/wap/thread/view-thread/tid/67250,2020年9月10日。
④ 《福建人勇闯非洲,创办当地规模最大的华人超市,生产摩托车畅销全国》,唐人街生活网,https://www.ctlives.com/chinatown/t1109110.html,2018年9月5日。

(二)将科技与当地传统产业有机结合,闽商尝试提升企业附加值

随着闽商在非洲的全面涉足,他们充分捕捉到市场机遇,结合现代科技,努力打造符合当地特色的工农业,也因此取得成效。

前文提及的何钦文,2012年辗转到肯尼亚创业。2017年,他和朋友联合投资建起了东非最大的玻璃深加工企业,把普通的平板玻璃、浮法玻璃等,加工成钢化玻璃、防弹玻璃等多种特种玻璃,直接面向非洲市场,用中国先进的玻璃制造技术造福非洲人民。2014年,他成立了凯景国际集团(非洲)有限公司,经销肯尼亚玫瑰。2018年,他又在肯尼亚首都内罗毕投资创建了一个占地300亩的生态农业休闲观光场。它是经肯尼亚国家旅游部认证的第一家生态农业休闲观光农场。因高标准、严要求,何钦文农场生产的水果通过了美国USDA的有机认证。当然,何钦文的成功离不开身后强大的中国农业技术团队支持。他的农场已成为福建省农科院在非洲的第一个农业科技海外示范合作基地,也是中科院中非研究中心示范基地。在中国农业专家的技术指导下,农场的发展似插上了腾飞的翅膀,也为何钦文赢得了未来。[①]

福清的林文才于2002年来到毛里塔尼亚(简称毛塔),在毛塔首都开超市、做贸易,但成绩不显著。后来他发现毛塔人生活饮食习惯中离不开茶叶,于是成立林氏企业公司,从中国进口绿茶,进而在毛塔等非洲16国打造了自己的茶叶品牌,行销西非各国。高峰时每个月有八九个货柜,每个货柜100万元,好年景能产生近亿元的业绩,从而练就"西非茶王"的称号。林氏企业趁势在科特迪瓦办厂,

---

① 《何钦文:福清哥闯荡肯尼亚》,搜狐网,https://www.sohu.com/a/368479886_120054078,2020年1月22日。

生产果汁饮料。2009年,林氏企业与中冶公司合作,承建罗索公路,引进技术,练就了在沙漠修路造桥建楼的本领,从而在毛塔开发建设中屡建奇功。几年来,林氏企业与中国实力央企合作,承建毛塔港务局、基建局等政府办公大楼,参建中国政府援助的毛塔贫困三角洲170多个公路项目工程。林氏企业目前还在承建首都唯一一个渔码头,促进了毛塔渔业的重大发展。①

我们可以看到,非洲闽商已经充分利用非洲市场的空白和勃勃生机,结合非洲资源,运用现代科技深耕当地,取得不俗成就。

(三)安全与融入成为闽商在非洲的考验

有着勃勃生机的非洲大陆,蕴含着充分的机遇和创业空间。但非洲大陆也是世界经济发展水平最低的一个洲。在非洲,贫穷、饥饿、疾病及政治的不稳定而导致动乱频发。在这里尤其是南部非洲经常发生暴徒持枪抢劫、射杀华人商户事件。其中,南非、刚果(金)成了非洲暴力事件最多的国家。华人在非洲,人身和财产安全忧患始终难以遏制。仅以南非为例,数据显示,2015~2016年南非多项恶性犯罪呈上升趋势,其中谋杀比上年度增加4.9%,这意味着南非平均每天有51人被谋杀;暴力抢劫和入室抢劫案均上升2.7%,平均每天分别发生363起和57起。如此情形之下,华人安全状况堪忧,人人自危就不足为奇了。② 而据福建省外事侨务办公室统计,近年来在南非遇害的华人华侨之中,半数来自福建。仅2015年,已发生多起

---

① 《"沙漠之国"建奇功——记毛里塔尼亚华人商会会长、世界福建青年联会副会长林文才》,福建侨报网,http://www.fjtea.cn/mobile/News/detail/id/36111/tid/21/pageid/3.html,2020年6月11日。
② 《华人在非洲:安全是大问题 融入是解决之道》,中国侨网,http://www.chinaqw.com/hqhr/2016/09-26/105268.shtml,2016年9月26日。

针对华侨华人的恶性案件，造成至少17名华侨华人遇害，数十人受伤。① 最近这几年，状况仍未有效改善。如2019年2月25日晚8时许，开普敦Epping区一侨胞仓库，疑遭所雇当地工人里应外合洗劫，一名福建籍男性侨胞不幸遇害。② 据《非洲时报》报道，2020年3月3日晚，在南非林波波省Uegdraai村落开店的福建籍侨胞郑某因头部被刀砍伤，不幸身亡。据林波波省华人警民合作中心高霖主任介绍，郑某是福建省福安市人。③ 据2020年8月17日报道，在新堡市周边Vryheid地区发生一起入室抢劫案，四名福建籍华商下班后遭遇多名匪徒持枪抢劫，抢匪抢走了所有人的手机和家中的部分现金，没有造成人员伤亡。④

面对层出不穷的闽商被劫、被杀等事件，华人社会虽联合起来抵御风险，或与当地警方保持联系，成立警民合作中心等，但恶性事件仍难有效遏制。这种国家系统性社会问题导致的动乱，严重影响和干扰着闽商的正常生活和商业经营，成为境外闽商面临的风险。

对此现象，我们一方面需要重视闽商在当地安全风险的防范和治理，另一方面也要持续呼吁闽商改善长期以来的生活和经营习惯。譬如"华人通常喜欢经营到深夜，早上开门早，晚上关门晚，周末节假日不休息。这些就容易使华人商铺成为抢劫目标。同时，这样的经营习惯是不符合当地商业习惯的，这在某种程度上抢占和挤压了当地

---

① 《福建籍女子在南非遇害 近1年17名华侨华人遇害》，中国在线网，http://www.chinadaily.com.cn/dfpd/fj/2015-01/04/content_19230845.htm，2015年1月4日。
② 《伤亡频发！南非、阿根廷的福清人注意，危机来了！！！》，搜狐网，https://www.sohu.com/a/300352969_120047302，2019年3月11日。
③ 《南非林波波省一名福建籍侨胞在偏僻村落被杀害》，中国侨网，http://www.chinaqw.com/hqhr/2020/03-05/247979.shtml，2020年3月5日。
④ 《新堡市的福建籍华商一个月遭遇两次武装抢劫》，新浪网，http://k.sina.com.cn/article_5814158408_15a8d04480200121th.html，2020年8月19日。

民众的饭碗，造成当地民众对华人积怨很深"。① 但因利益的驱使，华人商业经营者常抱侥幸心理，还是按照老习惯，这无疑会埋下安全隐患。而且为追逐财富，闽商常常深入偏远地区经营，安全隐患更大。

因而，如何有效发展并积极融入当地社会，非洲闽商也需要积极努力。华人警民合作中心于2004年在南非应运而生。在李新铸的带领下，华人警民合作中心搭建起在南华侨华人和南非警方之间的桥梁，使其成为保护华侨华人生命财产安全的一道屏障。而且，这种合作方式也逐渐拓展到周边国家，为各国华人与当地警方合作提供了有效途径，为华人融入当地主流社会做出了贡献。此外，促进共同发展也是闽商在非洲努力践行融合的举措。如乌干达福建商会成立后，积极促进乌干达经贸、文化交流和技术转让，从而推动乌干达农业、工业现代化和高科技发展。同时，乌干达中国福建同乡会及福建总商会还不断地为当地社会捐赠。如向乌干达首都坎帕拉一所警察局援建一处女子收容所；捐赠2亿乌干达先令，用于资助20名烈士遗孤上学。② 华人商会为促进中毛（塔）交往，设立海产品交易协会、中毛咨询交流合作中心，把大西洋龙虾、石斑鱼销到中国。在林文才等企业家的华人企业，还聘请30多名到中国留学的毛塔青年才俊来工作。面对新冠肺炎疫情，非洲闽商也积极行动，与当地人民共同抗疫。如福建和兴旺有限公司董事长、长乐籍许兴达向坦桑尼亚社区捐赠洗手水桶、洗手液、口罩、体温枪等当地民众急需的防疫物资，支援当地民众抗疫。③

---

① 《华人在非洲：安全是大问题 融入是解决之道》，中国侨网，http：//www.chinaqw.com/hqhr/2016/09－26/105268.shtml，2016年9月26日。
② 《非洲闽籍商会再添新成员》，泉州网，http：//www.qzwb.com/gb/content/2016－05/04/content_5317127.htm，2016年5月4日。
③ 《福建长乐籍企业家伸援手 助非洲坦桑尼亚抗"疫"》，中国侨网，http：//www.chinaqw.com/hqhr/2020/04－16/253689.shtml，2020年4月16日。

五　大洋洲及其他地区闽商发展情况

（一）闽商取得一定成功，甚至在特定领域有明显优势

在澳大利亚，当前（2016年）已有10万的闽籍人士生活和工作。① 这些人来到澳大利亚，早期多从事餐馆、商业零售和服务业。而20世纪末期前往澳大利亚的闽籍新移民，则多为投资移民和技术移民，进入实业界和知识界的也较多，并在一定领域取得了成功。

在2018年澳大利亚富豪排行榜中，祖籍泉州的香港房地产巨头许荣茂，以90.9亿澳元的财富荣登2018年金融评论富豪榜第4名，成为唯一跻身前五的华裔。许荣茂20世纪90年代获得澳大利亚国籍，现任香港世茂集团董事局主席。许荣茂的大部分财富来自香港上市公司，其成功并不绝对代表澳大利亚闽商的成就，但仍不能忽视澳大利亚闽商的成就。如陈祖粤已成为悉尼有名的"家具大王"；林辉源经营地产、金笔打火机、手表等产业，曾被誉为"亚洲打火机大王"，资产数亿澳元；林锦珊经营钟表、珠宝、房地产等；刘宏贺经营油轮运输业，并在国内投资邮轮业运输，资产甚巨；② 陈宝泉专门为华人提供印刷服务，大到刊物、海报，小到日历、餐馆用的菜单，现在的公司占据了墨尔本85%以上的华人印刷业务，员工数量也达到了13人；林我宏，祖籍福建平潭，现任澳大利亚宏运物业管理有限公司董事长；其他还有由医生转型经商的林文灯、有专注玻璃行业30年的池声强、有从事跨境电商的凤雅堂集团董事长林冬梅、有

---

① 《福建日报社东南网总编辑黄志宏一行走访澳大利亚福建侨团、华文媒体》，东南网澳大利亚频道，http://au.fjsen.com/2016-04/08/content_17720177_all.htm，2016年4月8日。
② 福建省志·华侨志编纂委员会：《福建省志·华侨志（1991~2005）》（送审稿），2015，第64~65页。

闽商蓝皮书

"蘑菇大王"吴鹏辉、澳星国际传媒集团董事会主席姜兆庆,以及在悉尼地区拥有多处自主开发的地产项目且信誉优良的房产建筑公司的饶国辉(太平绅士)等,皆是闽商成就的集中代表。

在新西兰,福建籍人已成为华人最大族群之一。大多是改革开放后,以投资、技术、留学、劳务、婚姻等形式移居的。其中,新西兰的福清人主要聚居在奥克兰、惠灵顿、克赖斯特彻奇、达尼丁等城市,多经营餐馆、茶室、咖啡馆,也有人以经营小型农牧场、果园、蔬菜园为业,少数学有所成者,或供职于当地工商企业、政府机构,或从事科研、教育、医务工作。作为特征明显的少数族裔,已有华人实现了实质性的转型,华人成功的故事越来越多。

如福清市的黄珍,2002年定居新西兰。在老乡的帮助下,她担任报社工作人员。2008年她开始创业,全心投入了肉铺经营。2012年,奥克兰最大的华人超市——黄珍的第一家分店开张了。她聘请了两位福清老乡帮忙经营分店,店铺运营十分成功。在多方努力之下,黄珍已经开了三家分店,都是生意兴隆。2005年,她领导创立了新西兰福清同乡会,并就任秘书长一职。① 健康呼吸科技有限公司董事长高炜,也是闽籍的新西兰公民。经历3年打工与学习的生涯后,他于1998年与家人共同创立了安发国际控股集团。该集团主要从事天然药物、健康品、美容保养品等系列产品的开发和推广,目前在全球20个国家拥有多元化复合营销渠道,市场增长迅速。现在,公司推出的MEO最具创新性防雾霾口罩也正式开始销售。② 王全春,新西兰Noodle Cantee面食连锁集团总裁。2005年,他在新西兰创办Noodle Canteen面食连锁集团,目前已建立了62家Noodle Canteen连

---

① 《新西兰福清商会秘书长黄珍:与人为善、于己为善》,中国侨网,http://www.chinaqw.com/hqhr/2020/04-10/253043.shtml,2020年4月10日。
② 《福建籍新西兰华人企业家 将防雾霾口罩卖火到了中国》,新浪网,http://fj.sina.com.cn/news/b/2017-05-25/detail-ifyfqvmh8896375.shtml,2017年5月25日。

锁店、1个工厂、1个大型进口公司。他成功打造了自己的餐饮帝国，并在近几年实现跨行业发展，成就多元化经营。①

其他还有汤加的福建人，主要从事餐馆、食品、百货、建筑及水产等行业，也有涉足房地产业的。巴布亚新几内亚经商的约八成是福建人，集中居住在莫尔斯比港和莱城等几大城市，主要涉足超市、餐饮、服装，甚至地产等领域。他们也逐渐开始在当地崛起。

（二）依托中国经济发展的"两头跨越"现象十分普遍

有一个最显著的现象，即澳大利亚闽商依托中国发展的"两头跨越"现象十分普遍。祖籍泉州的陈展垣，20世纪80年代末前往澳大利亚创办了宏安实业集团。目前集团总部设在悉尼，在新西兰、中国香港有分公司、分店，在家乡泉州有品牌研发中心，是一家集设计、生产、营销、贸易于一体的综合性企业。作为新移民和旅澳社团侨领，陈展垣先生多年来捐资出力积极推动中澳两国经济文化交流。② 许荣茂所创建的世茂集团，业务涵盖房地产开发、酒店管理、主题娱乐等，总资产超过了千亿元。他的财富积累主要依靠的是中国内地和香港的房地产业务等。来自福建福清的薛辉雄，在澳大利亚白手起家，又在巴布亚新几内亚打拼了10多年，现在拥有数家澳大利亚跨国能源企业。林国清在澳大利亚留学后开始创业。他开过照片冲洗店，做过通信行业市场营销，炒过房，炒过股，最后做起了签证代理，生意在澳大利亚做得风生水起，还获得了澳大利亚政府授予的"太平绅士"称号。在澳大利亚，林国清把赚来的钱用来买楼买商铺，投资房地产，获益颇丰。2005年，他选择回国创业，做起了移

---

① 《祖籍永春的王全春，从打工仔到面条大王，他缔造了一个餐饮帝国》，腾讯网，https://xw.qq.com/cmsid/20190314A0QVFZ00，2019年3月14日。
② 《澳大利亚侨领陈展垣来校访问》，泉州师范学院学报网，http://qzsyb.cuepa.cn/show_more.php?doc_id=3121627，2018年5月31日。

民代理生意,也颇为成功。目前,林国清六七成的生意都放在了中国。他在张家界投资建造四星级酒店,此外还投资了酒庄、菜鸟商城域名和电商平台等。他希望通过这些平台,把中国的商品销往世界,把海外好的商品带进中国。①

这种跨境的发展机遇,巴布亚新几内亚(以下简称巴新)的闽商也敏锐地捕捉到。在本地号称"建材大王"的福建连江人林振光,一无所有来到巴新,经过10多年打拼,成为远近闻名的巴新最大建材供应商。从目前情况看,巴新闽商多聚集于技术水平较低、易受冲击的零售和服务行业,面临着转型。因而,林振光特别号召当地闽商成功转型,关键点是打好"中国牌",做好中巴新的商贸文化桥梁,利用融通当地文化将资源与国内投资者共享。

(三)新生代闽商的转型创业值得期待

华裔新生代和新华侨华人有2000多万人,他们融入当地程度深,受教育程度高,社会影响广,正在成为海外华侨华人社会新兴的中坚力量。② 他们依托如火如荼的互联网科技创业,为当地经济、生态环境等诸多方面做出积极贡献。

在澳大利亚,中餐厅的生意并不好做。调查显示,在悉尼,餐馆因资金不足以及经营管理不善而倒闭的比率高达50%,中餐厅的倒闭率更高于此。自2015年以来,澳大利亚餐厅的营业额每年都有小幅度下降。2020年,新冠肺炎疫情的来袭更是让"本不富裕的中餐厅行业雪上加霜",营业额的负增长跌破4.1%。③ 华商包

---

① 《林国清:澳洲创业谋发展,牵线搭桥哺家乡》,搜狐网,https://www.sohu.com/a/336545030_120054078,2019年8月26日。
② 《华裔青年不再做"书呆子":知行合一 实力提升》,中国侨网,http://www.chinaqw.com/hqhr/2018/05-02/188037.shtml,2018年5月2日。
③ 《澳大利亚中餐厅艰难环境中营业:我们一直在坚持》,中国侨网,http://www.chinaqw.com/hqhr/2020/08-11/266066.shtml,2020年8月11日。

括闽商群体也开始转换思路，寻求新的发展商机和升级业态。报告研究显示，新一代中国移民企业家群体，是澳大利亚商业生态系统中非常有价值的一部分，为澳大利亚带来了更多的经济和社会效益。

如艾霖开设的花店，在澳创业已有三四年时间。她有着创新的思维、不同的商业理解。她的店铺招募了许多年轻员工，并注重发展线上订花、送花业务。在经营实体店的同时，正因为线上业务的成熟，微信社群的运营以及快速配送等业务让她能在这次突如其来的疫情中比其他实体门店少受很多影响。[1] 又如，墨尔本华人食品杂货商温迪（Wendy Yu）是众多在新冠肺炎疫情期间开展送货上门服务的小企业经营者之一。她说："封锁期间，我们知道大家都不方便来店里，所以我们觉得自己可以帮助本地客户，送货上门。"新服务立即大受欢迎。"我们每天只能送25单，因为我们还要开店，实在没法应付更多了。"温迪说，其实送货上门很麻烦，但社交疏离措施导致她损失了很多向当地咖啡馆、餐厅和办公楼派送果蔬的生意，送货上门能弥补一下。当然，温迪也不是唯一一个开始思考送货上门服务前途的业主。[2]

结　语

2019年，各大洲闽商的优势产业基本保持不变。但与此同时，他们在不变之中也不同程度地显示出转变。具体如下。

亚洲地区是传统闽商所在的核心区域。其中东南亚地区闽商堪称

---

[1] 《澳花店华人老板：线上生意不受影响　华人创业仍具优势》，中国侨网，http://www.chinaqw.com/hqhr/2020/09 - 07/269095.shtml，2020年9月7日。
[2] 《华裔青年不再做"书呆子"：知行合一　实力提升》，中国侨网，http://www.chinaqw.com/hqhr/2018/05 - 02/188037.shtml，2018年5月2日。

境外创业成功经典。他们在保持传统优势产业同时,积极投身互联网经济,或投资或合作开发,引领互联网科技产业在传统闽商版图中崛起。与此同时,东南亚地区传统闽商中,随着创始人的老去,企业二代的传承和发展问题尤为突出。企业未来面临接班人问题,并可能影响着他们的财富地位。这些变化值得持续关注。而亚洲其他地区国家的闽商,虽说凭着勤劳勇敢的品质和坚韧不拔的意志,创造了不凡的业绩,但积累的财富并未特别突出,仍在继续积累中,并期待未来跃起。譬如前往日本的福建人,较多从食品和餐饮行业起步,势力壮大后则采取多元化经营,但大多仍停留在传统产业领域。中东国家的闽商则身处石油经济转型中,受限于产业特征,并未特别出彩,仍处在发展之中。

美洲地区的闽商正面临中美、中加关系的变化,以及其他政治因素影响。这些因素直接或间接影响着闽商的在地运营。当然,最深刻的影响则是美、加华人移民结构的变化,迫使以传统产业为主的闽商经济面临转型升级的压力。与此同时,新生代的闽商群体则从中看到机会。他们积极引入互联网科技,尝试改变和赋能闽商传统产业,从而找到了闽商创业的不同路径。这一趋势仍在演变之中。而以阿根廷和巴西为主的拉美地区,闽商传统的超市、贸易产业仍在继续扩大,且中生代闽商也开始崛起。他们深受中国经济的影响,并开始积极面向中国寻找致富机会,"双重嵌入"成为他们的不二选择。

崛起的非洲地区为闽商提供了机遇和空间,为他们冒险拼搏提供了无限可能。许多老一辈的闽商已经利用贸易优势,把握时机进一步发展,创造了可观的财富。后期陆续前往的闽商,则充分依托非洲大地的劳动力、自然资源以及广阔的市场空间,结合中国的优势,深耕非洲,同样获取了机遇和业绩。许多闽商并不局限于超市业和贸易业,而在当地直接开办工厂,生产当地适销对路的产品,甚至用科技和品牌化思维运营工厂,这已成为当今闽商的新变化。蓬勃发展的非洲大地为闽商提供了实现财富梦的可能，但非洲的治安和法治带来的人身和财产风险，也使得闽商颇为担忧。因而，冒险拼搏精神可能是闽商在非洲孜孜以求的最好注解。

大洋洲地区的闽商面对地广人稀、资源丰富的优势，依托中国经济快速发展的机遇，利用跨国优势在传统领域取得不错的成绩。譬如澳大利亚的闽商在木材出口业、房地产业、农业以及矿业资源出口等领域都有成功案例。但因市场有限，闽商规模和实力也受限。良好的创业环境、稳定的社会治安，以及大量留学生和投资移民的进入带来的人口结构变化，给传统闽商产业带来危机，却促使年轻闽商群体引入互联网科技，以及植入创新和创意的传统产业升级。这逐渐成为新生代闽商的创富路径。

总体而言，当今世界正面临前所未有的变局。地缘政治的调整、科技带来的经济转型、社会不公带来的动荡共同影响着世界各地。这种深刻的世界变化，给境外闽商的发展和运营带来的机遇和冲击是明显的。面对不确定的未来世界，闽商如何应变，需要持续观察和探讨。

专题报告

Special Topics

B.5
闽商参与闽宁扶贫协作情况分析[*]

叶兴建[**]

摘　要： 对于闽宁扶贫协作，经济是主线。闽商作为闽宁扶贫协作中的经济主体，活跃于宁夏经济的各个行业，带动了宁夏经济的发展，推进了宁夏经济结构的调整，为宁夏脱贫攻坚工作做出了不可替代的贡献。闽商在闽宁扶贫协作中的经济活动既遵循了市场经济规律，也体现了闽商"爱拼会赢"、爱国爱乡的精神。今后，应从长期协作角度出发，进一步完善营商环境，构建长效机制，为闽商的发展奠定坚实基础。

---

[*] 本文为国家社会科学基金项目"'闽宁模式'及其对实现共同富裕的意义研究"（项目批准号：19BKS044）的阶段性成果。
[**] 叶兴建，厦门大学马克思主义学院副教授，主要研究领域：中国特色扶贫理论、东西部协作与乡村振兴。

关键词： 闽商　宁夏闽商　闽宁扶贫协作

对于闽宁扶贫协作，企业主体的作用越来越重要。1996年以来，闽宁扶贫协作坚持"优势互补、互惠互利、长期合作、共同发展"的原则，形成了政府、市场、社会共同参与、相互促进的机制。广大闽商积极参与闽宁扶贫协作，在宁夏经济发展、解决群众就业、促进农民增收等方面发挥了重要的作用，同时对宁夏脱贫致富工作、区域协调发展和共同富裕事业起到了重要的作用。

"闽商在闽宁扶贫协作中的地位与作用"，是闽宁扶贫协作绕不过去的一个重要话题。过去，已有著述从不同的角度关注这一主题。如邓方主编的《福建人在宁夏》记述了部分在宁闽商的事迹。[1] 李文录、张万寿在《闽宁对口帮扶的理论与实践》一书中，对2004年以前福建在宁企业的创立、发展及其业绩进行了回顾和分析。[2] 高石钢、唐宝山从企业合作模式、内容，以及福建在宁企业的特点、成功经验等方面，对2005年以前在宁闽商活动情况进行了梳理。[3]《闽商在宁夏》一书记述了在宁各行各业40多位闽商的奋斗事迹。[4] 此外，宁夏福建企业家协会主办的期刊《宁夏闽商》也对部分在宁闽商的事迹进行了记述。

综上，目前除了个别著述对闽商在闽宁扶贫协作中的作用进行过分析外，多数著述对闽商参与闽宁扶贫协作还缺乏一个系统的梳理和分析。尤其是对脱贫攻坚以来闽商在闽宁扶贫协作中的活动情况更是

---

[1] 邓方主编《福建人在宁夏》，宁夏人民出版社，2001，第169~197页。
[2] 李文录、张万寿主编《闽宁对口帮扶的理论与实践》，新时代出版社，2004，第167~209页。
[3] 高石钢、唐宝山：《携手铸辉煌：闽宁互学互助对口扶贫协作十年回顾》（项目卷），宁夏人民出版社，2006，第56~93页。
[4] 林建、罗非：《闽商在宁夏》，中国作家出版社，2012，第10~187页。

缺少关注。本报告在对相关文献进行整理的基础上，根据实地课题调研，试图从闽商参与闽宁扶贫协作的背景与历程、闽商在宁夏的主要行业分布、闽商参与闽宁扶贫协作的主要方式、闽商参与闽宁扶贫协作的若干思考四个方面，对"闽商在闽宁扶贫协作中的地位与作用"这一主题进行分析。

一 闽商参与闽宁扶贫协作的背景与历程

（一）闽商参与闽宁扶贫协作的背景

1. 客观背景

客观上，福建省有侨、台、港、澳等背景，且是改革开放前沿地之一。从经济发展来看，闽宁两省区经济具有互补性。宁夏具有丰富的资源、土地、劳动力等有利条件，福建则在资金、技术、人才和管理经验等方面具有相对优势。

2. 政府的政策引导和激励

早在闽宁扶贫协作伊始的1997年，在闽宁扶贫协作第二次联席会议上，福建省委副书记习近平与在宁的11位闽商座谈，提出了"广泛深入地开展多种形式的扶贫协作，促进闽宁双方共同发展""动员企业家到宁夏投资办厂""开展经贸合作"等具体措施，为闽宁扶贫协作注入了市场因子。20多年来，福建方面，广泛发动省内的国有、三资、乡镇及民营企业到宁夏联办或创办经济实体；宁夏方面，开展扶贫开发、"东西合作工程"和西部大开发等活动，在各方面为闽商在宁夏的发展提供了方便。两省区还积极组织企业参与两地举办的各种交易会（如"6·18"中国·海峡项目成果交易会）、洽谈会（如"9·8"中国国际投资贸易洽谈会）、恳谈会、订货会、博览会（如中阿博览会）等，不断推进两省区经贸合作。

3. 基础条件的完善

闽宁扶贫协作开展以来，宁夏交通等基础设施条件不断得到改善，如西吉县高速公路于2019年正式通车。两省区于2008年、2009年，促成福州、厦门至银川空中航线开通，开辟东南沿海—台湾地区—宁夏经贸合作的通道与平台，推动福建及台湾地区与宁夏的经贸交流。[①] 随着网络技术的发展，信息交流越来越便利。这些都为闽商在闽宁扶贫协作中发挥更好作用提供了条件。

（二）闽商参与闽宁扶贫协作的历程

1996年闽宁扶贫协作开展之前，已有少量闽商在宁夏银川等地经营业务，如早期在银川经营蒸笼和木材生意的忠门人。闽宁扶贫协作开始后，闽商在宁夏的发展大致上可分为三个阶段。

第一阶段（1996~1999年）：奠基阶段。当时福建省财政支持宁夏发展资金每年有1500万元，确立了经贸合作在闽宁扶贫协作中的地位。闽宁扶贫协作相关政策给闽商带来初步影响，闽商在宁夏的投资主要在银川地区。

第二阶段（2000~2010年）：发展阶段。2000年，西部大开发战略开始实施，闽宁扶贫协作第四次联席会议充分考虑两省区经济发展的互补性，决定遵循市场经济规律，加大企业、社团、民间组织之间技术经济合作的广度和深度。2000年，福建省财政支持宁夏发展资金增加到1800万元。2002年，宁夏在银川永宁望远经济开发区，建设"闽宁合作经济开发区"（或称福建工业园区），吸引了更多的福建企业家投资置业。2005年，宁夏又在宁东规划建设综合工业园。广大闽商抓住闽宁扶贫协作商机，在银川外的石嘴山市、吴忠市、固原市等地积极投资。2005年在宁闽籍企业已近千家。

---

① 《福建省宁夏回族自治区互学互助对口协作第十二次联席会议纪要》，2008年11月8日。

第三阶段（2011年至今）：转型提升阶段。2011年，福建省安排3000万元财政资金支持宁夏发展。对于闽商而言，更为重要的是扶贫产业园区以商引商的模式，促进了闽商到南部山区投资。2011年以来，以西吉闽宁产业园为始，进入了产业园建设时期。之后，盐池、隆德、红寺堡、永宁也发展了闽宁产业园。截至2016年，在宁闽籍企业与商户达到5000多家，年创产值300多亿元，年上缴税金10多亿元，招商引资超千亿元。截至2020年，在宁闽籍企业与商户达到5700多家，8万多名闽籍人员在宁从业，为宁夏招商引资1500亿元。①

二 闽商在宁夏的主要行业分布

闽商在宁夏经营的范围比较广泛，涉及房地产开发、建筑材料、食品加工、餐饮娱乐、服装鞋帽、煤炭化工、黄金珠宝、电子通信、医院医药、农林开发、教育文化、智能制造等20多个行业百余个专业。② 这里主要结合笔者近期调研对闽商在建筑业、种养业、工业、贸易等行业的发展情况做一不完全的描述。

（一）建筑业

闽商在宁夏建筑业（包括房地产与建材行业等）方面占有优势，尤其是在建材（木材、瓷砖、石材等）市场上，占有80%的份额。著名的闽商包括范国添、范国富等莆田忠门人，游成玉家族，宁夏新思路房地产开发有限公司董事长陈舒，宁夏晨光实业有限公司董事长肖招峰等。陈舒，福清人，2001年5月，在银川投资成立了宁夏新

---

① 相关数据来自宁夏福建总商会、福建省统战部经济处何林颖先生。
② 数据来自宁夏福建总商会。

思路房地产开发有限公司,接手了银川金凤区旧城的改造工程,开工建设的福宁城占地400余亩,总投资15亿元,总开发面积约50万平方米。在福宁城的规划设计中,陈舒考虑到不同人的置业要求,除了正常的100平方米左右的营业房外,还设计了30平方米、10平方米、4平方米的营业房。这样就满足了不同客户的需求,在这里做生意,1万元当老板的设想成为现实。工程完工之后,许多下岗职工纷纷购买,解决了他们生活上的难题。福宁城安置下岗失业人员2000多人,取得了良好的社会效益和经济效益。[①] 再以来自长乐的游成玉家族为例,2006年,福建企业家游成玉从两省区对口协作中看到了商机,他带领自己的团队,怀揣梦想,带着资金和技术在青铜峡市创立了宁夏华福房地产开发有限公司,注册资金5000万元,主要从事房地产开发。2011年,游成玉带领儿子、侄子分别在吴忠市注册成立了宁夏福利丰农资商贸有限公司,在固原成立了宁夏华福房地产开发有限公司固原分公司。10多年来,公司先后开发住宅楼50万平方米、开发公寓楼1万平方米、开发商用营业房3.5万平方米、开发市场商用房和农机展示大棚4万平方米,纳税1.5亿元。[②]

(二)种养业

闽宁扶贫协作以来,闽商根据宁夏当地条件,积极推进特色种养业的发展。如陈德启在贺兰县建造高标准有机葡萄种植园(面积近5万亩),极大地推进了当地葡萄酒业的发展。陈宗平经营的宁夏皇达生物科技股份有限公司于2011年5在泾源县成立,主要经营西北特色珍稀濒危物种研发、扩繁及六盘山优势乡土树种驯化、种植、推广和园林景观设计施工及苗木交易。莆田人林玉清于2017年在西吉县

---

① 相关数据由宁夏福建总商会提供。
② 相关数据由吴忠市福建商会秘书提供。

成立宁夏泽艾堂生物科技有限公司，目前已在西吉县推广种植艾草1万余亩，覆盖全县19个乡镇。永春人曾仲明等于2019年6月，在同心县下马关镇南安村成立宁夏闽宁绿丰农业科技有限公司，利用高原夏季有利的气候条件，进行平菇、香菇、秀珍菇、黑木耳等品种反季节栽培（宁夏食用菌最佳出菇时间为5~10月），年产鲜菇5000吨，与南方产品的上市时间错开，主打夏季市场。在闽宁镇有2019年9月成立的推广食用菌生产的君鑫胜（宁夏）生物科技有限公司。

在养殖业方面，福清籍印度尼西亚侨商林文镜先生创办的融侨集团股份有限公司，目前正在固原市投资10亿元，发展肉牛生态产业。

（三）工业

纺织加工业属于劳动密集型产业，较为普遍的是鞋、衣服、袋子等的生产。如在闽宁镇就有富贵兰（宁夏）实业有限公司和宁夏闽厦服饰有限公司两家公司，在泾源县有来自厦门的厦门澳丽妃包装有限公司（生产环保袋）、厦门鹰鹏纺织有限公司（生产纺织品）和厦门聚泉祥包装有限公司（生产背包、学生包、手提包、旅行包、军用包）三家公司设立的扶贫车间，产品主要销往海外。隆德六盘山工业园区则有宁夏新坐标鞋服实业有限公司。

从事供应当地设施所需材料的工业生产也较为普遍。如在闽宁镇有宁夏亚通创新材料有限公司和宁夏青川管业有限公司，在隆德县有生产农用地膜的宁夏闽强塑业有限公司和提供建筑物构件的宁夏闽宁重工有限公司。

在利用当地原料进行加工方面，永春人张连兴、洪清洁于2019年10月在同心县投资成立宁夏闽兴香业有限公司。该公司成立了以制香大师洪清洁为核心的研发团队，研发了多款自动化制香设备及技术，为同心县香产业发展提供了技术保障。该公司研发生产篾香、盘香、线香以及各种异型香，产品远销东南亚、港澳台、欧美等地区，经销商遍布内地各省份及东南亚、欧美、港澳台等地区。林小辉等于2017年在隆德县建立的宁夏黄土地农业食品有限公司，建成马铃薯水晶粉丝生产线6条、马铃薯粉丝方便食品生产线2条。

（四）贸易及其他

在宁夏从事贸易的闽籍商户较多，涉及茶叶、农产品、黄金首饰、手机等，并在市场上占有优势。早在2005年，闽商木材经销占有宁夏市场的70%，石材、陶瓷经销占有宁夏市场的80%，电子通信产品（仅手机一项）年销售额近亿元。医疗方面，由福建企业独立投资和合作经营的医院门诊部有七八家。[1] 目前影响较大医院有早年由游金辉经营的宁夏新协和医院（现已改名翔安医院）、陈禹凡经营的新北方医院以及西京妇产医院、丽人医院等10多家。教育方面，在银川有由厦门人经营的小孔明学校（从小学到中学）等。[2]

三 闽商参与闽宁扶贫协作的主要方式

闽商参与闽宁扶贫协作的主要方式包括创办企业、打造产业园、促进就业、捐赠、消费扶贫和组织商会等。

（一）创办企业

创办企业，是闽商参与闽宁扶贫协作的基本方式。一个又一个闽商，带着资金、技术和先进的管理理念，依托宁夏的土地、气候和劳动力资源，围绕特定经营业务，打拼出了一个又一个企业。泉州人黄添进1988年就到宁夏创业，经营米糕。闽宁扶贫协作开始后，在政

---

[1] 高石钢、唐宝山：《携手铸辉煌：闽宁互学互助对口扶贫协作十年回顾》（项目卷），宁夏人民出版社，2006，第56页。
[2] 相关数据来自笔者调研。

府的支持下,他所经营的宁夏麦尔乐食品股份有限公司经营规模不断扩大,拥有国内一流生产线,生产面包、蛋糕等六大系列近200个品种,成为宁夏重要的清真糕点生产企业。

林水英,莆田人,先后八次到西吉考察,并于2008年底成立了宁夏华林农业综合开发有限公司(以下简称华林公司)。2009年,她在西吉县规划投资2.26亿元,建设西红柿、甜玉米、芹菜等3个万亩生产基地,配套建设占地110亩、年加工12万吨蔬菜和甜玉米的深加工生产线以及保鲜、制冰、研发中心。至2012年,华林公司的生产基地已种植蔬菜1.2万亩,解决1万多人的就业问题。① 华林公司通过土地流转建立起现代农业示范基地,开创了"公司+合作社+基地+农户"和产、加、销一体化种植的"华林模式"。目前,基地雇工人数1000多人,月工资平均1000元,用工高峰期雇工可达2000多人。②

2011年底,严国圣在西吉成立宁夏国圣食品有限公司,公司与当地农户通过土地流转和技术互利的模式,打造土豆加工全产业链。该公司依托西吉丰富的马铃薯资源和劳动力资源,将国内现有休闲食品加工设备进行改良,对马铃薯深加工工艺进行革新,提高了马铃薯在休闲食品中的添加量及营养成分,全面提升西吉马铃薯产品附加值,实现了西吉现代工业"零"的突破。截至2016年7月,宁夏国圣食品有限公司完成了14条现代化马铃薯加工生产线,可生产29种马铃薯休闲食品,每年可直接使用当地新鲜马铃薯约4万吨,年生产清真土豆饼干、土豆沙琪玛等马铃薯休闲食品达数万吨,为当地数千名农民提供了就业机会,让六盘山脚下的土豆变成了名副其实的"金豆豆"。③

---

① 林建、罗非:《闽商在宁夏》,中国作家出版社,2012,第78~80页。
② 阎文华、赵磊:《开发式扶贫奏华章 产业引领闽宁协作驶入快车道》,搜狐网,https://www.sohu.com/a/106619027_362368,2016年7月19日。
③ 阎文华、赵磊:《开发式扶贫奏华章 产业引领闽宁协作驶入快车道》,搜狐网,https://www.sohu.com/a/106619027_362368,2016年7月19日。

(二) 打造产业园

莆田人陈玉明可说是在宁夏打造产业园的第一人。2009年在援宁干部的鼓励下,做出在西吉投资置业的决定。他认为,西吉要发展必须有产业支撑,有基础工业的培育。在陈玉明和闽宁两地干部的共同努力下,西吉有了建县70年来投资最大的项目——投资10亿元打造的宁夏(西吉)闽宁产业园。闽宁产业园规划占地面积2100多亩,按"一园五区"的整体空间功能布局,分为特色农产品加工区、轻工区、电子工业区、物流区、商贸服务区,园区重点发展农副产品精深加工和劳动密集型产业,并结合西吉农业资源发展马铃薯、胡萝卜、西红柿等优质果蔬精深加工和牛羊清真肉制品加工;发展农资及民族服装鞋帽产品和电子产品生产;配套发展服务工业企业的商贸服务业。截至2016年7月,产业园已建成投产马铃薯深加工、服饰加工、回乡刺绣、塑胶制品、食品包装、电子产品生产、自行车生产、精油加工、建材制品生产等领域企业15家,吸纳1300人就业,园区累计实现工业总产值7.8亿元。[①] 西吉闽宁产业园的建设,使西吉县有了第一家工业企业,改变了西吉县纯农业产业结构。

林小辉,在闽宁挂职干部的牵线搭桥下,于2012年8月在宁夏固原市隆德县"安了家"——注册成立了宁夏康业投资有限公司,担任董事长兼总经理,投资建设隆德县闽宁扶贫产业园。产业园于同年8月22日奠基。经过多番努力,园区一期、二期、三期、四期完成厂房建设,相关基础配套设施投入使用。园区已完成投资额4.12亿元,占地面积1000亩,建成标准化厂房64幢24万平方米、综合服务中心1幢4000平方米。园区共引进企业52家,其中闽籍企业12

---

① 阎文华、赵磊:《开发式扶贫奏华章 产业引领闽宁协作驶入快车道》,搜狐网,https://www.sohu.com/a/106619027_362368,2016年7月19日。

家。园区建设采用"以商招商"工作模式，即县委主导，闽籍挂职干部牵线搭桥，闽籍企业以商招商，产业园边建设边招商。宁夏康业投资有限公司对部分引进项目进行参股融资，增强入园企业信心，加快入驻速度。这种以商招商的新模式，提高了招商引资实效，直接投入少、成功率高，实现了项目和产业的高效集聚，切实把闽宁扶贫产业园打造成东西扶贫协作的品牌产业园。①

（三）促进就业

宁夏作为西部欠发达地区，经济总量小，又因客观条件所限，传统农业以粗放式经营为主，加上退耕还林还草，农村剩余劳动力多。闽商参与闽宁扶贫协作的一个重要方面就是促进宁夏富余劳动力，尤其是贫困劳动力就业。

一是就地就业。在宁夏的闽籍企业最大限度地吸收当地劳动力特别是"建档立卡"劳动力。脱贫攻坚以来，许多劳动密集型企业还在乡村设立扶贫车间，就近带动就业脱贫。目前，六盘山工业园区内在宁闽籍企业安置就业 10 多人。

二是转移就业。许多闽籍企业热情接纳宁夏员工。1996 年 12 月 21 日，长乐市建乐鞋业有限公司在隆德招收第一批 137 名农村女青年。1997 年 3 月，西吉县第一批 97 名女工来到福建莆田新威电子有限公司。到 2005 年，西吉县已有 1610 名青年在福建莆田新威电子有限公司就业，其中 95% 是女工。② 如表 1 所示，2003 年以前，宁夏向福建输出劳务属于探路阶段。随着劳务工作站的建立和先期员工的适应及榜样作用，2003 年开始，宁夏劳务输出迅速增加。至今闽宁两省区在福建建了 7 个劳务工作站和 1 个劳务联络点，现在宁夏有 5 万

---

① 相关数据由宁夏康业投资有限公司提供。
② 高石钢、唐宝山：《携手铸辉煌：闽宁互学互助对口扶贫协作十年回顾》（项目卷），宁夏人民出版社，2006，第 87~98 页。

多人在福建实现稳定就业，年均劳务收入超过 10 亿元，贫困家庭可支配收入的 40% 来自劳务，一大批贫困群众从福建学到了技术、增加了收入，而且更新了理念，提升了素质。①

表 1　早期宁夏向福建输出劳务的情况

单位：人

年份	人数	年份	人数
1998	1897	2002	200
1999	3109	2003	4587
2000	268	2004	4472
2001	330	2005	4665

资料来源：高石钢、唐宝山：《携手铸辉煌：闽宁互学互助对口扶贫协作十年回顾》（项目卷），宁夏人民出版社，2006，第 97 页。

（四）捐赠

1997 年，福建省统战系统为宁夏彭阳县草庙乡捐资 24 万元建了一所希望小学。1998 年，福建省光彩事业促进会 7 位副会长向全省非公有制经济人士发出"每个企业节省一桌酒席钱，捐助宁夏打一口水窖"的倡议，全省非公有制经济人士踊跃捐资近 50 万元帮助宁夏打了 200 口水窖。1999 年，闽商捐资 50 万元建立宁夏固原地区奖教奖学金，并捐衣物两车皮。2001 年福建泉州匹克集团公司向宁夏地区捐赠价值 37 万元的旅游鞋。据不完全统计，在闽宁对口帮扶协议签订以来的 20 多年间，在闽的企业家通过福建省光彩事业促进会向宁夏共捐款捐物达 1700 多万元，捐建希望小学 13 所。在宁闽商也积极投身宁夏社会公益和慈善活动，向当地捐资助学 2000 多万元，

---

① 数据来自福建省扶贫办。

捐助基础设施建设3000多万元、捐助改善生活环境100多万元等，还曾成立了"闽商见义勇为基金"。①

闽商曹德旺于2011年5月5日设立的河仁慈善基金会，在2012年"中国光彩事业宁夏行"活动中，向宁夏定向捐赠1000多万元，用于社会福利和教育事业。2017~2018年，根据福建省援宁工作队和固原市慈善总会的申请，该会又资助固原市两个项目：一是"善行六盘·敬老扶困"系列项目〔包括六盘学子爱心字（词）典资助项目、五保老人御寒冬衣资助项目和宁南地区贫困白内障患者复明救助项目〕，资助金额510.4万元；二是资助建档立卡贫困户冬衣、棉被项目，资助金额310.0万元。两个项目共资助820.4万元。②

（五）消费扶贫

消费扶贫是社会各界通过消费来自贫困地区和贫困人口的产品与服务，帮助贫困人口增收脱贫的一种扶贫方式，是社会力量参与脱贫攻坚的重要途径。据统计，2019年，闽宁两省区结对县（区）加强消费扶贫协作，福建省累计采购、消费宁夏9个贫困县和永宁县农特产品10.76亿元。③

2018年6月，林锦云经营的宁夏瑞丹苑油牡丹产业有限公司设立福州闽宁情商贸有限公司，搭建起宁夏农特产品在福州市乃至福建省的销售桥梁，以助产销对接，将宁夏的优质农产品资源与福建的市场优势相结合。通过消费来自宁夏贫困地区和贫困人口的产品，调动贫困人口依靠自身努力实现脱贫致富的积极性，促进贫困人口稳定脱贫和贫困地区产业持续发展。截至2020年9月，福州闽宁情商贸有

---

① 相关数据由福建省统战部经济处何林颖先生提供。
② 相关数据由河仁慈善基金会刘昌雨先生提供。
③ 《福建省宁夏回族自治区互学互助对口扶贫协作第二十四次联席会议纪要》，2020年9月4日，第2页。

限公司已在福建全省建起 10 家分馆,其中已经开业的分馆有:闽侯县分馆、永泰县分馆、闽清县分馆、连江县分馆、晋安区分馆、仓山区分馆、罗源县分馆、马尾区分馆、宁德市分馆、古田县分馆。正在筹备中的分馆有:厦门市分馆、泉州市分馆、漳州市分馆、长乐区分馆。宁夏六盘山特产馆开创以消费带动生产,以生产带动就业,以就业带动脱贫的消费扶贫模式。目前已带动 34 家宁夏本土企业拓宽宁夏农特产品的销路,以此带动周边村庄的农民种养特色农产品,共帮助宁夏 10101 人实现稳定就业,脱贫致富,其中建档立卡贫困户 7122 人。[①]

(六)组织商会

1997 年 8 月 18 日,经宁夏回族自治区扶贫办批准和民政厅核准,宁夏福建总商会(原宁夏福建企业家协会)在银川成立。宁夏福建总商会,是党和政府联系在宁闽商、闽企的桥梁和纽带,是闽宁合作的重要载体,是在宁闽商、闽企获得信息和服务的重要平台。

宁夏福建总商会自成立以来,在闽宁两地党委政府和各有关部门以及广大闽商的关心支持下,会员队伍不断发展壮大。现已有固原分会、吴忠分会、银川泉州商会、银川南安商会和以闽商为主的宁夏汽车行业商会以及宁夏黄金协会等 11 家分会,共有会员 1860 余人,代表着 80000 余名闽商和 5700 余户闽企,他们活跃在宁夏各地。

商会成立 20 多年来,认真贯彻党的方针政策,坚持"精诚团结,以情为重,以会为家,服务企业,发展经济,共创辉煌"的办会宗旨,组织会员企业积极参与政府和社会组织的各项政治、经济、公益活动。在宁闽系商会捐资助学、扶贫帮困、抗震救灾、修路建桥等捐助金额

---

① 相关数据来自福州闽宁情商贸有限公司。

达 1.3 亿元，莆田籍闽商在西吉捐建了西吉莆田小学，泉州南安籍闽商在同心捐建了同心南安小学。①

四 闽商参与闽宁扶贫协作的若干思考

在此，围绕如何更好地发挥闽商在闽宁扶贫协作中的作用，谈三点思考，即民营经济在中西部扶贫协作中的作用问题，何为闽商精神以及如何构建中西部扶贫协作中民营经济发挥作用的长效机制。

（一）正确发挥民营企业的作用

在闽宁扶贫协作中，闽商纷至沓来。作为企业家，闽商到宁夏投资的目的，首先是遵循市场规律，获取利润的最大化。无疑是市场机制的牵引，带动了闽商的投资。闽宁扶贫协作之初，就定下了政府行为、市场行为、社会行为协同治理的机制。24 年来，闽宁扶贫协作能够长期坚持，离不开市场机制的作用，离不开闽商群体的积极参与。

在闽宁扶贫协作中的闽商主体是民营经济和民营企业。广大闽商参与闽宁扶贫协作并发挥重要作用的事实说明，民营企业是东西部扶贫协作的重要动力，是区域共同发展和先富帮后富、最终达到共同富裕的重要桥梁。在东西部扶贫协作和社会经济发展中，应遵循市场规律，充分发挥民营企业的积极作用。

（二）闽商精神的充分展现

通过对参与闽宁扶贫协作闽商群体的考察，可以让我们更好地领

---

① 相关数据来自宁夏福建总商会。

悟"敢闯敢拼"的闽商精神。许多闽商是本着"筚路蓝缕,以启山林"的精神开创自己的事业的。以胼手胝足开创事业的忠门人范国添为例,1976年就到了宁夏银川,先期做蒸笼、竹器、木材生意,到1994年才成立宁夏银川物资建材有限公司。① 随着宁夏经济发展和闽宁扶贫协作的推进,范国添又开始经营房地产事业。再以长乐人林锦云为例,他以先前在商场摸爬滚打的经验为基础,不断开创自己的事业。2006年到宁夏后,他先是在固原市成立了第一家公司宁夏闽宁丰肥业有限公司,经营化肥。进而涉足建材行业,于2009年成立了宁夏鑫康辉装饰工程发展有限公司。2010年10月又成立了固原福台商贸有限公司。2014年12月,他又成立了专业种植及加工生产油牡丹系列产品的宁夏瑞丹苑油牡丹产业有限公司。

闽商素有爱国爱乡的情怀。闽商投身大西北,既是利益驱动的结果,也是爱国的表现。每次组织"闽商宁夏行",闽商都积极响应,并签约、投资。生意成功后,闽商都能积极回馈社会、造福社会。林小辉投资隆德县后,为隆德县学生、贫困户、单位捐赠各种款物计300多万元。2017年以来,潘文贤经营的宁夏隆德人造花工艺有限公司,响应政府号召,在隆德县建立"闽宁扶贫车间"11个,带动1300多名残疾人和困难群众集中和居家就业。肖招峰在宁夏创业20多年,不忘回报社会,给固原一中、固原二中、原州六小及固原地区各县和乡镇学校,贫困学生、固原市福利院、固原市慈善总会等单位捐助200多万元。再如,陈德启经营的贺兰神(宁夏)国际葡萄酒庄有限公司,热心教育事业及人才的培养,先后向教育系统捐助资金累计150万元,同时积极与宁夏大学合作,建立工程研究中心,先后为宁夏大学葡萄酒学院提供了累计近1800多个实习岗位,累计支出费用近500万元,为行业发展所需技术人才储备奠定了良好的基础。

---

① 邓方主编《福建人在宁夏》,宁夏人民出版社,2001,第187~197页。

贺兰神（宁夏）国际葡萄酒庄有限公司积极参与社会扶贫帮困工作，对原隆村附近移民进行了调研，除对特困家庭捐款捐物外，还为建档立卡贫困户提供至少一人就业的机会，甚至有整个家庭在该公司就业，这样既减轻了社会负担，同时也为改善和提高移民生活水平创造了机会和条件。[1]

（三）构建发挥闽商作用的长效机制

闽商是闽宁扶贫协作中不可或缺的重要一环，如何构建长效机制，更好地发挥闽商的作用，是一个现实课题。笔者结合近期调研心得，提以下几点建议。

一是政府有关部门应落实相关优惠、激励政策。在市场经济中优胜劣汰是规律，但各级政府应对市场主体加强保护，不断使民营企业做强做大。早已安排好的优惠政策应毫无保留地惠及相关企业，减少烦琐手续，构建亲清的政商关系，营造良好的地方营商环境，给企业吃定心丸。政府应制定激励政策，进一步完善各项奖励机制，调动企业家的积极性。[2]

二是商会应从企业实际需求出发，多为闽商争取权益。商会是组织者也是协商者，应发挥好自己的作用。不仅在企业出现困难时，为企业呼吁并争取相关权益，解决实际问题。而且在一定范围内，商会要能为企业经营提供必要的参考意见。

三是克服"谁的孩子谁抱"的毛病。当前在宁闽籍企业多是现任援宁干部作为扶贫企业引进的。经常会出现援宁干部走后，被引入企业缺乏关注的情况。应尽快建立健全相关机制，使在宁企业和闽商长期得到关心和帮助。

---

[1] 相关数据来自笔者的调研。
[2] 《习近平：在企业家座谈会上的讲话》，新华网，http://www.xinhuanet.com/politics/leaders/2020-07/21/c_1126267575.htm，2020年7月21日。

总之，闽商在参与闽宁扶贫协作的过程中，促进了宁夏产业结构的调整和国民经济的发展，解决了宁夏南部贫困山区群众稳定就业问题，促进了当地干部群众更新观念。闽商是闽宁扶贫协作经济活动的主要参与者、宁夏贫困地区就业机会的主要提供者、宁夏经济技术进步的主要推动者，是闽宁扶贫协作的生力军。在我国构建国内和国际经济双循环的过程中，应更好地发挥闽商在闽宁扶贫协作中的作用。

B.6
2020年闽商商会发展报告：
以宁德市总商会为例

吕巧琴　叶茂*

摘　要： 得益于营商环境的不断优化，宁德市民营经济持续健康发展。在民营经济发展稳中向好的基本态势下，以民营经济为结构主体的宁德市工商联（总商会），紧紧围绕宁德市委"一二三"发展战略，牢牢把握"两个健康"工作主题，通过着力打造"四个联盟"、组织实施"四个年"活动，为宁德全方位推动高质量发展超越做出更大贡献。

关键词： 闽商　商会组织　宁商　宁德市总商会

宁德市，是习近平总书记曾经工作过的地方，是习近平新时代中国特色社会主义思想的重要萌发地。习总书记在宁德工作时大力倡导的"弱鸟先飞"意识、"滴水穿石"精神、"四下基层"制度和"行动至上"作风，始终激励着宁德干部群众创新、创业、创造，为宁德发展注入不竭动力，引领宁德发展迈上新台阶。

地处福建东北部的宁德，其独特的地域风貌和文化传承，培育了

---

* 吕巧琴，中国新闻社福建分社社长助理、《海峡西岸》杂志社副主编、闽侨智库成员；叶茂，中国新闻社福建分社记者。

"如山、如海、如川"的宁商群体:有山的坚韧,白手起家不怕苦、百折不挠不服输、刻苦钻研能创新;有海的胸怀,能包容、勇闯荡、重义气;有川的延绵,顺势求变,传承开拓,恋土恋乡。随着宁德市交通等基础设施的不断改善,后发优势逐步凸显,宁德市工商联团结带领宁德市工商界人士,发扬"闽东商帮"敢拼敢闯的精神,为促进宁德地区经济社会发展起到重要的推动作用。

一 宁德市工商联的历史沿革

1991年7月,中共中央转批中央统战部《关于工商联若干问题的请示》,之后,宁德市开始尝试商会组织组建工作。这个阶段以行政手段推动为主,由工商联负责筹建和业务指导,多数商会没有通过注册登记,福安市电机电器同业商会、周宁县上海商会、霞浦县三沙商会等都是这个时期各类商会组织的典型代表。

在此期间虽然组建了一些商会,但许多商会的单体规模偏小,运作不够规范,活力不是很强,尤其是一部分乡镇商会经过若干年运作后,职能逐渐弱化,甚至名存实亡。

2001年12月,宁德市工商联(前身为福建省工商联宁德地区办事处)成立之后,申请宁德市政府授权市工商联作为部分全市性经济类商会组织的业务主管部门,按照"自愿组建、自筹经费、自我服务、自主管理"的方针发展商会组织,商会组织的组建、管理、作用发挥逐步规范。

近年来,宁德市着力实施"一二三"发展战略,按照"一个龙头企业打造一个产业集群"的思路,突出抱好"金娃娃"、引建大项目、发展大产业,推进不锈钢新材料、锂电新能源、新能源汽车、铜材料四大主导产业迅速崛起。

随着宁德市经济高质量发展步伐的加快,到宁德经商办企业的外

来人员逐步增多。为了抱团发展,增强力量,他们开始积极筹建市、县两级异地在宁商会。同时,在"五好"县级工商联创建工作带动下,部分新兴的行业商会和重点乡镇商会建设得到有效加强。

二 2019年宁德市工商联组织情况

随着民营经济的蓬勃发展,宁德市非公有制经济人士队伍不断壮大,为新时代开创工商联事业新局面奠定了良好基础。

(一)宁德市工商联(总商会)

截至2018年底,宁德市工商联共有会员总数9925个,其中企业会员4827个、个人会员4991个、团体会员107个(因为近两年全联会员组织数据库系统正在试用,目前尚未有更新的会员统计数据),6个县级工商联被确认为全国"五好"县级工商联,占比66.7%。宁德市工商联所属商会共有119个,其中行业类商会28个,1个商会入选首批全国"四好"商会,3家商会入选首批省级"四好"商会,分别占比0.84%和2.5%。

2018年1月,全国政协副主席、工商联主席高云龙一行莅宁开展民营企业高质量发展状况调研;5月,全国工商联党组副书记、副主席樊友山一行莅宁开展基层工商联和商会组织建设调研;11月1日,宁德时代新能源股份有限公司董事长曾毓群受邀参加全国民营企业座谈会,在闽东民营经济发展史上留下了浓墨重彩的一笔。宁德市共有700名非公有制经济代表人士被推荐为各级人大代表、政协委员。

2019年以来,宁德市工商联紧紧围绕市委"一二三"发展战略,牢牢把握"两个健康"工作主题,着力组织实施"深化学习年、走访调研年、商会改革年、社会服务年"的"四个年"活动,努力把市工商联打造成为引领非公经济人士健康成长的政治联盟、凝聚非公经济力量助推跨越赶超的发展联盟、支持民营企业创新创业创造的服务联盟、引导民营企业家正确履行社会责任的光彩联盟，不断推动工商联工作创新发展、再上台阶。

1. 引领民营经济人士健康成长的政治联盟

民营经济人士是党执政的群众基础和社会基础，促进"两个健康"是重大的经济问题，更是重大的政治问题。

2019年以来，宁德市工商联坚持把党的政治建设摆在首位，全面落实工商联党组管党治党和团结联系民营经济人士听党话、跟党走的政治责任。

构建党建"新模式"。通过开展企业家副主席（副会长）季度轮值主题活动、成立宁德市工商联社会组织行业党委、组建商会统战工作联络员队伍，构建"无缝隙、全覆盖"的党建"新模式"，推动党建工作向基层延伸，统战工作向商会组织全覆盖。

提升党建"新成效"。以主题教育、集中学习、上党课等形式，向所属商会、民营企业传达中央最新精神，引导全市广大民营经济人士特别是年青一代民营企业家，坚定对中国特色社会主义的信念、对党和政府的信任，始终听党话、跟党走。

打造党建"新阵地"。整合寿宁县下党乡"难忘下党"、福鼎市赤溪村"中国扶贫第一村"、福安市下岐村"闽东沿海船民上岸第一村"等特色资源，在福建省率先建立民营经济人士理想信念教育基地共4个类别16个，不断凝聚所属商会、民营经济人士思想政治共识。

2. 凝聚民营经济力量助推跨越赶超的发展联盟

发挥商会桥梁作用，服务"宁智回归"。2019，宁德市工商联先后在深圳、广东、上海、宁波、北京等地建立人才工作站，组织在外人才回乡参加"宁智回归"高端人才峰会，对接人才回归项目10

个，目前已落地 5 个；借助商会组织和有关团体的力量，大力挖掘宁德在外人才资源，精准引进高精尖人才项目，为全市高质量发展提供有力的人才支撑和智力支持。

发挥商会平台作用，服务招商引资。2019 年，宁德市工商联牵头承办并组织 96 名民营企业家参加第六届世界闽商大会宁德专场招商推介会；组织异地宁德商会 60 多名会员企业回乡开展项目考察；与福建省青商会联合举办青年闽商"走进宁德"专题推介会；利用全联第二调研联系组到宁开展联系调研工作的契机，对接达成意向项目 3 个。

发挥商会建言作用，服务企业发展。2019 年，宁德市工商联牵头组织开展优化营商环境课题调研，形成《宁德市民营企业复工复产情况调研报告》，得到市委主要领导批示肯定；开展"金融机构服务民企发展"专题调研，形成《宁德市民营企业融资情况调研报告》并上报省工商联。

在民营经济的带动下，宁德市上半年经济增长呈现"稳中有进、领跑全省"的良好势头，GDP、规模以上工业增加值、一般公共预算总收入、地方一般公共预算收入、城乡居民人均可支配收入等主要经济指标增幅均居全省第一。

值得一提的是，落地宁德市的青拓集团、宁德时代、福建甬金、福建宏旺实业上榜"2020 福建省民营企业 100 强"，分别排名第 2、第 9、第 33 和第 34 位；以上四家企业同时上榜全省民营企业制造业 50 强。

3. 支持民营企业创新创业创造的服务联盟

在推动民营企业健康发展方面，宁德市工商联成功推荐青拓集团、宁德时代两家企业进入全国 500 强，增加了企业荣誉感、获得感；组织开展非公企业专业技术人员职称评审活动 3 次，640 多位非公经济人士获得初级、中级职称资格，为民营企业高质量发展提供了人才支撑。

在解决民营企业发展难题上，探索建立政企"直通车"平台，推动建立了市领导挂钩联系重点民营企业、重点商会的工作制度；深入企业调研，收集并协调解决涉及民企发展用地、产业规划、园区配套等问题；开展中小微企业发展状况问卷调查并形成专题调查报告，助力小微企业发展。

特别是2020年新冠肺炎疫情防控期间，宁德市工商联发挥优势，靠前服务，一方面既当好政策"宣传员"，又当好信息"收集员"，依托内刊以及微信工作群等，及时转发、推送关于做好疫情防控、复工复产工作的有关会议精神和相关扶持政策，让企业第一时间掌握上级精神和政策信息；同时主动了解企业复工计划、准备情况和具体困难问题，积极反映企业合理诉求。

另一方面，全力当好企业"服务员"。组织民营企业加入银企对接服务微信群，为疫情期间民营企业的融资需求提供服务；与市司法局和市律师协会联合做好援企稳岗各项法律服务；积极开展走访调研，及时了解并协调解决企业复工复产中存在的困难和问题，服务企业共克时艰、共渡难关。市工商联（总商会）103家常执委企业第一时间实现全面复工复产。

4. 引导民营企业家正确履行社会责任的光彩联盟

2019年，宁德市工商联成立宁德市光彩事业促进会（简称市光彩会），首届会员148名，收到第一批捐赠资金300多万元。依托市光彩会，定向捐赠120万元建设城市书屋和党群连心路，在5个山区县开展"同心·光彩助学"专场活动，定向资助250名贫困大学生；开展党建共建活动，定向资助寿宁县江山村村内公园建设资金10万元；开展扶贫挂钩工作，资助柘荣县西坪村村财增收项目扶持资金10万元，向部分村庄捐赠价值100万元的净水器、光伏太阳能路灯和监控器等。

此外，扎实开展"百企帮百村"精准扶贫行动，引导民营企业和商会组织参与脱贫攻坚，助力乡村振兴。全市共有160家民营企业、商会组织与160个贫困村或有建档立卡贫困户的非贫困村结对帮扶，累计投入各类帮扶资金1.2亿元，其中录入全国"万企帮万村"台账系统6400多万元，直接受益贫困人口7043人。

2020年，面对突如其来的新冠肺炎疫情，全市广大民营企业家和工商联所属商会、各异地商会踊跃捐款捐物，助力疫情防控。据不完全统计，累计捐款3018万元人民币，捐助口罩86.67万个，手套2.94万双，以及其他一批重要防疫物资。

（二）宁德市镇街商会

20世纪90年代，宁德市就开始尝试发展镇街商会。近两年，根据中央和省委关于促进工商联所属商会改革和发展的指导性文件精神，宁德市对镇街商会建设工作如何服务和促进"两个健康"的新任务、新作用，进行了深入探讨，加快了镇街商会的增量和提质步伐。

1. 宁德市镇街商会的发展情况

宁德全市已建立镇街商会65个，覆盖率52%。其中，蕉城区2个、古田县12个、屏南县0个、周宁县3个、寿宁县1个、福安市22个、柘荣县1个、福鼎市11个、霞浦县13个，其中福安市成为宁德市唯一一个镇街商会建设全覆盖的县级市。

（1）助力精准扶贫和乡村振兴。比如霞浦县三沙商会结对帮扶该镇花竹村，累计募集投入帮扶资金65万元。福安市镇街商会通过开展捐资助学助教、对接产业发展、挂钩贫困户、抗击新冠肺炎疫情等多种方式，累计捐助公益慈善资金物资合计1000多万元，受到社会各界高度赞扬。

（2）发挥商会在引领产业发展方面的作用。比如古田县吉巷商会领导班子以助推农业产业集约化经营为己任,引导和推动农民由一家一户的条块生产、分散经营向集约化、专业化、规模化经营转变。商会骨干成员创办古田县农丰食用菌专业合作社,拥有社员398人,年产菌菇5000万筒,产值达2亿元,取得良好的经济效益和社会效益,让大部分商会会员、农民和社会投资者从中获得收益,提升了镇街商会的影响力。

(3) 有效发挥基层社会协调治理方面的作用。比如霞浦县三沙商会成立会长黄光清调解工作室,与三沙司法所和三沙法庭相衔接,与厦门海事法院签署《共建和谐无讼渔港协议》,成立福建省首个台胞台企金融消费纠纷调解中心。在当地党委政府的支持下,本着公平公正的态度,2017年至今共妥善处置200多起各类纠纷调解事务,使商会成为地方化解社会矛盾的重要平台,得到党政部门及社会各界的肯定和好评。柘荣县富溪商会积极发挥平台作用,捐资支持组建义务消防队,消防队组建以来参与地方抢险救灾160多起,挽回经济损失5000多万元;支持成立青年服务中心,中心成立以来协助地方公安机关抓获各类违法犯罪嫌疑人50多名,协助破获案件19起,参与调解民事纠纷57起,获得团中央"全国优秀青年服务中心"等荣誉称号。

2. 制约镇街商会发挥作用的主要因素

(1) 镇街商会建设发展不平衡。全市镇街商会组建较好的地方有古田、福安、福鼎、霞浦4个县(市),唯有福安市已实现镇街商会建设全覆盖。山区县镇街商会建设相对薄弱,如屏南县目前还没有镇街商会,寿宁和柘荣县镇街商会各只有1个,协同基层社会治理的商会平台数量不足。

(2) 对镇街商会作用的认识不足。部分乡镇、街道对镇街商会的性质、地位和作用了解不够、认识不足,对镇街商会建设的重视和支持程度不够。部分民营经济人士主动加入镇街商会和参与商会活动的热情不高。这些因素严重制约了镇街商会的建设步伐，进而影响到其作用的发挥。

（3）镇街商会组建机制欠完善。之前县级工商联和民政部门对镇街商会的组建没有完全形成共识，造成已建立的部分镇街商会未在民政部门注册登记。早年成立的部分镇街商会，由于内部法人治理机制不完善，活力不强，没有按照相关要求及时进行年检、换届等工作，成为"僵尸商会"。

（4）镇街商会服务功能有待提升。一些镇街商会服务民营经济发展工作，多停留在一般的信息推介、协调沟通等层面，引导企业适应新常态、促进企业创新发展的办法不够多，思想政治工作方式和载体相对单一，造成自身凝聚力、号召力不强。

（5）商会党的建设工作有待加强。新组建的镇街商会多数按要求同步组建党组织，以前成立的镇街商会大部分没有成立党组织。党建指导管理机制模糊，如福安市工商联对商会党建仅负责督促不负责指导，指导工作由"两新组织"工委具体负责。部分镇街商会组织组建党支部难以凑齐3名以上党员，组织比较困难，党建问题已成为商会建设发展过程中的难点，影响了镇街商会党组织核心引领作用的有效发挥。

3. 提升镇街商会协同基层社会治理的主要思路

下一阶段，将组织引导基层工商联学习福安市镇街商会组建经验，进一步推动全市镇街商会组建进度，确保2022年符合条件的乡镇（街道）商会建设实现全覆盖。同时，对一些活力不强的镇街商会组织抓紧整顿，通过换届、调整负责人、补充新会员、重新登记等方式增强其活力，规范其管理。在此基础上，注重指导镇街商会在以下方面发挥协同基层治理功能。

（1）发挥政治堡垒作用。深入贯彻落实习近平总书记关于工商联要坚持"政治建会、团结立会、服务兴会、改革强会"的重要指示,坚持把政治建会摆在首位,通过镇街商会平台深入开展民营经济人士理想信念教育,引导广大民营经济人士认真学习习近平新时代中国特色社会主义思想,不断增强民营经济人士对中国共产党和中国特色社会主义的政治认同、思想认同、理论认同、情感认同。

(2) 发挥经济助手作用。通过镇街商会和异地宁德籍商会平台,广泛联系在外经济能人,发挥能人效应,带动乡镇主导产业发展。引导在外乡贤回乡创业,参与精准扶贫行动和社会公益事业以及助学助教等光彩事业,为乡村振兴事业贡献力量。通过镇街商会平台,为商会会员提供信息服务,帮助会员及时了解行业产业发展政策,用好、用足各类扶持政策。有效搭建交流平台,引导企业开展技术、产品、管理、商业模式等交流学习,助推企业转型升级。深入开展普法宣传,推动会员依法经营、依法治企、依法维权,积极践行亲清新型政商关系。推动制定自律公约,建立信用承诺制度,主动参与社会诚信体系建设。引导会员积极构建和谐劳动关系,注重安全生产、提升质量、保护环境。组织会员积极参与光彩事业、公益慈善事业和"百企帮百村"精准扶贫巩固提升行动,自觉履行先富带后富、促进共同富裕的社会责任。

(3) 发挥桥梁纽带作用。通过商会向政府表达利益诉求,并在国家制定法律法规和政策时,发挥决策咨询作用。商会的企业家代表以人大代表或政协委员的身份,在各级"两会"期间或在日常履职中参政议政、建言献策。有效发挥商会会长的公信力和影响力,在团结会员、化解矛盾、平衡各方利益等方面发挥独特作用,为政府的社会治理拾遗补阙。主动承担起部分群众性、社会性和公益性的社会服务职能,发挥商会在扶贫开发、社区服务、慈善救助等领域的作用,弥补缺失,实现多元社会主体共建、共治、共享。发挥商会在应对社会突发事件和自然灾害中灵活和快速反应的功能,参与资金募集、物

资筹备和组织志愿者行动等，补充政府应急措施不足，为维护社会安定稳定做出贡献。

三 2019年宁德市民营经济发展情况

民营经济是技术创新的重要主体，也是振兴实体经济、推动经济高质量发展的主要支撑。

（一）宁德民营经济发展的现状

1. 民营经济对全市经济发展贡献突出

2018年，宁德市民营经济实现增加值1543.91亿元，占GDP的比重为79.5%，比上年提高0.9个百分点。2019年前三季度，全市规模以上工业企业中，民营工业企业增加值同比增长15.7%，占全市比重为86.1%，拉动全市增长12.1个百分点，增长贡献率达81.7%。民间投资增长7.4%，高于全市固定资产投资5.9个百分点；占全市投资的比重达49.8%，高于上年同期2.8个百分点。①

2. 民营企业经营状况总体向好

调查结果显示，超七成企业生产经营良好。78%的企业实现主营业务收入增长，其中2/3的企业增速在10%以内，另有1/3的企业收入增速在10%以上，包括时代新能源、顺丰速运、东吾洋食品等重点民营企业。从赢利情况看，九成企业实现赢利。其中，利润率在5%以上的企业占28%，62%的企业利润率不足5%，还有10%的企业目前为亏损状态。2019年前三季度，民营工业企业实现利润

---

① 沈丽琴、吁鹏：《宁德民营经济发展情况调查报告》，宁德市统计局官网，http://tjj.ningde.gov.cn/xxgk/tjfx/201912/t20191202_1246902.htm，2019年11月25日。

169.74亿元,同比增长22.1%,占全市比重为86.2%,对全市增长贡献率达96.8%。①

3. 民营企业供需衔接总体向好

调查结果显示,原料供给方面,72%的企业的原材料采购全部来自国内,供给有保障;28%的企业有进口业务,主要为锂电新能源、不锈钢新材料和电机企业,但普遍比重不高,进口原材料占原材料总额的比重在10%以内,受外部环境影响较小。产品销售方面,52%的企业专注国内市场。出口企业中,58%的企业出口产品占企业销售产值的比重在10%以内,还有42%的企业出口量较大,主要为水产品、发电机、电机等传统特色行业企业。2019年以来,锂电新能源等主要出口企业的产业竞争优势明显,带动全市出口保持快速增长,1~9月实现出口总值206.4亿元,增长31.5%,增幅居全省各设区市首位。②

4. 民营企业创新研发投入加大

近年来,宁德市民营企业在科技创新方面的投入大大增加,特别是锂电新能源、不锈钢新材料等产业龙头企业发挥引领作用,带动了宁德市科技创新上新台阶。调查结果显示,民营企业高度重视创新研发,超半数企业的核心技术来自自主研发,比例达55%;研发投入占主营业务收入比重超过3%的企业占28.3%,其中69.3%为制造业企业。2018年全市研究开发(R&D)经费占地区生产总值比重达2.2%,比"十二五"末提高1.2个百分点。其中,民营高新技术企业,如宁德时代新能源科技有限公司(以下简称宁德时代公司)、宁德新能源科技有限公司(以下简称宁德新能源公司)、广生堂药业等

---

① 沈丽琴、吁鹏:《宁德民营经济发展情况调查报告》,宁德市统计局官网,http://tjj.ningde.gov.cn/xxgk/tjfx/201912/t20191202_1246902.htm,2019年11月25日。
② 沈丽琴、吁鹏:《宁德民营经济发展情况调查报告》,宁德市统计局官网,http://tjj.ningde.gov.cn/xxgk/tjfx/201912/t20191202_1246902.htm,2019年11月25日。

龙头企业贡献突出，三家企业的研究开发费用约占全市的85%。其中，宁德时代公司每年将5%～6%的营业收入投入研发，设有院士专家工作站、福建省动力电池工程研究中心等研发平台，是福建省首家国家高新技术产业标准化试点企业。①

（二）民营经济成宁德制造业的"顶梁柱"

近年来，宁德市坚持把抱好"金娃娃"、发展大产业作为推动发展的主抓手，接连抱上宁德时代公司、上汽集团、青拓集团、中铅东南铜业有限公司等"金娃娃"，培育形成锂电新能源、新能源汽车、不锈钢新材料、铜材料四个具有国际竞争力的主导产业集群，构建起高质量跨越式发展的"四梁八柱"。

根据宁德市统计局数据，2018年，全市规模以上民营工业企业1056家，实现增加值增长9.4%；占规模以上工业增加值的85.2%，对规模以上工业增长的贡献率为86.8%。制造业中，民营经济的支柱作用尤为突出，增加值占规模以上制造业的比重高达96.7%。

1. 不锈钢产业发展的"后千亿"时代

宁德市冶金新材料产业的龙头企业——青拓集团，是福建首家年产值超千亿元的民营企业。该集团2008年在福安湾坞半岛冶金新材料产业园建设青拓系列项目，主要从事镍铁与不锈钢冶炼、不锈钢加工及经营销售，2019年实现工业产值1207亿元。

为推动不锈钢产业发展，宁德市出台"冶金新材料六条"产业扶持政策，从要素支撑、增产增效、金融支持、降本增效、审批服务、企业家成长等方面强化对实体经济的政策支持。新冠肺炎疫情发生以来，通过返乡就业补贴、放宽落户政策等一揽子措施，解决产业

---

① 沈丽琴、吁鹏：《宁德民营经济发展情况调查报告》，宁德市统计局官网，http://tjj.ningde.gov.cn/xxgk/tjfx/201912/t20191202_1246902.htm，2019年11月25日。

发展的用工缺口问题。

10余年来,在青拓集团的引领下,宁德不锈钢新材料产业从无到有、从小到大、从弱到强,吸引了甬金、宏旺等上百家产业链企业抱团集聚,实现了从上游原材料冶炼到下游不锈钢加工贸易全链贯通。宁德成为中国乃至世界最大的不锈钢生产及深加工基地。

不锈钢新材料产业的发展,为宁德工业增长提供了重要支撑。据官方统计,2019年宁德市不锈钢新材料产业规模以上企业14家,不锈钢粗钢产量465万吨,约占全国15.8%,全面开启不锈钢新材料产业发展的"后千亿"时代。

2. 新兴产业集聚发展新引擎

自2011年宁德新能源公司、宁德时代公司落户东侨经济技术开发区以来,不到10年的时间里,宁德已成为全球最大的聚合物锂离子电池生产基地,消费类聚合物锂离子电池市场占有率连续6年、锂离子动力电池市场占有率连续2年居全球首位。

立足新能源产业,东侨经济技术开发区全力打造宁德锂电新能源小镇。该小镇规划总面积约3.89平方公里,总投资约109亿元。按照规划,该小镇以宁德时代公司、宁德新能源公司两家企业为产业龙头,集聚上下游产业,有机融合产业、社区、文化、生态功能,打造集科研培训、企业生产、居住服务、科普教育、文化休闲及生态观光等功能于一体的"世界一流锂电新能源产业创新先导区""国家锂电新能源产业集聚示范区"。

一直保持科技领先是宁德新能源公司成功的秘诀。该公司引进大量人才,设立了新能源研究院,获批成立"博士后科研工作站""福建省企业工程技术研究中心""福建省企业技术中心"等研发平台,全面开展新能源材料科学等领域的研发与攻关;建立了一支国际化的高层管理团队与高端研发团队,2019年,科技活动人员达2956人。

同时,该公司与清华大学、香港纳米及先进材料研究院、中国科

学院物理研究所、中南大学、厦门大学、南京大学等知名高校、企业和科研院所建立了全方位的产学研合作关系，为公司的技术研发提供了强大的支撑。至2019年底，累计有授权专利875件，其中发明专利253件。

截至目前，宁德已先后引进厦钨、杉杉、卓高、青美、国泰等30多个上游配套企业，使两家龙头企业80%的采购可就近实现，有效降低了成本。2019年，宁德锂电新能源产业实现产值700亿元，2020年产值有望达到千亿元。

3."智能智造"引领"电动未来"

看中新能源电池的配套优势，上汽集团乘用车宁德基地项目2018年落地，仅17个月就在一片滩涂上建起一座现代化汽车城。

上汽集团乘用车宁德基地项目是福建省目前设计产能最大的新能源乘用车生产项目。其项目一期及配套总投资约100亿元，达产产值约500亿元；二期建成投产后，含配套商项目，年产值可达近千亿元的规模。

该项目位于三屿园区，总用地面积约6800亩，其中，主机厂总用地2100亩，物流用地约690亩，配套零部件园区面积约1462亩。总装车间占地面积138749平方米，车间拥有国内最大跨度机运系统和质量采集追溯系统。同时，结合新能源车大电池特点，制定适应传统燃油车、混合动力车、纯电动新能源车共线制造新策略。

总装车间采用动力电池自动拧紧机器人、玻璃自动涂胶机器人及轮胎自动拧紧机等高自动化设备进行车辆的装配或辅助装配，大大提升了自动化率和生产效率。数字化方面采用了射频识别（RFID）、扭矩大数据分析、先进质量监控等技术，这些都将为高质量生产提供强大支撑。

目前，全球平均每3辆新能源汽车中，就有一辆用的是宁德生产的新能源电池。领先的"智能智造"将为宁德市新能源汽车产业提供强大动能，进而为加快"电动宁德"建设提供战略和技术支撑。

4. "金娃娃"引领宁德迈向"万亿工业时代"

大项目一个接着一个引进，"金娃娃"一个接着一个落地，为宁德高质量发展注入了源源不断的动能。

四大主导产业已经形成了一个循环系统，上下游产业链是有序畅通的。依托龙头企业的强大带动力，吸引了一大批产业链企业集聚落地，形成产销一体的供应链，比如宁德时代公司约80%的原材料、上汽基地整车约80%的零部件都可在市内就近采购。

产业之间是高效循环的。通过引进关联项目，打通四大主导产业间的协作通道，实现"原材料—正极材料—锂电池—新能源汽车—拆解提取原材料"全闭环发展，形成了"你中有我，我中有你"的产业生态。

产业布局是全域联动的。现在不仅沿海有千亿级别的产业龙头，山区县也都有了百亿规模产值的产业项目，开始了山海联动、协同发展的经济"大合唱"。

有了这个循环支撑，新冠肺炎疫情冲击下，上半年宁德经济发展还是迎来了大丰收：地区生产总值、规模以上工业增加值、一般公共预算总收入、地方一般公共预算收入、城乡居民人均可支配收入等主要经济指标，增幅均居福建全省第一。

随着四大主导产业加快裂变、扩张、融合，一批百亿级别的重大项目接续投产、建设、生成，宁德工业经济正在向万亿工业时代迈进。

当前，宁德正处在全面实施"一二三"发展战略，全方位推动高质量发展超越的关键阶段，民营企业舞台广阔、大有可为，相信民营经济又将迎来一个大发展的春天。

B.7 2020年健康产业闽商发展报告

陈丽媛*

摘 要: 健康产业是当前全球经济发展的热点,中国的健康产业还处于初创阶段,有许多尚待挖掘的空间,福建省对于健康产业的发展向来高度重视,文章围绕"福建健康产业积淀、福建健康产业布局、福建生物医药产业、福建'互联网+医疗健康'"等内容展开,探讨了福建健康产业的发展历程。在"健康中国"的基调下,医疗健康产业越发成为朝阳产业、民生产业,但健康产业细分尚不均衡且基本处于开发初期,还需从产业法规、科研创新、产业集聚、市场需求等方面补足短板。

关键词: 闽商 健康产业 大健康 生物医药

一 健康产业的中国机遇

健康产业无疑是当前全球经济发展的热点,将来或许可以为全球创造诸多机会和不可估量的财富。

相对发达国家而言,中国的健康产业还处于初创阶段,产业细分

---

* 陈丽媛,《闽商》杂志社编辑、记者,主要研究领域:产业经济。

不均衡且基本处于开发初期，有数据指出，健康产业在发达国家占国民生产总值比重超过15%，在中国仅占国民生产总值的5%左右。[①]

可见，中国健康产业还有许多尚待发掘的空间。特别是随着城镇化、人口老龄化的加快，生活水平、健康意识、生态环境的改变，健康问题越发成为大众所关注的焦点。民之所望，政之所为，国务院于2016年印发了《"健康中国2030"规划纲要》，健康产业因此受到更多重视，在2017年10月上升为国家战略，而后一系列相关支持政策随之出台。

随着国家政策的支持和落地，中国大健康产业日益蓬勃，2018年营收规模就已经超过5万亿元。国家统计局数据显示，中国大健康产业市场规模在2020年底将达10万亿元，到了2023年预计实现逾14万亿元产值的市场规模，2030年预计超过16万亿元。[②]

足见，中国健康产业具有很大的潜力和发展空间，或将是财富集聚的又一新领域。

二 福建健康产业积淀

正所谓"栽下梧桐树，引得凤凰来"，近年来，"健康中国"产业越发被重视。一个省份如果能够充分调动健康产业的大发展，那么将会引来其他省份、其他领域更多的优质企业和产业来落户这个省份，从而产生资源集聚、融合的作用，进而又能够使该省份的健康产业迸发出强大的集群效应。

因此，福建省对于健康产业的发展向来高度重视。

[①] 智研咨询集团：《2019~2025年中国大健康行业市场现状分析及投资前景预测报告》，中国产业信息网，http://www.chyxx.com/research/201809/677304.html，2018年9月16日。

[②] 宋清辉：《未来10年大健康产业或将"井喷"》，新浪财经百家号，https://baijiahao.baidu.com/s?id=1673285423991585879&wfr=spider&for=pc，2020年7月25日。

（一）政策与环境优势突出

中国健康产业迎来了快速增长的发展机遇，对于福建而言，也是难得的机会。福建发展健康产业可以说是具有得天独厚的优势，具体表现在国家支持、政策利好、环境资源优越、市场空间广阔、企业优质等方面。

1. 政策

一直以来，国家对于健康产业的支持力度是显而易见的，并且不断对民营医疗制度松绑，这让福建这片民营经济发展热土获得了更大的发展空间。

2009年以来，国家释放出对民营医疗事业的鼓励和引导，这对于民营医疗力量壮大的福建省来说是一个利好政策。

2013年，福建紧跟国家步伐出台了《福建省人民政府关于促进健康服务业发展的实施意见》，为做强做大健康服务产业集群提供有力支持，从而促进福建健康产业的发展壮大。

2014年"两会"也多次对民营资本给予支持，民营医疗方面的政策不断落地，也不断推进。

2017年，福建省紧随国家的步伐，发布了《"健康福建2030"行动规划》，将"健康福建"作为产业发展的一大重点。

2018年12月，福建省印发《关于加快推进"互联网+医疗健康"发展的实施意见》，加大对重点医疗领域的大数据支持，实现科研成果产业化。

福建省卫生健康委员会数据显示，2019年福建省居民总体健康素养水平为21.98%，比全国健康素养水平高出2.81个百分点，提前完成2020年全省居民健康素养水平目标，也为2030年全省居民总体健康素养水平达到30%打下基础。①

---

① 《2019年福建省居民总体健康素养水平达21.98%》，福建省卫生健康委员会网站，http://wjw.fujian.gov.cn/jggk/csxx/xcc/gzdt/202007/t20200731_5335757.htm，2020年7月31日。

2. 环境

福建省的地理位置有先天优势，地貌方面呈现"依山傍海"的态势，多为丘陵，全省的森林覆盖率达到 66.8%，连续 40 年全国第一[①]，是公认最"绿"的省份。

福建省在绿水青山的环绕下，生态环境、水资源、空气质量等在全国范围都是有优势的。这也为福建省种植药材提供了自然条件，因此成为中国中药材重点产区之一，为生物医药产业的发展打下了良好基础。

福建省的药材资源相当丰富，比如白芷、灵芝、"建泽泻"、"建莲子"、使君子、荔枝壳、千金藤、地鳖虫（金边地鳖虫）、绿衣枳实、铁皮石斛、南五味子等。此外，福建省种植与加工中药材历史悠久，目前中药材种植加工产业形成了区域特色，发展较为成熟。

药材药品领域也是中国健康产业颇为关键的一环，集聚了众多的创富机会，根据《中国的中医药》白皮书，至 2020 年底，中国中医药大健康产业将突破 3 万亿元，年均复合增长率将保持在 20% 左右。[②] 在如此大的市场容量下，福建占有相当的地位。据悉，福建药品市场的规模每年能够达到近 200 亿元。[③]

3. 地缘

作为东南沿海地区的经济区，福建省处于海峡西岸经济区的核心地位，还有特殊的对台地缘优势，能够与台湾健康产业进行深度合作。在福建省的莆田市、厦门市等城市，有专门的健康产业园区或者

---

① 黄俊毅：《福建省森林覆盖率连续 40 年全国第一》，中国新闻网，http://www.chinanews.com/sh/2019/11-25/9016466.shtml，2019 年 11 月 25 日。
② 《未来十年是大健康产业的黄金十年：中医药大健康比重持续增大》，中药材天地网，https://www.zyctd.com/zixun/204/320798.html，2019 年 1 月 4 日。
③ 林昌华：《整合提升现代健康大产业的对策思考——以福建省为例》，《社科纵横》2015 年第 7 期。

平台来对接台湾健康产业的转移,以及引进先进的医疗技术、专业人才、健康管理机构等,能够促进两岸之间的医学研发、药械制造、医疗大数据等方面的进一步相互借鉴、融合与发展。

这些基础条件和优势,使得福建发展健康产业有一定的先决条件,促进福建进一步做大做强健康产业。

(二)合理的区域布局

目前,福建省内的健康产业发展风头正劲,福建省内多地都具备发展健康产业的基本要素。在福建省,健康产业有一定的区域分工。福州、厦门、莆田市以医疗康复、生物医药、保健养生等医疗健康与药品研发为主,南平、三明、龙岩市凭借特色的旅游资源发展健康旅游服务,另外有的地区结合自身实际资源侧重茶道养生服务、温泉养生服务;等等。

1. 福州市

近几年,国家对于地方健康产业不再只是正常指导,而是上升到产业扶持。特别是福州市自2016年进行健康医疗大数据中心与产业园建设以来,政策资源、人才资源、资金等要素不断涌入。福州作为健康医疗大数据中心与产业园建设国家试点工程第一批试点城市收获了阶段性成果,截至2020年7月,健康医疗大数据产业园已有122家相关类型企业入驻,注册资金达53.06亿元。①

2019年2月10日,福州市出台了《福州市人民政府关于加快培育一批产业基地打造新经济增长点的意见》,在生物医药产业,重点依托福州高新区和江阴港城经济区,打造生物医药研发生产基地,到

---

① 《已有122家企业入驻健康医疗大数据产业园》,福建省工业和信息化厅网站,http://gxt.fujian.gov.cn/xw/ztjj/rmzt/lhrh/dtxx/202008/t20200807_5350420.htm,2020年8月7日。

2020年生物医药研发生产基地工业总产值超过100亿元。[①] 在福州市长乐区滨海新城，也有一个健康医疗大数据产业园区，里面涵盖了福建贝瑞和康基因技术有限公司、中电数据服务有限公司、无创心电（长乐）大数据中心有限公司等40家企业，为健康产业输出应用、科研等大数据医疗服务。

福州还是一个宜居的城市，在全国最适合养老城市排名、全国城市空气质量指数排名等榜单中均位居前列，资源禀赋显而易见。此外，福州市老年人口数量占比较大，2014年福州市老年人口就已高达110.7万人，健康养老产业的发展空间大，且对周边城市具有较大吸引和辐射作用。

2.厦门市

厦门市在2003年就着重培育生物医药产业，在2013年厦门市的生物医药产业被列为千亿产业链，目前是国内17个生物医药领域产业集群之一。如今，厦门生物医药产业在新药创制、医疗器械生产、体外诊断产品生产等方面成果突出，厦门市还提出到2025年突破1500亿元的目标。

厦门市生物医药领域也诞生了星鲨制药、施爱德、大博医疗、优迈科等具有竞争力的生物医药企业。根据火石创造投融资数据库，截至2019年底，厦门全市有800多家生物医药相关企业，2019年厦门全市生物医药产业的产值达到665亿元。[②]

经过多年的培育，厦门市海沧区生物医药产业集聚明显并逐渐形成了核心，且向全市各区辐射，错位发展。

[①] 《福州市人民政府关于加快培育一批产业基地打造新经济增长点的意见》，福州市人民政府网，http://www.fuzhou.gov.cn/zfxxgkzl/szfbmjxsqxxgk/szfbmxxgk/fzsrmzf/zfxxgkml/gzdt_2515/201902/t20190213_2759588.htm，2019年2月13日。

[②] 《到2025年厦门生物医药产业规模有望突破1500亿元》，厦门网，http://news.xmnn.cn/xmnn/2020/06/24/100743189.shtml，2020年6月24日。

海沧区是福建省内仅有的一个国家级的生物医药产业基地,这里汇聚了大量生物医药产业人才和拥有高新研发技术的研究机构,涌现了不少全国乃至全球技术领先的产品。位于海沧区的厦门生物医药港可以说是厦门市医药生物企业的基地,这里的产业集群特色明显,以医疗器械及诊断试剂为主,厦门市提出了"厦门生物医药港2022年产业规模达到300亿元"的目标。厦门市翔安区以健康医疗大数据为中心,在翔安区数字经济产业园落地的相关企业就有40多家。

3. 莆田

莆田是中国民营医疗医院的发祥地。

2014年以来,医疗产业被列为莆田经济发展的支柱产业之一。随着莆田市委、市政府对医疗卫生事业发展的高度重视,2015年医疗健康被列入莆田市人民政府2015年提出并实施的"336"工程。

莆田市特别注重民营医院的发展,为此还出台了不少"真金白银"的实施措施,"福建健康产业园"随之规划,相关企业总部签约落户共同打造全国民营医院的管理中心、结算中心、营销中心、服务中心、交流中心,并同步带动旅游、会展、物流等相关产业的发展。

2016年3月莆田市人民政府发布的《莆田市国民经济和社会发展第十三个五年规划纲要》提出,依托莆系医疗独特资源,培育形成"一龙头三基地"的福建健康产业园。"一龙头",即普天药械交易网;"三基地",即把福建健康产业园建成医疗健康产业的总部基地、医疗器械设备药品的生产基地和仓储物流基地。①

2016年底,莆田市出台的《建设美丽莆田行动纲要》,将医疗健康产业摆到了重要的位置,努力将莆田市打造成健康中国的先行区。

---

① 《探访解读莆田医疗健康产业"一龙头三基地"(上)》,莆田网,http://www.ptxw.com/zww/zwtt/201509/t20150921_101525.htm,2015年9月21日。

2019年落地的海峡两岸生物技术和医疗健康产业合作区，是有对台交流性质的合作平台，位于湄洲湾北岸经济开发区的妈祖健康城也在其中。妈祖健康城是莆田市重点打造的项目，用来填补莆田市健康产业在尖端领域的空白。据悉，妈祖健康城将积极探索两岸医疗健康产业融合，引进国内外高端的医疗技术和设备，截至2019年3月，妈祖健康城已与30家医疗机构或企业达成了合作协议，与22家机构或企业达成了生物医药与智能医械制造合作意向。①

4. 其他

比如，"以药兴县、以药富民"的宁德市在不断打造和升级"闽东药城"，囊括柘荣县闽东药城、东侨生物科技产业基地等，涉及中成药、新药、生产化学原料药、保健食品等生物技术方面的开发。又如，南平市拥有2800种药用植物资源，有全国同纬度生物资源和天然药用植物最典型的森林生态系统，常用中药植物近300种，人工种植泽泻、厚朴、杜仲、白术、茯苓、铁皮石斛、金线莲等44种25万亩。②再如，泉州有永春市生物医药产业园、东山海洋生物科技园区等。

（三）有特色的企业优质

福建省健康产业发展侧重于化学制药、中药、医疗器械、民营医院等领域。

数据显示，截至2018年12月底，在中国医药行业中有7581家规模以上企业。③福建省工业和信息化厅相关数据显示，截至2018年，福建省规模以上医药工业企业202家，实现主营业务收入439亿

---

① 林剑波、陈荣富：《两岸携手，妈祖健康城蓄力崛起》，莆田文化网，http://www.ptwhw.com/? post=21855，2019年3月21日。
② 《闽北生物医药产业发展再"提速"》，南平市人民政府网，http://www.np.gov.cn/cms/html/npszf/2018 - 05 - 08/1898376216.html，2018年5月8日。
③ 《2018年中国医药行业经济运行年度报告（全文）》，中商情报网，https://www.askci.com/news/chanye/20190211/1458371141344.shtml，2019年2月11日。

元,实现利润总额 54.7 亿元。①

在生物医药和化学制药领域,成立于 1996 年的厦门特宝生物工程股份有限公司,是一家从事以基因工程技术为核心的生物医药研发及产业化企业;未名生物医药有限公司注射用鼠神经生长因子为福建省首个国家一类新药;厦门艾德生物医药科技股份有限公司肿瘤精准检测试剂国内市场占有率超 70%;福建广生堂药业股份有限公司(简称广生堂)是宁德一家专注于肝病治疗药物领域的上市企业,一直在向创新药企业转型,2019 年营业收入较去年同期增长 3.1%,达到 4.15 亿元。厦门企业在生物医药与化学制药方面发展得相当出色,截至 2019 年底,厦门有近 700 家生物医药与健康产业生产性企业。②

在中药领域,漳州片仔癀药业公司(简称片仔癀药业)近年来充分发挥中药特色优势,重点聚焦以片仔癀为核心的优势品种二次开发及特色中成药、经典名方、化药创新药、高质量仿制药、保健食品等新产品的开发,积极布局大健康产业。云南白药是创制于 1902 年的百年中华老字号品牌,云南白药集团股份有限公司(简称云南白药)在中药资源方面,将"豹七三七"品牌形象融合到基地种植、生产加工、质量检测、销售流通、学术开发研究等各个环节,2019 年中药资源收入约 13.7 亿元。福建著名企业家陈发树看中云南白药的发展前景,于 2016 年斥资 254 亿元入股云南白药,并于 2018 年 6 月接任云南白药控股董事长。

在医疗器械领域,奥佳华健康器材多年保持国内行业第一;大博医疗骨科植入器械在医疗器械市场占有率全国前三;普天药械交易网是莆田市医疗健康产业"一龙头三基地"中的"一龙头",为药械厂

---

① 林先昌:《福建省生物医药产学研对接活动在福州举行》,东南网,http://fjnews.fjsen.com/2019-06/19/content_22414365.htm,2019 年 6 月 19 日。
② 潘刘永:《分析厦门市生物医药与健康产业发展状况》,新浪网医药新闻,https://med.sina.com/article_detail_103_2_79205.html,2020 年 3 月 17 日。

商和医疗机构提供一条龙服务平台,帮助医药产业链上下游企业降低成本。截至2020年6月底,普天药械交易网注册采购商10681个(含采购抗疫物资的单位和个人),供应商3900多家,平台总交易额达182亿元,为行业整体降低采购成本20%以上。

在民营医院领域,福建省整体的民营医院数量不算多,民营医疗大队大多往国内其他地区发展。数据显示,福建民营医院在医院总数中的占比超过了一半,2015年达到53.1%。[①]福建民营医院大多为专科医院,比如妇产科、男科、美容整形科、口腔科、康复科、眼科、骨科,等等,天伦不孕不育、美莱整形美容等医院背后的老板大多来自莆田市。

此外,鹭燕医药股份有限公司、福建承天金岭药业有限公司、福建天泉药业股份有限公司、厦门金达威集团股份有限公司、福建省福抗药业股份有限公司、福建明龙制药有限公司、泉州中侨(集团)股份有限公司药业公司、福建三爱药业有限公司、福建延年药业有限公司、泉州亚泰制药股份有限公司、福建太平洋制药有限公司、福建南少林药业有限公司、福建汇天生物药业有限公司、厦门大博颖精医疗器械有限公司、福建凯力美医疗器材有限公司等都是福建省优质的医药企业。

三 福建健康产业布局:民营医疗

截至2017年底,全国共有99.5万个医疗卫生机构,其中民营医院有1.8万个,在数量上超过了公立医院的1.2万个。[②]

---

① DT财经:《民营医院已占全国半壁江山,在"莆田系"的老家却不多》,搜狐网,https://www.sohu.com/a/74209614_232663,2016年5月9日。
② 《国家统计局:2017年全国公立医院数量达1.2万家》,搜狐网,https://www.sohu.com/a/298311240_100146545,2019年2月28日。

（一）"莆系"医疗是主力

福建省在民营医疗领域比较有话语权的，当属近年来较有争议的"莆系医疗"。据统计，截至2018年底由莆田籍企业家经营的中国民营医院有9330家，占全国民营医院总数的45.7%，从业人员超过150万人，辐射人口6.5亿人。①

从东庄镇走出的"莆系医疗"多数是从一张偏方开始，被莆医称为"祖师爷"的陈德良在20世纪80年代靠着这个偏方走南闯北，成为东庄镇发家致富的一个代表。他陆续收了8个徒弟，包括侄子詹国团、乡亲陈金秀和林志忠等人。随后，他就带着徒弟，包括"徒弟的徒弟"黄德峰，到全国各地巡回治疗。

20世纪80年代中期，是"莆系医疗"第二个阶段发展的开端。"莆系医疗"开始创办公司并以此与公立医院进行科室承包合同的签订，同时又发展大型医疗设备，与医院合作分成，正式进入医疗器械与设备领域。詹国团可以说是从旅馆看病走到承包公立医院科室的第一人，1999年的时候已经与全国几百家公立医院有合作。

进入21世纪以后，中国医疗市场开放民营医疗机构的准入门槛，这给了"莆田系"医疗机构一个机会，他们开始从承包公立医院的科室，转向集资成立民营医院。其中的先行者是翁国亮，他于1999年在江西买下定南县人民医院，这或是"莆田系"第一家私立医院，后来莆田人创办的民营医疗机构大多从"小综合医院"转向专科医院。其中也有例外，詹国团反其道而行重回综合医院，于2009年创办新安国际医院，这是国内首家民营综合性国际医院。

当初在公立医院的夹击下，"莆田系"医疗机构只能另辟蹊径，

---

① 《莆田推动民营医院转型升级 妈祖健康城预计明年3月开业》，搜狐网，https://www.sohu.com/a/338842917_236399，2019年9月5日。

将目光转向性病市场、妇科、男科等。而今,"莆田系"医疗机构给人的印象还是男科、整形美容等不含医保的专科医疗,而且是"铁打的老板流水的员工",需要投入大量的广告来吸引患者,医患纠纷不断,不过并未影响"莆田系"医疗机构的盈利。

莆田(中国)健康产业总会(下称"健康产业总会")执行会长吴曦东大致将"莆系医疗"分为三个阶段:一是野蛮生长时期,在2003年非典之前,"莆田系"医疗机构通过开办"院中院""科中科"等方式进行原始积累;二是品牌创建阶段,这个时期大概历经了十年的时间,"莆田系"医疗机构开始有了正规化的意识,建立大型和高端综合医院,逐渐创立自己的品牌;三是产业整合时期,随着国家政策的推进,"莆田系"医疗机构在不断自我反省和自我变革,也对公立医院进行收购和改制,同时还谋求多方合作,以及进军国内资本市场。[1]

据统计,至2013年底,莆田常年在外从事医疗投资行业的人员超过6万人,带动从业人员150多万人,年诊疗量约为1.69亿人次。[2] 截至2015年2月,全国共有12745家社会资本创办的医院,其中大约80%是由莆田人创办的民营医院。[3] "莆系医疗"成为中国民营医疗队伍中不可忽略的一支,为中国民营医疗事业做出了不少探索性的工作。

(二)积极转型发展

福建民营医院在发家的过程中,不可避免地留下了历史问题,无

---

[1] 刘腾:《莆田系欲打造国内最大医疗采购平台》,《中国经营报》2015年10月11日。
[2] 《控制中国民营医院八成 "莆医人"抱团拓展产业版图》,搜狐网,http://roll.sohu.com/20140628/n401507554.shtml,2014年6月28日。
[3] 《靠贴性病小广告发家的莆系医疗,是要成功洗白了吗?》,观八闽微信公众号,https://mp.weixin.qq.com/s/UnhC7I6qIXbTuSXKYdoVhw,2015年9月22日。

证行医、虚假广告、过度医疗等负面消息甚嚣尘上,这也是被大众和媒体批判的焦点。实际上,经历了数十年的发展,福建民营医疗的发展模式在逐渐改变。

就"莆系医疗"饱受诟病的家族体系而言,现在早已摆脱了公众认知的家族式医疗投资架构。公众所熟知的"詹、林、陈、黄""莆系医疗四大家族"在数十年的发展中逐渐放开,并不像从前那般以家族亲戚为主要形式抱团发展,而是打破家族体系,吸收更多合伙人,甚至在所谓的"莆系医院"中有很多是非莆田籍的投资人,此外还积极寻求银行和风险投资人的投资。有数据显示,"莆系医疗"体系中莆田人仅6万人,却带动了350万名医疗产业链上的从业人员。①

随着国内政策的支持、医疗环境的变化以及民营医疗机构自身的发展,福建民营医疗机构也在跟着时代进步,不断释放改革的信号,"莆系医疗"机构则是其中一股强有力的推动力量。

"莆系"老板翁国亮创办的"惠好医药"平价药店,最先提供平价的医药。2002年在福州开办的惠好药店,将平价策略引入药品零售领域,使福建省整体零售药价下降30%。虽说门店数量已经超过200家的"惠好医药"已于2019年彻底易主纳入康佰家旗下,但它对于医疗改革的影响是实实在在的。

被称为"莆系医疗四大家族"之一的詹氏家族,从2005年开始组建涉及医疗、器械、传媒、投资等领域的北京民众集团,逐渐向综合性医院发展。实际上,民营医疗已不再局限于专科市场。

福建民营医疗在推广模式上逐渐改进。以"莆田系"为例,最初依靠表演耍猴戏推销药膏,然后是贴电线杆广告、发传单、投放电

---

① 《莆田医院大佬抱团 要谋千亿互联网采购》,环球网,https://health.huanqiu.com/article/9CaKrnJQv8N,2015年10月13日。

视广告。进入民营医院时期,"莆田系"的广告营销手段又扩展到创办刊物和拍摄广告片。随着互联网的快速发展,百度搜索竞价、病友贴吧成为"莆系医疗"推广的主要手段。

福建民营医疗队伍中的一些年轻创业者,逐渐借助互联网的优势,挖掘移动医疗等其他领域的机遇。与此同时,从中央到地方对社会资本办医的支持政策不断出台,福建民营医疗中的能人志士感受到民营市场的前景,逐渐在医院管理、医疗器械、技术升级、人才培养等方面进行改革。

2013年11月4日,中国医疗健康产业发展策略联盟(即"医健联盟")成立,被看作是"莆系医疗"从散兵转向高端连锁的标志性事件。2014年春天,背负"莆田游医"声誉的翁国亮一行人更是受到国务院副总理接见,足见"莆系医疗"的地位渐渐被肯定。

更具标志性意义的是,2014年6月成立的莆田(中国)健康产业总会,这是全球莆田籍医疗及相关行业企业家共同发起成立的全国性非公医疗行业组织,系目前规模最大的健康产业组织,目的就在于帮助"莆系医疗"产业进行转型升级,被视为"莆系医疗"发展史上的转折点。

健康产业总会成立后,博爱(中国)企业集团监事会主席林志忠被推举为会长。目前,健康产业总会共有会员20000多人,覆盖全国8600多家民营医院,约占全国民营医院总数80%,医院总投资额约3400亿元,年产值超过2500亿元,年采购量达1000亿元以上,成员医院有员工100多万人。①

实际上,除了整合医疗产业上下游资源,福建民营医疗也向资本市场进发。2015年,"莆商"陈志强投资的淄博莲池妇婴医院在"新三板"成功挂牌,成为全国首家上市的民营妇产专科医院。也是在

---

① 莆田(中国)健康产业总会所提供数据。

2015年,由"莆系医疗四大家族"之一的林氏家族创办的和美医疗控股有限公司登陆香港联交所主板,定位为中国最大的私立妇产科专科医院集团,旗下有"现代女子""和美"等品牌。2019年11月5日,上海美迪西生物医药股份有限公司挂牌上市,是第一支科创板CRO(药物研发外包服务公司)过会企业,其背后的老板是"莆系医疗四大家族"之一的陈氏家族。

其实,随着法制的健全、政策的支持以及市场的规范,福建民营医疗逐步走上"资源大整合、企业快发展、产业可持续"的道路,并引导着整个民营医疗机构遵守行业规则,引导整个行业朝着健康、有序、规范、可持续的方向发展。

(三)公益慈善同行

在不断发展与改革的同时,福建民营医疗也投身公益慈善事业,积极倡导民营医院回馈和服务社会。诸如,"莆田系"为打造平价医疗市场四处奔走;"莆系"医院也曾用不足公立医院三分之一的手术费救死扶伤。

就拿健康产业总会来说,为了体现健康产业总会"兴会为民,回报社会"的爱心慈善理念,健康产业总会公益基金会在2015年2月14日于莆田成立。2020年新冠肺炎疫情暴发之际,健康产业总会迅速协调各方资源,第一时间与在全国各地的"莆田系"民营医院联系,获得捐赠款、物等共价值3683.046万元,还有458名"莆田系"民营医院员工到一线支援抗疫。①健康产业总会成立以来发挥行业组织力量,通过捐赠、基金、联盟等方式,对老人、残疾人士等弱势群体进行捐助,同时也开展支教助学、医疗卫生公益服务活动、扶

---

① 《一组不为人知的数据,看莆田民营医院疫情背后的真相》,凤凰网,https://ishare.ifeng.com/c/s/7uXFNUmd5yj,2020年3月2日。

贫救助、赈灾救济、促进就业等公益慈善活动。

2015年，由健康产业总会主要领导倡议发起，莆田市政府与民营医院股东联合运营的普天药械交易网建立，其融合医药交易、电子商务、总部资源，是中国非公医疗指定的一站式集中采购平台，年交易额近百亿元，成为大健康领域最大的医药供应链平台。普天药械交易网通过帮助民营医院降低采购成本，从而帮助解决老百姓看病贵的问题。2016年4月29日，普天药械交易网还诞生了公立医院采购第一标，成功搭建了企业与医疗卫生机构定点采购的对话平台。

由莆田籍人林玉栋于1999年创办的贵州华夏医院集团数十年来也积极通过公益慈善事业树立口碑，衍生了"爱心手术室""生育关怀·助孕工程""贵州华夏医疗救助基金"等多个慈善品牌，累计在慈善公益事业上投入数千万元。

事实上，越来越多福建民营医院投入慈善大队，为百姓提供更优质、更便利的医疗服务，为困难患者提供力所能及的救助，为慈善事业献出一份爱心，同时也收获了许多无形的回报。

四 福建生物医药产业

近几年，随着消费水平的提高和健康意识的上升，大众对医药、保健品等健康产品的需求日益增长，国内的医药产业势头良好。

根据前瞻产业研究院整合的数据发现，目前中国大健康产业的主旋律是医药产业和健康养老产业，市场占比分别达到50.04%和33.04%。[①]

2018年，生物医药产业有了一个爆发性的增长，被称为中国生

---

① 《10万亿规模！2019中国大健康产业趋势分析出炉》，健康界网，https://www.cn-healthcare.com/article/20190202/content-514356.html，2019年2月2日。

物制药的发展元年。这一年,生物制药在中国资本市场上也很火爆,A股市场迎回了药明康德,香港资本市场也涌入了不少如信达生物、君实生物等龙头生物医药企业。

生物医药可以说是闽商在健康产业中的"技术流",相对于福建的民营医疗行业而言,刚处于起步阶段的生物医药行业在体量上还是略逊一筹。但福建省依旧相当重视和看好这个领域,根据福建省发展和改革委员会的规划,生物与医药产业集群是千亿产业集群重点发展规划之一,争取到2020年实现产值1000亿元。

而说到生物医药领域,厦门市算是福建省内做得好的,厦门市已经把生物医药与健康产业集聚化作为战略性行业推动。厦门市海沧区的生物医药港首屈一指,汇集了一批国内有竞争力的生物医药企业,大多是由相关领域的专家创办。

成立于2008年的厦门艾德生物医药科技股份有限公司(下称"艾德生物")创始人郑立谋是厦门大学硕士研究生毕业,为了打破肿瘤精准医疗核心技术被外企垄断的局面,将优化肿瘤治疗手段作为创业初衷。艾德生物成功研发出20多种肿瘤精准医疗分子诊断试剂,其在肿瘤精准治疗细分市场的国内占有率超过70%,成为默克、辉瑞、阿斯利康、勃林格殷格翰等国际医药巨头公司的全球合作伙伴。

厦门特宝生物工程股份有限公司成立于1996年,起步于仿制药生产,但近年来不断创新技术,研发出中国第一个具有完全自主知识产权的长效干扰素"派格宾"。作为乙肝抗病毒规范治疗的重要药物,这一产品打破了国外进口同类产品的垄断,为病毒性肝炎等疾病的治疗提供了更优化的解决方案。

在政策的加持下,厦门市生物医药领域的投融资活跃,还有厦门金达威集团股份有限公司、大博医疗科技股份有限公司、未名生物医药有限公司、厦门万泰沧海生物技术有限公司、英科新创(厦门)科技股份有限公司、泰普生物科学(中国)有限公司等重点培育的生物医药企业。火石创造投融资数据库数据显示，截至2019年12月底，厦门市生物医药产业领域，共有38起融资、76起并购事件，融资企业数量为26家，企业融资总额达23.04亿元。①

对于研发的投入，生物医药企业也是很舍得，wind数据显示，2019年A股上市医药企业研发投入合计532.97亿元，相比2018年增长77.37亿元，同比增长率为16.98%。②

福建省的生物医药企业在研发上也有大动作。比如艾德生物，2014年起研发支出每年均占营收收入的15%以上，2019年的研发投入高达9345万元，即将跻身"亿元研发俱乐部"。比如广生堂，自2015年IPO上市便向新药转型，之后持续"突击式研发"，研发费用大幅提升，数据显示，2016~2018年，广生堂研发费用分别为6819.31万、7533.25万、11379.33万元。比如片仔癀药业，2019年片仔癀药业共有1.19亿元的研发投入，同比增加18.5%，占总营收的比例的2.1%。

另外，福建生物与医药产业集群还依托福州、厦门、泉州、龙岩、三明、宁德等地方产业园区。可以说，福建省生物医药行业在厦门、福州的带动下，辐射至闽东北、闽西南两大地区，带动省内各个区域协同发展。特别是在2020年新冠肺炎疫情的袭击下，生物与医药产业集群作用更加凸显。

五 福建"互联网+医疗健康"

在大数据、云计算、物联网等多领域的发展与融合下，在政府政

---

① 潘刘永：《分析厦门市生物医药与健康产业发展状况》，新浪网医药新闻，https://med.sina.com/article_detail_103_2_79205.html，2020年3月17日。
② 《药企研发投入年榜：恒瑞夺冠 药明康德研发人数破万》，新浪财经网，https://finance.sina.com.cn/stock/observe/2020-05-15/doc-iirczymk1798310.shtml，2020年5月15日。

策的支持下,在社会医疗产品需求的推动下,互联网与健康产业实现了碰撞。

互联网与健康产业的协作模式,也得到了福建省的重视和支持。2019年5月,福建省被国家卫生健康委员会确定为"互联网+医疗健康"示范省,这两年在"数字福建"的引领下,省内多个场景都在积极推进"多码融合"应用。

大健康领域群雄逐鹿已然开始,这几年来,大健康企业自身通过与线上结合寻求数字化转型,也会与互联网龙头企业进行深度合作拓展空间,同时互联网企业也看中大健康产业的蓝海,纷纷试水。

(一)医疗企业嫁接"互联网+"

美年大健康产业(集团)有限公司(简称美年健康)在国内民营体检行业是"龙头",不仅营收规模最大,而且网点数量最多。为了使得大数据和人工智能在健康领域有发展基础,美年健康不断探索和创新发展模式。

线上发力是美年健康这两年来的重点。2019年10月,美年健康与阿里巴巴达成合作协议,与阿里巴巴的合作有助于美年健康进一步优化线上业务、建设医疗大数据,以及围绕智能化、数字化进行产品变革、布局,如癌症早期筛查等。

"中华老字号"片仔癀药业是2019年度国家技术创新示范企业。片仔癀药业2019年实现营业收入57.22亿元,净利润为13.74亿元。作为老字号,片仔癀药业表示,要想发展就得跟上时代的步伐。早在2012年片仔癀药业就已经"触电",设立福建片仔癀电子商务有限公司,而后又于2018年对全资子公司片仔癀电商国际贸易(香港)有限公司进行增资。片仔癀药业这些年打造电商渠道也取得了一定成果,2019年电商全渠道销售过亿元,同时还引入直播、小红书,以及与新媒体平台合作,宣传品牌扩大影响力。

（二）互联网企业进入健康赛道

在健康领域，从福建龙岩走出的张一鸣所创办的北京字节跳动科技有限公司（简称字节跳动）虽然"蠢蠢欲动"，但此前的布局乏善可陈。字节跳动旗下产品对于健康领域动作最大的还是今日头条，2018年今日头条的"清风计划"意在打入医疗健康垂直领域，2019年还与三家医院合作，推出一系列微访谈或短视频节目。而今日头条在医疗健康领域也交出了不少"学费"，2018年今日头条因为发布了未取得医疗广告审查证明的医疗广告被罚300万元，处罚公示第二天就推出了首个健康领域的扶持计划；同年与泰康在线合作销售医疗险，也因"宣传不当、信息披露不全"等被下架并被责令整改。

到了2020年8月12日，字节跳动斥资5亿元全资收购百科名医网。这也是字节跳动到目前为止在医疗健康产业进行的唯一一次投资，对于这笔投资，字节跳动回复为了能够给旗下平台注入优质的医学科普知识，建设更完整的平台内容生态。

百科名医网对字节跳动涉足健康产业是有互补作用的。在直播带货越来越受欢迎以及疫情封锁的情况下，各大内容平台知识区都将医疗健康设为重点板块，有着抖音、西瓜视频等直播平台的字节跳动未来或许也将进入医美、口腔等消费医疗服务领域，将流量变现。

创办人同样来自龙岩的美团在健康领域虽然起步较晚，但一直将"供给侧数字化"的理念贯彻其中。消费医疗领域是美团目前切入医疗健康领域的重点，医疗和医美是着重发展的方向。

以医美板块为例，美团早在2017年就涉足医美行业，2018年开始将医美板块剥离出来，成立了医美事业部。美团相对而言侧重于"轻医美"，在美团的平台上有超过70%的订单量，截至2019年底，

医美线上交易额年同比增长388%。① 而在医疗板块，2019年美团医疗业务线上交易额年同比增长达110%，其中口腔品类的年同比交易额增长超过180%。②

2019年6月28日上线的美团互助则是美团旗下的互联网互助平台。随着相互宝、水滴互助等互联网互助产品进入发展转折期，美团互助在2020年6月28日将产品升级为"不限病种"的保障模式，全面覆盖所有大病的疾病治疗，这是中国第一个以"医保内花费"为参考定义的大病报销。截至2020年5月，超过2800万人加入美团互助，该平台是对医保的一种补充，减轻病患承担非医保医疗费用的压力。

显然，包括闽籍互联网企业在内的诸多互联网巨头都想要入场健康行业。特别是2020年暴发的新冠肺炎疫情，或将触发整个健康产业深层次的变革，线上发力或是今后的重点，大健康产业将进一步与移动互联网、云计算和人工智能技术相结合，线上服务也将结合智能化、数字化转型。

六 趋势、不足、建议

志之所趋，无远弗届。在"健康中国"的基调下，医疗健康行业越发成为朝阳行业、民生产业。而后疫情时期的健康产业加速驶入增长快车道，医疗健康企业都在铆足干劲向前发展。

（一）机遇

中国健康产业自2018年以来已经在持续增长，在2020年新冠肺

---

① 《美团医美交易额猛增388% 却频陷违规：行业洗牌在即 年10万人中招》，每日资本论百家号，https://baijiahao.baidu.com/s?id=1673545663703815900&wfr=spider&for=pc，2020年7月30日。
② 《加码大健康 美团医美医疗业务2020年持续拓展新品类》，凤凰网，http://finance.ifeng.com/c/7sj8qeLJY7y，2019年12月27日。

炎疫情的催化下，增长的走势更加明显，国家也更加坚定地发展大健康产业。经济学家宋清辉预测，中国大健康产业必将迎来腾飞的新黄金10年。

企查查数据显示，中国目前共有企业状态为在业/存续的且关键词为"健康管理"的相关企业为67.63万家，其中福建地区共1.56万家，占所有相关企业总数的2.3%。目前企业状态为在业/存续且注册地在福建省的医药业相关上市企业共22家，其中14家在A股上市，8家挂牌新三板。

1. 中医药前景可期

创立于1999年位于漳州的片仔癀药业2019年财报显示，公司实现营业收入57.22亿元，实现净利润13.74亿元。作为医药行业的重要分支，中药行业是中国的传统优势产业，片仔癀药业作为中药企业当中的龙头，其独家生产的中成药片仔癀产品有450多年的历史，被国内外中药界誉为"国宝名药"。片仔癀药业发挥中药特色优势，将优势产品进行二次开发，同时还研发新产品，在大健康领域进行深耕。为此，片仔癀药业2019年在大健康产品线上的研发有不少投入，金额达到1.19亿元，在总营收中占到2.1%的比例。

2. 探索新营销模式

2019年，云南白药在完成混改后实现上市。云南白药也在不断创新，现在的云南白药已经不是从前人们所认知的云南白药了，它还经营着面膜、牙膏等日化产品。同时，云南白药借助互联网的浪潮，不断探索线上、线下结合的新模式，探寻大健康、医疗康复等领域。

健康产品业务成为云南白药的第二主业，主要有牙膏、洗护产品等日化产品，其中"云南白药牙膏"是国内最大的牙膏品牌。这些举措也很好地体现在业绩上，云南白药健康产品子公司2019年收入达到46.8亿元。

3. 健康体检需求催生

艾媒咨询的统计数据显示，中国体检行业2018年的市场规模达到1511.1亿元，相较于2012年的468.3亿元，短短六年的时间，市场规模就有逾两倍的涨幅，年均复合增速达到21.56%。①

随着大众对健康体检的重视，健康体检行业的市场需求呈现井喷趋势，这就使得包括美年健康在内的体检机构有了一个快速增长的时期。成立于2004年的美年健康自2015年上市以来，营收增速一直没有低于30%，目前已经有800余家医疗及体检中心，仅2019年就为近4000万人次提供服务，构建了相当庞大的健康体检和预防医学平台。

4. CRO行业如火如荼

近年来，药明康德新药开发有限公司（简称药明康德）等国内CRO企业的布局的壮大也带来了行业的快速成长，同时也使更多企业涌入，国内CRO行业的竞争更加激烈化。

闽系CRO企业上海美迪西生物医药股份有限公司（简称美迪西）虽然规模比不上药明康德等国内已相对成熟的龙头企业，但服务能力毫不逊色。成立于2004年的美迪西，为强生、罗氏、默克、浙江华海药业股份有限公司（简称华海药业）等国内外医药企业服务，在2019年实现营业收入4.49亿元，同比增长38.30%。

5. 跨界转产医护用品

2020年新冠肺炎疫情的发生，给诸多企业带来了更多的可能性。福建春晖服装科技有限公司创建于1997年，原本是一家生产消防防护服的企业，疫情期间这家企业在很短的时间里，改造新建了一座10万级洁净车间，实现福州市医用防护服零的突破。晋江市鞋服企

---

① 《美年健康：预防医学龙头助力全国抗疫，数字化转型早已占得先机》，搜狐网，https://www.sohu.com/a/392097392_384082，2020年5月6日。

业柒牌集团有限公司在疫情期间转产防护服，未来也会成立医疗器械事业部，打造中国医疗器械领域知名品牌。卫生用品企业爹地宝贝股份有限公司也转而生产口罩，成为福州口罩生产储备基地。

6.数字技术发挥作用

中国目前是老年人口最多的国家，据国家统计局数据，截至2019年底，中国60岁及以上人口为25388万人，占总人口的18.1%，其中，65岁及以上人口为17603万人，占12.6%，而国际老龄化的平均水平为7%。[①] 在人口老龄化加快的趋势下，智慧健康养老市场的空间也变得更大，据统计测算，2019年中国智慧健康养老产业规模近3.2万亿元，近三年复合增长率超过18%，预计到2020年产业规模将突破4万亿元。[②]

此次新冠肺炎疫情中，移动互联网、5G、人工智能等数字技术在医药健康场景中得到了很好的运用。比如，疫情数据的公布，对疫情人员流动行迹的跟踪及预警，新冠肺炎确诊患者相同行程的快速查询服务，还有互联网诊断的应用等。

（二）不足

国内健康产业在向前奔跑发展的同时，也暴露了些许短板。

1.市场没有完全打开

目前中国健康产业增加值占GDP比重只有5%左右，与全球多数国家相比较，还是远远落后。实际上随着国内城镇化的进展和人口老龄化的加速，国内健康需求将越来越大，市场规模也会进一步扩大，但目前消费群体还比较局限，供给结构较为单一。另外，民

---

① 《2020年我国智慧健康养老产业市场规模及发展方向预测（图）》，中商情报网，https://www.askci.com/news/chanye/20200210/1502191156716.shtml，2020年2月10日。
② 《2020年我国智慧健康养老产业市场规模及发展方向预测（图）》，中商情报网，https://www.askci.com/news/chanye/20200210/1502191156716.shtml，2020年2月10日。

众对于健康产业的理解还不是特别透彻，可能仅限于对某个范畴的认知，实际上健康产业的范围很广，因此可待挖掘的潜在市场还有很多。

2. 产业发展不够集聚

国内健康产业处在起步阶段，健康产业的各个板块比较分散，资源分布也比较分散，在此次疫情中也能够充分看到国内医疗资源的不均衡和信息化建设不足等问题。此外同质化竞争较为严重，缺乏一个比较完善的健康产业集群，而且在服务业、制造业等其他领域还未形成完整的配套体系。另外，中国健康产业的商业模式发展比较薄弱，产业发展要以消费者为基础，大多数医疗健康企业的规模较小，缺乏足够的竞争力，从而未能产生有效的商业模式。

3. 研发和创新不足

国内健康领域相关的企业多以价格战的方式在中低端市场进行争夺，一是在产品研发上的投入还不够，全球医药50强研发投入占营收比例的平均值为17%，而国内企业研发投入只占营收的2%，多数仿制发达国家同类产品，这种现象较严重；二是缺乏优秀人才，这成为制约企业长期发展的桎梏；三是创新的能力不足，由于技术水平达不到等因素，企业在产品的创新上"心有余而力不足"，数据显示，现在健康产业创新投入的成功率只有7%~8%。

4. 产业法规有待完善

在健康产业这一领域，国内还未出现有针对性的法规，产业标准体系和监管细则滞后，导致了"劣币驱逐良币"的现象，市场秩序混乱，就行业本身而言，也未有明确的行业标准、服务标准等。再者，国内医疗健康相关知识产权保护仍有待提升。

（三）趋势

随着社会的进步、生活方式的改变、人们健康意识的提升，健康产业的发展也发生了转变,从以前的"能看病"到"看好病",再到"防得病"甚至"不得病",逐渐向"防、治、养"模式靠拢。健康产业市场有着较大的机遇和前景,健康产业呈现出多元化、前端化、纵深化、数字化、精准化、合作化等发展趋势,其发展趋势以及要面临的问题也会呈现多元化,具体表现在以下几个方面。

第一,互联网机遇。移动应用、大数据、人工智能等新技术的成熟,让健康产业有了新的活力,未来健康产业会更加侧重远程医疗、慢病监测、在线问诊等方面,这可以加快资源转化,减少医患矛盾,提高医疗信息化建设和技术研发等能力,使医疗信息沟通更为便捷。而且,通过精准的检测、治疗也能够让健康产业更加专业化、标准化和精准化。2020年新冠肺炎疫情的暴发也会促使国家对健康领域中数字化、智能化的推动,跨境医疗电商、智能医疗救治等新业态将会受到更多关注。

第二,产业趋向融合。未来,旅游、地产、管理、膳食等行业都有可能与健康产业进行深度融合,新型商业模式将会持续涌动。比如,随着康养成为人们生活的新方式,康养旅游模式将越发成熟。此外医疗旅游尤其是海外医疗旅游也在加速发展,相关数据显示,全球医疗旅游产业每年保持着20%的增速,市场规模在2017年的时候就达到了7000亿美元,国内也在探索中医药健康旅游,预计到2025年中医药健康旅游收入将达5000亿元。[①]

第三,产业前端化发展。健康产业逐渐由过去的偏向"治疗"转向"预防"为主,"治未病"或许是下一个蓝海。2016年数据显示,国内在预防上的费用占全国卫生经费总额的7%,大多是消费在大病治疗和临终关怀上,可能不到一个月的时间就花去了一生健康经

---

① 陈杰:《2019年大健康产业发展5大趋势》,健康界网,https://www.cn-healthcare.com/article/20190306/content-515411.html,2019年3月6日。

费的2/3甚至更多。① 近年来人们健康意识有了提高，健康理念渐渐发生了转变，再加上预防成本要少于治疗成本，也促使人们将目光转到健康产业的前端，未来体检行业在内的预防与保健领域可能会迎来重大发展。

第四，国际合作与资源共享。未来中国与世界在健康产业上的连接或许将通过"一带一路"搭建更多合作平台。医疗人才资源的流动，也将推动国内创新药领域的发展，比如艾德生物就是由海外人才回国创立的，该公司具有的核酸分子检测技术是目前国际上肿瘤精准医疗分子诊断领域领先的技术之一。再有，医疗旅游业的兴起，也促使国家之间的医疗服务与信息联系更加密切和高效，医疗技术药品或将与国际同步，病患也可以寻求跨国治疗。另外，随着中高端医疗需求的不断增加以及医疗资源分配不平均等客观因素的广泛存在，中国企业或许会加大对海外医院的并购。

第五，社会办医是主力。2019年9月29日国家发展和改革委员会等多部门发布的《促进健康产业高质量发展行动纲要（2019—2022年）》明确了推进"互联网+医疗健康"、打造健康产业集群等10项重大工程，这份文件不管是直接支持还是基础要素支持，方方面面都显现了社会办医的重要性，可以说，社会办医的角色从以往的"配角"，变成了"重要组成部分"，国家不断释放政策支持社会资本办医，这是因为目前社会办医的数量占一半以上，资源占比却仅在20%左右，服务量在整个市场里面的占比还不到20%。② 因此，国家考虑让社会办医结构优化、提质增效，也希望以此推动公立医院的改

---

① 中智科博产业研究院：《我国健康产业发展存在五大弊端》，搜狐网，https：//m.sohu.com/a/107683912_423490，2016年7月26日。
② 崔笑天、杨仕省：《张毓辉：健康产业发展五大方面有待突破》，新浪财经百家号，https：//baijiahao.baidu.com/s？id=1650503767598410802&wfr=spider&for=pc，2019年11月18日。

革发展，提高医疗资源的有效利用。

第六，监管压力加大。随着健康产业的政策法规等逐步完善和健全，监管的力度也将持续加大，一旦监管政策、标准体系越来越清晰后，很多医疗健康企业或许将经受不住准则的校验。除此之外，医疗健康企业近年来的上市需求骤增，也迫使监管更加严格和谨慎，自十九大后，医疗健康类 IPO 否决率大幅提升，医疗健康企业要更加提高对自己的要求，规范行业行为，规避可能出现的问题。

健康产业是大势所趋，同时也要注意遵守行业规则，规避风险。在庞大的人口基数、人口年龄趋向老龄化、健康意识的觉醒等客观条件的加持下，健康产业将会进入"全民需求时代"，迎来新一轮大发展，或许也将分化出更多新型领域，成为富豪产生的摇篮。

B.8
2020年巾帼闽商发展报告

张羽 叶秋云*

摘　要： 随着我国经济社会发展，各行各业都出现了女性的身影，并且女企业家的数量也在逐渐增多。中国企业家智库联手木兰汇公益基金会发布的《2017中国女性创业报告》指出，中国经济转型升级释放了巨大的空间，伴随着新业态的不断涌现，女性创业者进入更多新兴行业和领域①。女性在我国经济发展中，已经扮演着崭新的角色。2019闽商十大新锐人物评审指出，女性闽商开始崛起；勇于承担社会责任②。本报告聚焦以白手起家、辅助创业或二代接班为代表的巾帼闽商，重点选择厦门永同昌集团有限公司、新大陆科技集团、厦门福信集团有限公司等近年来屡登各类榜单、发展模式与创新能力受到各方认可的巾帼闽商企业作为案例，对巾帼闽商发展模式等方面进行探讨。

关键词： 闽商　巾帼闽商　辅助创业　二代接班　新兴产业

---

* 张羽，中国新闻社福建分社事业发展中心主任、记者；叶秋云，中新社福建分社融媒体中心记者。
① 《不想当"网红"　女性创业者多为务实的"梦想家"》，人民网福建频道，http://fj.people.com.cn/n2/2017/0421/c181466-30071339.html，2017年4月21日。
② 《2019闽商十大新锐人物正式揭晓》，闽商观察百家号，https://baijiahao.baidu.com/s?id=1654966458440400607，2020年1月6日。

一 回顾：巾帼闽商的历史追溯

自古以来女性就是推动经济发展和社会进步的重要力量。如今，随着社会经济发展和进步，妇女越来越广泛地参与到社会生活的各个方面去，各个领域、各个行业都有她们的身影。在当今社会，"妇女能顶半边天"作用更是凸显，"她力量"不容小觑。

有媒体指出，近十几年来，世界各国女性的就业率不断提高，女性作为消费者、管理者和投资者的价值日益提高。特别是在我国，随着和谐社会的建设推进，即使是在经济社会文化较为落后的老少边穷地区，女性的地位也在不断提高。①

2019年10月16日，胡润研究院发布的《2019胡润女企业家榜》显示，中国上榜的女企业家占全球最成功女企业家人数的六成，比五年前提高近两成；全球最成功女企业家前十名中仅3位不是中国的，前四名都是中国的。② 由此可见，在中国，女性作为投资者、管理者和消费者的价值渐显。

福建省位于我国东南沿海，素有"八山一水一分田"之说，受地域影响，位于沿海地区的福建女性身上拥有的特质与其他内陆地区女性不同，女性的地位也不一般。

与传统农业社会里"男主外、女主内"不同，位于沿海地区的海洋族群男性需要出海打鱼或者经商，因此留在陆地上的"内"与"外"实际是全部留给了女性。③ 她们既要相夫教子、赡养父母，还

---

① 微度：《凝聚新时代的巾帼力量》，阳泉新闻网，http://www.yqnews.com.cn/snzk/jtd/201803/t20180308_671675.html，2018年3月8日。
② 张文辉：《〈2019胡润女企业家榜〉发布 中国占全球最成功女企业家6成》，凤凰网湖北，http://hb.ifeng.com/a/20191017/7799839_0.shtml，2019年10月17日。
③ 苏文菁：《微讲坛第一期：海上看中国——第四讲：东南海洋族群女性是中华文化体系中的另类灿烂》，新华网福建频道，http://www.fj.xinhuanet.com/wjt/01/04.html，最后访问日期：2020年11月4日。

要参与田间劳作、社会活动等，担起了家庭、劳作和社会三副担子，既主外也要主内，惠安女、蟳蜅女、莆仙女就是一个个鲜明的例子。

如今，随着时代的变迁，科技的进步，福建女性更是抓住机遇走上社会舞台，在商场上展示巾帼闽商独特的美与力量，她们的造富能力完全不逊色于男性。闽商以"爱拼会赢"闻名于世，巾帼闽商作为其中一部分，亦是如此。

随着福建省女企业家群体不断扩大，1988年10月，福建省妇女联合会成立福建省女企业家联谊会，也就是如今的福建省女企业家协会，这一组织影响并带领着更多的福建女性积极创业，投入改革开放大潮中，程璇、杨豫芬等一批敢为人先、创业奋斗的优秀女企业家找到了社会和人生发展的新角色、新坐标。

1995年8月，福建省女企业家商会成立，这是一个以杰出女性企业家为主体会员的社团组织，它支持女企业家们参政议政，促进非公有制经济的健康发展。陈爱钦、黄丹青、傅芬芳等巾帼闽商都在其中，她们在房地产、食品加工、互联网、电子信息等行业和领域中扮演着崭新的角色。

在这奋斗者的新时代，福建女性同样巾帼不让须眉，有的白手起家，有的"企二代"接班拓疆土，有的在父辈过世后继承家族企业，或是和丈夫共同执掌企业，她们在中国这片繁荣的土地上大放光彩。

二 闽籍女性人才辈出

（一）"黄金年龄"创业

随着时代的进步与发展，独立、自信成为越来越多中国女性的新标签，这种变化让更多的女性站上了世界经济的舞台中央。各个年龄段的福建女性企业家们也不甘人后，用她们的坚韧、拼搏、创新和大爱构筑多元化商业版图，推进经济发展和社会进步。

《2017中国女性创业报告》显示，目前中国女企业家已占企业家总数的1/4左右，中国女性的创业活动指数高于全球平均水平。其中，27.90%的女性企业家在26～30岁创业，41.86%的女性企业家在31～35岁创业，30岁前后是女性创业的"黄金年龄"。[1] 福建省海外妇女联谊会会长陈爱钦就在20多岁时，与丈夫在福建省厦门市创建了厦门永同昌集团有限公司，由此他们开始一同逐梦商场。

资料显示，"永同昌集团有限公司系香港永同昌发展有限公司（澳资）于1992年在祖国大陆投资设立，历经28年发展，现已壮大成为集房地产开发、建筑施工、物业管理、新能源汽车制造、汽车后服务经营、酒店公寓、文旅产业、矿业探采、综合贸易、股权投资等多产业为一体，跨行、跨业、跨区、跨国的特大型澳门投资企业集团"。[2]

2012年，永同昌集团有限公司上市失败后，陈爱钦不再考虑上市，而是一心低调地做好各大产业。她说，永同昌的每个产业都是顺其自然地发展着，夫妇两人，一个坐镇厦门，一个坐镇北京，将这些散布在全国各地以及海外的子公司或项目串联在一起，脚踏实地地走好每一步。

如今，永同昌集团有限公司已拥有厦门永同昌集团、永同昌房地产集团、永同昌西国贸集团、永同昌文化旅游集团、永同昌建设集团五大核心品牌公司，在澳门、香港、中国大陆，以及日本、蒙古国等国家开展投资业务，旗下投资企业160余家，员工近万人。2019年，永同昌集团有限公司资产总值逾500亿元人民币，实现利税逾20亿元人民币。[3]

无独有偶，福建奋安铝业集团（以下简称奋安铝业）总裁黄秀

---

[1] 张棉棉、马迪尔：《中国女性创业报告（2017）：近七成女性首次创业在30岁左右》，中国社会科学网，http://www.cssn.cn/dybg/gqdy_sh/201704/t20170410_3480957.shtml，2017年4月10日。

[2] 永同昌集团公司官网集团简介，https://www.goldcommon.com/About/AboutIndex?cat=%E9%9B%86%E5%9B%A2%E7%AE%80%E4%BB%8B，最后访问日期：2020年11月4日。

[3] 永同昌集团公司官网集团简介，https://www.goldcommon.com/About/AboutIndex?cat=%E9%9B%86%E5%9B%A2%E7%AE%80%E4%BB%8B，最后访问日期：2020年11月4日。

华也在"黄金年龄"白手起家，造就了现在的"商业王国"。1988年，二十多岁的黄秀华和兄长黄有灿一起创业，那时，她每天骑着摩托车四处服务客户，一步一个脚印持续向前走，公司慢慢走入正轨后，又从经销商向实体生产型企业转型。

如今，该集团公司的铝材年产量40万吨，是目前全球最大的铝材生产企业之一。其业务范围涵盖全球100多个国家与地区，为全球6000多个房地产项目提供铝型材产品及服务。①

在中国排行网发布的"铝型材－铝材十大品牌：中国铝型材十强TOP10排行榜（2013～2014年）"中，福建奋安铝业集团下属企业福建奋安铝业有限公司上榜，排名第五位，成为"中国铝型材十大品牌"之一（见表1）。

表1　铝型材－铝材十大品牌：中国铝型材十强TOP10排行榜（2013～2014年）

序号	品牌	企业名称
1	忠旺铝材	辽宁忠旺集团有限公司
2	亚铝	亚洲铝业（中国）有限公司
3	坚美铝材	广东坚美铝型材厂（集团）有限公司
4	南山铝材	山东南山铝业股份有限公司
5	奋安铝材	福建奋安铝业有限公司
6	凤铝铝材	广东凤铝铝业有限公司
7	兴发铝材	广东兴发铝业有限公司
8	伟业铝材	广东伟业铝厂集团有限公司
9	伟昌铝材	广东华昌铝厂有限公司
10	振升铝材	长沙振升集团有限公司

资料来源：《铝型材－铝材十大品牌，中国铝型材十强TOP10排行榜（2013～2014年）》，中国排行榜网，https：//www.phbang.cn/top10/jiancai/13767.html，2014年1月14日。

① 吴军华、李菁雯：《"1号客服"、零磅差、红鸡蛋——黄秀华："铝业女皇"卅年炼就匠心》，《中国妇女报》电子版，http：//paper.cnwomen.com.cn/content/2018－09/28/053235.html?from=singlemessage&isappinstalled=0，2018年9月28日。

至今，改革开放已有四十余年时间，一批企业家在此间乘风破浪，福建奋安铝业集团亦然。从创立至今的三十余年时间，它伴随着中国房地产企业一同发展。

黄秀华表示，厦门是经济特区，所以房地产事业发展起步比较早，那时候早期的建筑门窗是木窗，后来变成树干窗，然后发展到金属窗，再到现在变成系统门窗，门窗的形制材料一直在升级，升级到最理想的功能。①

资料显示，福建奋安铝业集团成立于1988年，是一家专业研发、生产、直销铝合金建筑型材、特种精工铝型材、系统门窗、汽车铝制轻量化、太阳能光伏支架、不锈钢管材的大型综合性现代化企业，集团总占地面积2000多亩，旗下共拥有八个生产基地（福建奋安铝业工业城、河南奋安铝业工业城、四川奋安铝业工业城、奋安特种精工铝型材生产基地、奋安系统门窗生产基地、奋安太阳能光伏支架生产基地、奋安汽车铝制轻量化制造基地、奋安不锈钢生产基地）。

凭借30多年来丰富的品牌营销经验和渠道网络，奋安铝业致力于塑造铝材行业品牌；同时，拥有铝业科技研究院、商学院等智囊机构，进行系统门窗及其技术的研发、管理知识的普及与传播，并通过奋安商城打造行业C2M大规模个性化定制平台。②

通过白手起家，一路拼搏，黄秀华已成为一代福清"铝业女皇"，如今，她立志要做好中国式系统门窗，让奋安铝业成为百年企业，这也显示出了巾帼闽商在商海打拼，"爱拼才会赢"的精神实质。白手起家、参与创建两家福建上市公司的王晶更是如此。

2020年3月，福布斯"2020中国最杰出商界女性排行榜"出炉，100位杰出女企业家榜上有名，福建女企业家王晶排名第81位。

---

① 《奋安集团总裁黄秀华 - 新浪家居专访》，新浪家居网，http：//jiaju.sina.com.cn/news/t/20181227/6483975015426752614.shtml，2018年12月27日。

② 福建奋安铝业集团官网集团简介，https：//www.fenan.cn/about - us/。

对于王晶来说,创造奇迹并不是她所想,一次次刷新挑战自己的纪录才是意外之喜。

1988年,原在福建省电子研究所的胡钢带了15名科研人员,创办了福建实达电脑股份有限公司。当时,这家公司需要一个做公关工作的女性,受"下海"潮流的影响,王晶辞去福建光学研究所工作,加盟福建实达电脑股份有限公司。而后,王晶渐渐成为公司重要的决策者和管理者之一。随着企业规模的不断壮大,实达电脑股份有限公司在上海A股上市,并成为第一家在A股上市的电脑公司。

1994年初,出于对自身发展的考虑,王晶与胡钢离开实达电脑股份有限公司,第二次白手起家。1994年2月,福建新大陆发展有限公司(集团)注册成立,同年4月,福建新大陆电脑股份有限公司成立。王晶直接参与决策,制定集团经营思想、企业发展战略等。2000年,福建新大陆电脑股份有限公司在深圳证券交易所上市。①

经过十几载发展,现在,新大陆科技集团(以下简称新大陆)已经成为横跨物联网、大数据和数字电视三大领域的产业集团,是国内领先的集物联网核心技术、核心产品、行业应用和商业模式创新于一身的综合性物联网企业。

该公司还率先在全国提出"数字公民"概念与产业平台架构,启动全国首个"数字公民"试点。目前,是一家拥有500多项国家专利和13项美国专利的高科技企业。

第一次创业成功是"试水",第二次创业使其不断突破自我。一路打拼,荣誉等身,王晶一直载誉前行。她先后荣获了"福建省电子行业优秀经营者""福建省三八红旗手标兵""福建省十大杰出女性""福建省十大财经风云人物""中国杰出创业女性"等称号。

---

① 新大陆集团官网发展历程,http://www.newland.com.cn/history.html,最后访问日期:2020年11月4日。

2002年3月,王晶更是获得了全国妇联、联合国妇女发展基金会共同颁发的"国际创业女性个人成就奖";2002年9月7日,王晶被评为"中国企业女性十大风云人物";2002年10月,王晶获"第四届中国十大女杰"提名奖等。

如今,王晶不仅是新大陆科技集团总裁,还是全国政协委员。随着互联网对经济生活的渗透,数字经济时代已然来临。王晶认为,数字基建是数字时代的基础设施,承载了人、事、物数字化的时代要求,要通过数字基建加速推动产业的智能化与集约化,释放乘数效应。[1]

荣誉加身,砥砺前行。巾帼闽商以不弃、不馁、无惧、无畏的精神在商海中闯荡,用行动诠释"巾帼不让须眉"。

(二)"低调""隐形"的女"梦想家"

《2017中国女性创业报告》指出,四成以上女性创业者第一次创业前拥有从商与从业经历[2]。陈爱钦和黄秀华就是如此,创业前,陈爱钦曾有在福耀集团工作的经历。由此可见,女性在创业时十分理性,拥有一定的积累之后才会再投入创业。

同时,女性创业者普遍更"低调"、更务实、更理性,她们更像是隐形的"梦想家"。她们并不会刻意把创业包装成一种概念。创业之初,她们的大部分精力都用在打磨产品、提高服务、研究客户等方面,而较少做大规模的宣传推广。换句话说,她们并不想成为"网红",她们更想实实在在做好自己的企业。[3]

---

[1] 张心怡:《全国政协委员、新大陆科技集团CEO王晶:数字基建的核心在于"数字"》,电子信息产业网,http://www.cena.com.cn/ic/20200525/106840.html,2020年5月25日。
[2] 刘梦羽:《〈2017中国女性创业报告〉:破解女性创业的"5%陷阱,10%现象"》,搜狐网,https://www.sohu.com/a/134912820_355015,2017年4月19日。
[3] 《全国首支超亿元女性创业基金在广州诞生》,广东女性E家园网,http://www.gdwomen.org.cn/dsyw/201705/t20170503_836255.htm,2017年5月3日。

闽商蓝皮书

福信集团董事长黄曦及其家族就行事极其低调、神秘,甚少在公开场合出席活动。网络上,关于黄曦的信息也十分稀少,但作为一位白手起家的优秀女企业家,自 2005 年来,"黄曦"就频频在福布斯和胡润的各种榜单上露脸,并多次蝉联福建女首富宝座。

2005 年,黄曦以 8 亿元的金融财富首度进入胡润金融豪富榜,名列第 9 位;2009 年,黄曦凭借福信集团良好的业绩表现,位列 2009 年胡润女富豪榜第 10 位;2012 年,"2012 胡润女富豪榜"出炉,黄曦成为唯一上榜的福建女企业家,她以财富 90 亿元位列总榜单第 15 位,同时也坐上福建女首富的宝座;"2017 胡润全球白手起家女富豪榜"显示:黄曦以 120 亿元人民币的身家,排在全球第 41 位,是唯一上榜的福建女富豪,也毫无疑问地蝉联福建女首富宝座。①

资料显示,黄曦于 1989 年离开执教 7 年的厦门市杏林中学,进入厦门福信房地产有限公司,与陈章辉共同奋斗创业,成立了福信集团。2001 年 9 月,黄曦执掌福信集团帅印。随后,福信慢慢成为一家没有血缘关系的家族企业,创始人家族彻底退出公司的日常管理,全面实现了所有权与经营权的分离。

2020 年 3 月 16 日,《2020 胡润全球白手起家女富豪榜》发布,黄曦再次榜上有名,跻身全球白手起家女富豪榜第 60 位,虽较此前排名有所下降,但其实力依然不容小觑(见表 2)。

表 2 《2020 胡润全球白手起家女富豪榜》(福建省内上榜企业)

排名	排名变化	姓名	财富(亿元人民币)	财富变化%	公司	年龄	居住国	居住城市	行业
48	New	丁雅丽	110	New	安踏	—	中国	厦门	运动服饰

---

① 《看看王晶、黄曦、程璇等 8 位白手起家的福建商界"女神"奋斗史,到底有多励志?(一)》,搜狐网,https://www.sohu.com/a/299961275_99960000,2019 年 3 月 8 日。

续表

排名	排名变化	姓名	财富(亿元人民币)	财富变化%	公司	年龄	居住国	居住城市	行业
60	-5	黄曦	100	0	福信	—	中国	厦门	金融服务、房地产
94	New	吴洁	70	New	阳光城	52	中国	福州	房地产

资料来源：《胡润研究院发布〈2020胡润全球白手起家女富豪榜〉》，胡润百富网，http：//www.hurun.net/CN/Article/Details? num=76824AC0C3BB，2020年3月16日。

由于黄曦及其家族的低调，福信集团在地产人士心中树立了"低调、内敛、保守、隐形富豪"的形象。[①] 至今为止，这位巾帼闽商在商场里依旧是一个神秘人物。

据了解，胡润研究院在全球共找到100位来自16个国家白手起家身家十亿美元的女企业家，发布了《2020胡润全球白手起家女富豪榜》，相比去年增加了11位，其中25位新人上榜，北京、深圳和上海仍然是"全球白手起家女企业家之都"，杭州和厦门新进为前五名。

晋江女企业家、安踏体育用品集团有限公司（以下简称安踏集团）董事局董事丁雅丽多次入选各类榜单。《2020胡润全球白手起家女富豪榜》一经发布，丁雅丽以110亿元位居榜单第48，成为泉州地区唯一入选的白手起家女富豪。

丁雅丽是安踏集团董事局主席丁世忠的妹妹，福建晋江人。安踏集团创建于1991年，两年后，丁雅丽便掌握了该公司的财务大权，并全资拥有安达投资公司。2007年，安踏体育用品有限公司（简称"安踏体育"）在香港股市上市。经过29年发展，安踏体育目前已成长为国内最大的运动鞋服零售品牌。

---

① 《闽商六大女富豪背后的故事 这才叫闷声发大财》，东南网，http：//msznl.fjsen.com/2015-10/26/content_16798984_all.htm，2015年10月26日。

安踏体育2019年财报显示，2019年安踏体育营收增长40.8%，为339.3亿元，连续两年增速超过40%；营业利润增长52.5%，为86.9亿元，其中安踏体育主品牌的营业利润为46.8亿元，增长26.2%，斐乐（FILA）品牌营业利润达40.2亿元，增长87.1%；公司净利润创新高，净利润为人民币53.4亿元，增长30.3%，连续三年增长30%以上。①

同时，2019年，安踏体育主品牌营收为174.5亿元，同比增长21.8%，实现连续六年双位数增长，主要受益于品牌认知度提升和安踏体育童装收入持续增长。

现如今，安踏体育的品牌影响力与营收都使它成为中国体育用品届的佼佼者。安踏体育的大股东为安踏国际、安达控股以及安达投资，三者合计拥有上市公司安踏体育股份共18亿股，上述大股东均为丁世忠家族实际拥有：大哥丁世家、王文默和吴永华共同拥有安踏国际集团；丁雅丽则全资拥有安达投资。

与丁世忠的一路高歌不同的是，关于丁雅丽的相关信息很少，多次上榜的她可谓是一位"隐形富豪"了。在榜单上，另一位巾帼闽商也是如此，福建阳光集团有限公司（简称阳光集团）实控人吴洁显得十分低调，多次成为福州女首富。

福建阳光集团有限公司在公告中披露的财报显示，阳光集团2016年全年营收为283.50亿元，净利润为15.09亿元。除此之外，其实控人吴洁控制的核心企业、关联企业共计13家。其中包括在A股上市的地产公司：阳光城（000671.SZ）。吴洁曾在2015年以90亿元的身家获评"福州女首富"之称。②

---

① 《新华体育2019财报/安踏2019年营收339亿创新高，今年业绩有望保持增长》，新华网，http://www.xinhuanet.com/2020-03/26/c_1125770645.htm，2020年3月26日。
② 张泽予：《阳光集团37亿接盘 龙净环保新实控人为福州女富豪》，界面网新闻，https://www.jiemian.com/article/1366371.html，2017年6月2日。

2017年6月1日晚间,福建龙净环保股份有限公司(简称龙净环保公司)发布了公司实控人已签署股权收购协议的公告,龙净环保公司控股股东福建省东正投资有限公司已与福建阳光集团有限公司就东正投资有限公司的股权转让事项签署《股权收购协议》。收购完毕后,龙净环保公司的实控人由周苏华变更为阳光集团实控人吴洁。如今,在阳光集团,吴洁和林腾蛟一起控制着整个阳光龙净集团有限公司(简称阳光龙净集团)。

福建省工商联2020年8月27日发布了"2020福建省民营企业100强"榜单(见表3)①,阳光龙净集团有限公司、青拓集团有限公司、融侨集团股份有限公司、永辉超市股份有限公司等多家企业上榜。

表3 "2020福建省民营企业100强TOP15"榜单

序号	企业名称	地区	所属行业	营业收入(万元)
1	阳光龙净集团有限公司	福州	综合	24807843
2	青拓集团有限公司	宁德	黑色金属冶炼和压延加工业	13675492
3	融侨集团股份有限公司	福州	房地产业	8650762
4	永辉超市股份有限公司	福州	零售业	8487696
5	福建大东海实业集团有限公司	福州	黑色金属冶炼和压延加工业	5733625
6	融信(福建)投资集团有限公司	福州	房地产业	5164651
7	恒申控股集团有限公司	福州	化学原料和化学制品制造业	5044661
8	福建永荣控股集团有限公司	福州	化学纤维制造业	5013949
9	宁德时代新能源科技股份有限公司	宁德	电气机械和器材制造业	4578802
10	三盛集团有限公司	福州	房地产业	4202313

① 《融侨集团荣膺2020福建省民营企业100强第3名》,中国新闻网,http://www.chinanews.com/business/2020/08-27/9275729.shtml,2020年8月27日。

续表

序号	企业名称	地区	所属行业	营业收入（万元）
11	均和（厦门）控股有限公司	厦门	综合	3975451
12	盛屯矿业集团股份有限公司	厦门	有色金属矿采选业	3731427
13	安踏体育用品集团有限公司	泉州	皮革、毛皮、羽毛及其制品和制鞋业	3392785
14	福建省金纶高纤股份有限公司	福州	化学纤维制造业	3267586
15	正荣地产控股股份有限公司	福州	房地产业	3255766

资料来源：《融侨集团荣膺2020福建省民营企业100强第3名》，中国新闻网，http://www.chinanews.com/business/2020/08-27/9275729.shtml，2020年8月27日。

"2020福建省民营企业100强"榜单显示，入围门槛持续提升至18亿元，比上年增加2.94亿元，营业收入总额合计为16382.65亿元。福建省民营企业100强发展的显著特点之一是经营多个行业的综合性企业集团数量快速增加，尤其是传统房地产企业，其纷纷转型开拓多元化业务，大型民营企业集团与福建省重点产业的关联度进一步增强。

作为福建民营企业标杆，阳光龙净集团在推动企业高质量发展的同时，积极促进区域经济发展和民生改善，荣膺2020福建省民营企业100强第1名。该公司2020年营业收入达2480.78亿元，比上年净增271.82亿元①，领跑福建民营企业的同时，也是福建省唯一突破2000亿元大关的民营企业。

在"2020福建省民营企业100强TOP15"榜单上，中国女企业家协会副会长、福建省女企业家协会会长程璇所在的三盛集团有限公司（简称三盛集团）位列"2020福建省民营企业100强"第10名。

程璇的创业故事要从十几年前说起。1990年，刚毕业的程璇成

---

① 林清智：《2020福建省民营企业100强发布》，福建省人民政府官网，http://www.fujian.gov.cn/xw/fjyw/202008/t20200828_5371924.htm，2020年8月28日。

为了一名研究所科员。而后，她于1994年投身创业，自主经营了一家广告公司，凭着一股韧劲儿，程璇带领公司成员不断突破，该公司业绩十分亮眼。

2003年，已有一定成绩的她决心加盟三盛集团，十多年时间，程璇带着她的团队打造出一个又一个"现象级"地产项目，并成为三盛集团执行董事、三盛控股（集团）有限公司总裁。

"2020（第三届）乐居财经年度论坛"现场，三盛控股（集团）有限公司凭借良好的资本运作、前瞻的布局逻辑及高质前行的发展节奏，荣获"2020年中国最具成长性上市房企"。①

作为一位白手起家的女企业家，程璇一直勇往直前，她的拼搏精神备受外界认可与关注。2018年12月30日，作为新时代福建女企业家的杰出代表，程璇曾获评"改革开放40年40位福建最有影响力企业家"。②

"改革开放四十年 巾帼闽企谱华章"论坛2018年11月10日下午在福州举行。程璇表示，1988年10月，福建省妇联成立福建省女企业家联谊会，也就是今天的福建省女企业家协会，影响并带领更多的福建女性积极创业，投入改革开放大潮中，一批敢为人先、创业奋斗的优秀女企业家找到了社会和人生发展的新角色、新坐标，改革开放，福建妇女没有缺席。③

随着时代的发展，独立、自信成为越来越多中国女性的新标签。在创业过程中，她们低调、内敛，却有着不输男性的坚韧和霸气，她们大刀阔斧地改革、创新，带领着自己的团队在商海打拼。

---

① 《三盛控股（2183.HK）荣获2020年中国最具成长性上市房企》，三盛集团官网，http：//www.sansheng.com.cn/show_2819.html，2020年8月27日。
② 《会员动态｜福建省女企业家协会会长程璇获评"改革开放40年40位福建最有影响力企业家"》，搜狐网，https：//www.sohu.com/a/286226982_99921453，2019年1月2日。
③ 《"改革开放四十年 巾帼闽企谱华章"论坛在福州举行》，中国新闻网，https：//www.chinanews.com/cj/2018/11-10/8673832.shtml，2018年11月10日。

（三）巾帼闽商接班拓新路

与市场大潮搏击多年后，见证民营经济发展壮大的老一辈民营企业家慢慢过了"当打之年"。与此同时，一群年轻身影逐渐走向民营经济的舞台中央，其中不乏女性企业家。

针对2020年发布的《2020胡润全球白手起家女富豪榜》，胡润解读，前十名中，9位来自中国。此外，全球最富有的20位女性中，5位来自中国，其中3位中国的女企业家是白手起家，其他17位的财富均来自继承。①

由此可见，"前浪"逐步退出经济历史的舞台，越来越多新生代民营企业家接过接力棒，在这当中就有不少二代女性企业家脱颖而出。

巾帼建新功，这是一个时代的命题。女性在政治、经济、科技、社会等各个领域奉献"她智慧"，在福建，随着老一辈闽商退居幕后，越来越多二代闽商接班，二代闽籍女性企业家也在其中扮演着至关重要的角色。

2019年2月13日，福布斯中国发布《2019中国最杰出商界女性排行榜》，福建圣农发展股份有限公司总经理、董事傅芬芳上榜，荣列第61位（见表4）。

福布斯以商界女性高管所执掌的公司的营业规模、质量、管理人数、外界影响力等为衡量指标，采取量化的方式对其进行排名，最后筛选出了100位福布斯2019年中国最杰出商界女性，所有上榜的商界女性所挂帅的公司累计创造了超过110000亿元的总市值。

---

① 《胡润研究院发布〈2020胡润全球白手起家女富豪榜〉》，胡润百富网，http：//www.hurun.net/CN/Article/Details?num=76824AC0C3BB，2020年3月16日。

表4　2019福布斯中国最杰出商界女性排行榜（上榜的福建女企业家）

排名	姓名	公司	职位
61	傅芬芳	圣农发展	总经理、董事
62	应海珍	盛屯矿业	董事、总裁
77	王晶	新大陆	董事长、总经理

资料来源：《2019福布斯中国最杰出商界女性排行榜》，福布斯中国官网，https://www.forbeschina.com/lists/1165，最后访问日期：2020年11月4日。

傅芬芳是圣农集团创始人傅光明的女儿。2003年，傅芬芳大学毕业，回到父亲创立的家族企业工作。历练4年之后，傅芬芳被任命为集团旗下圣农食品有限公司董事长。

2009年10月，福建圣农发展股份有限公司（简称圣农发展公司）上市，傅芬芳身价高达9.12亿元。2015年，傅芬芳投资2亿元，成立福建丰圣蔬菜有限公司，建设蔬菜生产和供应基地；投资1亿元建设技术研发中心，进行满足10亿羽肉鸡生产规模的监测及研发。而后，又投资4亿元新建圣农集团第六食品厂，提升熟食品产值比重。

2016年，傅芬芳开始负责管理集团旗下圣农发展公司。她在同行业中率先实施农业养殖4.0体系，大量采用先进、高效率的自动化设备，实现"机器换工"，提升传统动能，培育发展新动能；实施精细化管理，深度挖掘各生产环节的管理潜力，促进降本增效；开发新客户、潜在客户，聚焦战略市场，突破重点市场，挖掘潜力市场。2016年3月，她主导圣农集团的熟食正式供应麦当劳，成为国内首家向麦当劳供应熟食的本土公司。

2018年1月15日，傅芬芳众望所归担任福建圣农发展公司总裁，成为圣农发展公司新的掌门人。当年，圣农发展肉鸡产能达5亿羽，居全球第7、亚洲第1、中国第1，继续领跑国内白羽肉鸡行业。

融汇（福建）集团有限公司（简称融汇集团）总裁黄丹青也是二代接班。融汇集团创始于1989年，由核心创始人黄祖仕先生在香港建立，是一家综合性投资控股集团。历经30余年发展，已形成以城市建设与运营、温泉文旅、精细化工三大板块为主要运营方向，涉及地产、温泉文旅、化工、商业、物业、酒店、建工、园林八大产业的多元化集团企业。①

2008年，从英国留学回来的黄丹青，进入融汇开始经受接班的试炼。短短几年内，她已立下不少功绩。创立融汇商业运营公司，成功打造福州首个文化创意休闲社区商业；进入融汇福州地产公司，出任执行董事并成功拿下位于桂湖片区融汇温泉城项目，打造福州首个度假式温泉精装产品；出任芜湖融汇化工公司总经理，推行"阿米巴"管理体系，在市场直线下滑的背景下，实现逆势上扬。2016年，黄丹青出任融汇集团总裁，正式从父亲手中接过"接力棒"。②

除了公司管理外，她还积极加入社会组织服务社会。2017年4月，福建省女企业家商会第五届理事会会长陈爱钦正式"卸任"，黄丹青"接棒"福建省女企业家商会会长。这是她首次接手社会组织的管理，那年也是她正式进入融汇集团的第十个年头。2019年3月，福建省女企业家商会荣获"全国巾帼文明岗"称号。

黄丹青以其"当代花木兰"般的魄力，在掌舵融汇集团的十年光阴中，不断扩大基业，不断革新技术，不断创新思维。在黄丹青运作下，融汇集团立足福州，西进重庆，北上济南，融汇温泉城全面开花，实现温泉与地产的完美结合。

---

① 融汇集团官网介绍，http：//www.ronghui.com/about.aspx，最后访问日期：2020年11月4日。
② 《让这些"女神"的接班经历告诉你：创业艰难，守业更不易（二）》，搜狐网，https：//www.sohu.com/a/300265830_99960000，2019年3月10日。

与傅芬芳、黄丹青不同的是，同上榜单的应海珍不是二代接班，而是临危受命，在盛屯矿业集团股份有限公司（简称盛屯矿业集团）岌岌可危、负债累累的时候，接受了实际控制人的邀请，正式走马上任盛屯矿业集团总裁职务。经过多年的发展，盛屯矿业集团终于进入良性发展轨道。低调的应海珍也因此登上福布斯中国发布的"2019中国最杰出商界女性排行榜"。

北京大学毕业、职场打拼10年后，应海珍于2000年入职盛屯矿业集团（当时公司名为厦门雄震集团股份有限公司），任总经理助理。2006年，企业在被ST的最低迷时期，应海珍应公司实际控制人之邀，任职总裁。①

那时候的盛屯矿业集团债务缠身，资产被法院查封，最多时涉及14家银行。账上没有钱，没有资产，没有主营业务。上任后，应海珍带着团队成员亲自去拜访银行支行行长、信贷员……债务问题得以解决。

2006年，房地产、矿业领域发展不错，很多企业谋求借壳上市，盛屯矿业集团的管理者们到处考察，最终选择以矿业作为主业。2007年，盛屯矿业集团尝试参股三富矿业有限公司股份的42%，开始了主业向有色金属矿采选行业的转型。其后通过3次非公开发行、1次重大资产重组，陆续拥有了3个资质不错的大矿以及数个小矿，主业定型为金属矿采选、贸易及供应链金融。②

根据深证信数据服务平台及公司财报的数据，2020年上半年，盛屯矿业集团营业总收入约221.65亿元，同比增长57.09%；归母净利润约4385.38万元，同比下降31.52%。其中，2020年第二季度

---

① 《应海珍：自救者终得救》，价值中国网，http：//www.chinavalue.net/Media/Article.aspx?ArticleId=131082，2015年5月14日。
② 《应海珍：自救者终得救》，价值中国网，http：//www.chinavalue.net/Media/Article.aspx?ArticleId=131082，2015年5月14日。

营收132.5亿元,同比增长84.23%;归母净利润6685.63万元,同比增长190.47%。①

作为商界木兰,女性特质和企业家素质在应海珍身上融合,善沟通、韧性强、有亲和力、关注细节,"柔中带韧"。这也是女性企业家所特有的品质,她们挺拔又温柔,锐利又宽厚,是新时代不可或缺的"她力量"。

---

① 《盛屯矿业:2020年上半年归母净利润4385.38万元,同比下降31.52%》,快资讯网,https://www.360kuai.com/pc/9b3b7154e88af715d?cota=3&kuai_so=1&sign=360_57c3bbd1&refer_scene=so_1,2020年8月11日。

B.9
2020年福建食品工业闽商发展报告

林仙平*

摘　要： 食品工业是福建重要的基础产业之一，在国内食品行业中占据重要地位。从改革开放初期的家庭作坊起步，福建食品工业到现在已经发展成为现代化、规模化的产业集群，成就斐然。2019年，福建食品工业依旧保持较好的发展势头，整体产值超过6000亿元，在国内排名再升一位，排名第五。本报告分析了2019年福建食品工业的发展情况，包括福建食品工业企业、福建休闲食品产业集群、福建农副产品精深加工产业、福建水产品精深加工产业、福建茶产业以及福建食品产业硬件建设等情况，最后提出福建食品工业的发展趋势、存在问题与建议。

关键词： 闽商　食品工业　产业集群　龙头企业

改革开放以后，食品行业已经成为中国现代工业重要组成部分，并伴随经济的强劲增长而蓬勃发展。现在，食品行业是对社会经济和人民生活具有影响力的基础行业，取得了巨大的成绩。

---

* 林仙平，《闽商》杂志社新媒体总监。

我国人均粮食占有量从1977年的297.7公斤上升到2017年的444公斤,增长了49%;食用油产量从2011年的4446.1万吨增长至2017年的6475.6万吨,年均增长率为6.5%;1980年全国猪牛羊肉总产量仅有1205万吨,2017年达到6557万吨;1978年全国水产品总产量为465万吨,2017年达到6445万吨;从1978年到2016年,全国奶类的产量从97.1万吨增长至3712万吨,年均增长率10.06%。①

同时,随着人们收入持续增加,居民消费水平不断提升,城市居民生活节奏不断加快,食品行业不断出现新的发展模式。方便、休闲食品制造业的创新与跨越式发展,成为我国改革开放在食品行业的标志性成果。更让人期待的是,食品行业规模还在持续扩大。

数据显示,截至2007年,我国的大米、小麦粉、食用植物油、鲜冷藏冻肉、饼干、果汁及果汁饮料、啤酒、方便面等多种食品产品的产量已位居世界第一。2013年,中国食品行业实现收入9.2万亿元,同比增长16.9%。2014年,中国食品行业实现收入首次突破10万亿元,同比增速8.7%。

国家统计局数据显示,2016年1~12月全国规模以上食品工业(不计烟草制品业,下同)企业营业收入增长6.7%,超过全部工业企业4.18%的增长速度;行业增加值增长6.25%,高于全部工业5.00%的增长速度,营业收入和增加值的增长率继续提高;利润总额增长速度6.47%,低于全部工业8.26%的增长速度,利润的增长率出现回落。2013年至2018年,中国食品行业年度总产值及年度增速如表1所示。

---

① 《我国食品产业位列全球第一》,中国工业经济网,http://www.cinn.cn/xfpgy/201910/t20191016_219648.html,2019年10月16日。

表1 2013～2018年中国食品行业营业收入年度增速与GDP增速对比

年份	年度营收（万亿元）	年度增速（%）	年度GDP增速（%）
2013	9.2	16.9	7.77
2014	10.0	8.7	7.3
2015	10.4	4.0	6.9
2016	11.1	6.7	6.7
2017	12.1	9.0	6.8
2018	12.9	6.6	6.6

资料来源：国家统计局网站及中商产业研究院数据。

2018年，中国食品工业收入逼近13万亿元，同比增长6.6%。食品工业已经成为我国现代工业体系中的首位产业，不仅是我国国民经济中重要的支柱产业，也是全球第一大食品产业。

2019年1～12月，全国规模以上食品工业企业营业收入81186.8亿元，同比增长4.2%；利润总额5774.6亿元，同比增长7.8%。其中，农副食品加工业营业收入46810.0亿元，同比增长4.0%；利润总额1887.6亿元，同比增长3.9%。食品制造业营业收入19074.1亿元，同比增长4.2%；利润总额1670.4亿元，同比增长9.1%。酒、饮料和精制茶制造业营业收入15302.7亿元，同比增长5.0%；利润总额2216.6亿元，同比增长10.2%。[1]

2019年，我国的猪肉、羊肉、蔬菜、水果、水产品、禽蛋等总产量都位居世界第一。同时，我国是全球第一大产茶国，稳居世界第二大茶叶出口国之位；我国酒业销售规模和营业利润分别走向万亿元、千亿元的时代，2019年我国白酒总销量达785.9万千升；我国保健食品规模已超过3500亿元，我国成为仅次于美国的第二大保健食品市场，发展潜力巨大。

---

[1] 《2019年1～12月规模以上食品企业工业增加值保持稳定增长》，中国新闻网，http://www.chinanews.com/cj/2020/04-01/9144269.shtml，2020年4月1日。

闽商蓝皮书

一 2019年福建食品工业发展状况

食品工业,是福建重要的基础产业之一,2019 年,福建食品工业居全省消费品工业首位。食品工业也是福建在全国具有重大影响力、竞争力的产业。

2018 年福建省规模以上食品工业企业主营业务收入在全国各省区市中的排名实现首次突破,从全国第七跃居全国第六。2019 年,福建省规模以上食品工业企业持续发力,再次向上跃升一位,跻身全国第五。2019 年,福建 GDP 达到 4.23 万亿元,位居全国第八。也就是说,2019 年福建省规模以上食品工业企业主营业务收入在全国的排名,比福建 GDP 在全国的排名还要靠前 3 位,由此可见福建食品工业的实力。

2019 年,福建省规模以上食品工业企业个数达 2372 个,经济运行情况良好,福建规模以上食品工业企业(不计烟草制品业)实现主营业务收入 6648.9 亿元,同比增长 10.1%,增幅较全国高 5.9 个百分点;实现出口交货值 1063.16 亿元,同比增长 9.9%;销售收入、盈利水平、主要产品产量均实现增长。其中,农副食品加工业产值达 3427.58 亿元,同比增长 11.1%,增幅较全国高 7.1 个百分点;食品制造业产值达 1796.66 亿元,同比增长 8%,增幅较全国高 3.8 个百分点;酒、饮料和精制茶制造业产值达 1135.76 亿元,同比增长 9.8%,增幅较全国高 4.8 个百分点。①

从全国地位来说,在列入统计的 29 类主要食品中,2019 年,福建省有 22 种产品产量实现正增长,产量在全国各省区市中均位居前十的分别是:糖果、罐头、冷冻水产品第一位,果汁和蔬菜汁饮料

---

① 林辉:《2019年福建省食品工业运行情况》,《福建轻纺》2020 年第四期,第 8~10 页。

类、精制茶第三位，鲜、冷藏肉第五位，酱油、配合饲料第六位，速冻米面食品、软饮料第七位，碳酸饮料类（汽水）第八位，饲料、成品糖、小麦粉、包装饮用水、大米、精制食用植物油、啤酒第十位，其中啤酒产量首次进入全国前十。[①]

2019年，福建全省农林牧渔业总产值为4636.57亿元，按可比价计算比上年增长3.6%，增幅比上年提高0.1个百分点，与前三季度持平。其中，农、林、牧、渔业产值分别增长4.0%、4.1%、0.5%和4.4%，农林牧渔服务业产值增长6.1%。

主要农产品产量实现增长。蔬菜产量1437.33万吨，比上年增长5.2%；食用菌产量133.36万吨，增长5.6%；茶叶产量43.99万吨，增长5.2%；园林水果产量681.61万吨，增长6.5%；木材产量1452.15万立方米，增长2.0%；肉蛋奶总产量317.10万吨，增长0.8%；水产品总产量814.58万吨，增长4.1%。[②]

在2019年福建省食品工业协会年会上，福建省食品工业协会会长、福建农林大学副校长郑宝东教授透露，福建省食品工业取得长足进步，据统计2019年前10个月，福建省规模以上食品工业实现主营业务收入5473.46亿元，增长11.6%，其中蔬菜水果坚果加工、水产品加工、焙烤食品制造、饮料制造等细分行业实现较快增长，分别增长15.4%、14.1%、13.1%和12.2%。

二　福建食品工业中的优势企业

在产业集聚发展过程中，福建涌现出一批优秀的食品企业，他们

---

① 《福建食品工业企业主营业务收入跃居全国第五》，澎湃网，http://m.thepaper.cn/baijiahao_8041818，2020年6月30日。
② 《2019年福建经济运行总体平稳》，福建省统计局网站，http://tjj.fj.gov.cn/xxgk/tjxx/jjyxqk/202001/t20200121_5184779.htm，2020年1月21日。

在自己的领域里,绽放出耀眼的光芒。

福建有15家企业入选全国"2019农业产业化龙头企业500强"。这15家企业分别是厦门象屿股份有限公司(以下简称厦门象屿公司)、达利食品集团、名城企业管理集团、圣农发展公司、厦门市明穗粮油贸易有限公司(以下简称明穗粮油公司)、福建傲农生物科技集团股份有限公司(以下简称傲农生物科技集团)、厦门厦商农产品集团有限公司、厦门银祥集团有限公司(以下简称厦门银祥集团)、福建省晋江福源食品有限公司(以下简称晋江福源公司)、福建安井食品股份有限公司(以下简称安井食品公司)、安溪茶叶批发市场开发有限公司、福建福鼎海鸥水产食品有限公司、福建天马科技集团股份有限公司、中福海峡(平潭)发展股份有限公司、中绿食品集团有限公司(以下简称中绿食品集团)。其中厦门象屿公司在全国更是排名第一。①

这些企业总体表现让人满意,如达利食品集团旗下的达利园蛋黄派,在糕点类市场占有率中排名第一,可比克薯片、好吃点饼干、和其正凉茶、乐虎功能饮料等,都是其对应细分行业的前三名。而圣农发展公司创始人被誉为"中国鸡王",其公司白羽鸡产能达5亿羽,产销量位居国内第一、亚洲第一、全球第七。厦门古龙食品有限公司曾经荣获"中国罐头十大品牌"第一名,该公司拥有全国规模最大的以传统古法缸晒酿造酱油的晒埕,生产的酱油经天然日晒酿造达一年以上。

2019年,福建有闽榕茶业有限公司、厦门茶叶进出口有限公司、福建武夷山国家级自然保护区正山茶业有限公司、福建旭禾米业有限公司、福建省海新集团有限公司、立兴集团有限公司、福建

---

① 《2019农业产业化龙头企业500强榜单出炉!》,搜狐网,https://www.sohu.com/a/297408343_776128,2019年2月24日。

和其昌竹业股份有限公司、福建三都澳食品有限公司、宁德市金盛水产有限公司、福建省红太阳精品有限公司、福建阳光生态农业集团有限公司等11家企业，成为第六批农业产业化国家重点龙头企业。[1] 查询历史资料发现，2003年，福建有6家企业入选第一批农业产业化国家重点龙头企业名单；2003年，福建有8家企业入选第二批农业产业化国家重点龙头企业名单；2004年，福建有9家企业入选第三批农业产业化国家重点龙头企业名单；2008年，福建有12家企业入选第四批农业产业化国家重点龙头企业名单；2012年，福建有17家企业入选第五批农业产业化国家重点龙头企业名单。截至2019年，福建累计有63家企业进入农业产业化国家重点龙头企业序列，这是值得骄傲的成绩。

2019年，福建上市食品企业整体表现不错，尤其是圣农发展公司。年报显示，2019年，圣农发展公司实现营业总收入145.67亿元，同比增长26.15%；实现净利润41.03亿元，同比增长172.54%。

安井食品公司2019年年度报告显示，公司全年实现营业收入52.67亿元，上年为42.59亿元，同比增长23.66%；实现归属于上市公司股东的净利润3.73亿元，上年为2.70亿元，同比增长38.14%。

海欣食品股份有限公司（以下简称海欣食品公司）2019年年报显示，报告期内，公司业绩稳中有进，实现营业收入13.85亿元，同比增长21.03%，各渠道均实现同比增长；受原材料成本上涨及公司对参股投资的上海猫诚计提减值准备等因素影响，归属于上市公司股东的净利润为683.99万元，同比减少80.40%。

福建省燕京惠泉啤酒股份有限公司（以下简称惠泉啤酒公司）2019年年度报告显示，报告期内，公司实现营业收入5.63亿元，较

---

[1] 《11家闽企入选农业产业化国家重点龙头企业名单》，搜狐网，https://www.sohu.com/a/359017795_114731? scm=1002.44003c.fe017c.PC_ARTICLE_REC，2019年12月8日。

上年同期增长2.12%；完成利润总额2653.17万元，较上年同期增长3.94%；实现归属于上市公司股东的净利润1981.90万元，较上年同期增长7.15%。

港股上市的达利食品集团，其2019年年报显示，公司2019年度营收为213.75亿元，同比增长2.5%；纯利为38.41亿元，同比增长3.3%。

港股上市公司福建亲亲食品有限公司（以下简称亲亲食品公司）2019年业绩公告显示，公司全年实现营收6.91亿元，同比下降9.3%；实现股东应占利润0.81亿元，同比增长147.8%。

蜡笔小新（福建）食品工业有限公司（以下简称蜡笔小新食品公司）发布公告，截至2019年12月31日，集团收益4.67亿元人民币，2018年为5.03亿元，同比减少7.2%。2019年毛利1.39亿元，2018年为1.28亿元，同比增加8.5%。年度亏损及全面亏损总额1.70亿元，2018年为1.79亿元，同比减少5.3%。

福建不仅拥有优质的上市食品企业，他们在行业内拥有广泛影响力，还有一些独特的产业在默默蓄力。例如，2019年10月18日，福建宁德和龙岩两地被中国酒业协会授予"世界美酒特色产区"称号。福建不只有惠泉啤酒，还有福矛白酒以及独有的红曲酒。福建是中国红曲酒最大产区，其中优秀的代表包括中国名酒龙岩沉缸酒以及金砖会议指定用酒惠泽龙酒。

此外，在"2018年度中国琼脂粉十大品牌评选"中，福建环海生物科技股份有限公司的"环海"品牌、绿新（福建）食品有限公司的"绿新"品牌、福建省金燕海洋生物科技股份有限公司的"金燕"品牌，分别获得第一、第三、第九名。

在福建省农业农村厅等11部门联合公布的《2019年农业产业化省级重点龙头企业增补名单》中，福建共244家企业入选。至2019

年，福建省农业产业化省级重点龙头企业数量达到 926 家。①

改革开放四十多年以来，福建已经形成休闲食品产业集群、农副产品精深加工产业集群、水产品精深加工产业集群、茶产业集群等多个千亿元级别的食品产业集群。

三　福建休闲食品产业集群发展情况

伴随经济的快速发展，人们的消费观念也在更新，这促进了休闲食品产业的迅猛发展。

休闲食品大致可分为八大类，即糖食类、肉禽鱼类、油炸薯类、油炸谷物类、油炸果仁类、非油炸果仁类、谷物膨化类、干制蔬果类。其中，糖果、蜜饯、膨化、谷物类是休闲食品业起步最早，也是发展最为成熟的品类，到现阶段，大多已经形成了强势的领导品牌。2019 年，我国休闲食品行业产值将达 2 万亿元，市场前景广阔。

福建在休闲食品领域起步很早。在改革开放初期，福建企业家就开始生产制造销售包括干果、糖果、蜜饯、巧克力、膨化食品、果冻布丁、肉制食品等品类丰富的现代食品。

泉州是全国三大食品工业生产基地之一，也是知名的休闲食品产业聚集区。泉州食品产业作为该市五大传统产业之一，最早起源于手工作坊，经过数十年的发展，2018 年泉州拥有食品企业 1400 多家，规模以上企业 238 家，涌现出达利食品集团、亲亲食品公司、福建福马集团有限公司、福建盼盼食品有限公司（以下简称盼盼食品公司）、中绿食品集团、福建久久王食品工业有限公司、回头客食品集

---

① 《福建省农业产业化省级重点龙头企业达 926 家》，人民网，http://fj.people.com.cn/n2/2020/0121/c181466－33734700.html，2020 年 1 月 21 日。

团股份有限公司（以下简称回头客食品集团）、蜡笔小新食品公司等诸多知名企业。2016年，泉州市食品全产业的总产值达1000亿元；2017年泉州市食品全产业的总产值达到1246.13亿元；2018年约为1373亿元；2019年约为1470亿元。

泉州至少有7家食品企业已经在香港上市，包括达利食品集团、蜡笔小新食品公司、亲亲食品公司等；有2家食品企业在国内上交所A股主板上市，分别是安记食品股份有限公司和惠泉啤酒公司；还有多家食品企业在国内新三板挂牌。据不完全统计，泉州市食品行业拥有中国驰名商标15件，福建省著名商标52件。泉州生产的糖果、果冻、膨化食品等热销国内市场，其中糖果业产量约占全国的20%、福建省的90%以上。

泉州下辖的晋江市，作为"中国食品工业强市""全国县域食品经济发展示范县""中国休闲食品出口加工基地"，其食品行业在全国有着重要地位。2017年，晋江食品行业销售额超过500亿元，2018年达到525亿元，2016年，晋江食品行业的糖果、烘焙品产量居国内食品主产区榜首，果冻产量居国内食品主产区第2位。晋江现已形成糖果、膨化、果冻、蜜饯、烘焙、罐头、炒货、紫菜、水产品、调味品等10多个门类、数百个品种的大市场。①

在休闲食品领域，福建依托众多工业区、开发区，实现产业集聚、产业链上下游互动。表现比较突出的区域，包括厦门同安轻工食品工业园、同安工业集中区（思明、湖里园）、漳州龙海东园工业区、龙海海澄食品集中区、泉州晋江五里工业集中区、龙岩市经济开发区（东肖）、龙州工业集中区等产业集中区。并且，福建涌现出包括达利食品集团、盼盼食品公司、厦门银鹭食品集团有限公司（以

---

① 《苏永峰：晋江食品产业开启发展新篇章》，全国工商联网站，http://www.acfic.org.cn/fgdt1/qiyejiazhisheng/201807/t20180731_54832.html，2018年7月31日。

下简称银鹭食品集团)、回头客食品集团等诸多优秀的食品企业,这些企业在烘焙食品、糖果巧克力、膨化食品、炒货干果、蜜饯果脯、果冻等细分领域拥有广泛的市场影响力。

四 福建农副产品精深加工产业发展情况

森林是陆地生态系统中重要的组成部分,森林在涵养水源、调节气候、保持水土、保护生物多样性方面都具有极其重要的作用。第九次全国森林资源清查结果显示,福建森林覆盖率66.8%,连续40年保持全国第一。

福建生态环境好,物种丰富,生物多样性在全国始终位居前列。例如,武夷山自然生态保护区被称为"蛇的王国""昆虫世界""鸟的乐园""蝴蝶王国",并且热带、亚热带、温带、寒温带和寒带植被在保护区均有分布。

同时,福建淡水资源非常丰富。福建境内主要有12条水系,90%以上的断面是三类以上的水质。闽江发源于武夷山脉,全长584公里,是福建省最大的一条河流,流经30多个县市,流域面积6.08万平方公里,约占全省总面积的一半。闽江以水量丰富著称,年径流总量655亿立方米,在全国河流中名列第七。[①]

优越的气候环境,相对充足的优质水源,丰富多样的生物资源,使福建在农副产品种植、生产以及精深加工方面独树一帜,并涌现出一批优秀的企业。

漳州的福建紫山集团股份有限公司(以下简称紫山集团),主营业务是果蔬水产等罐头生产、蔬菜加工,2019年销售收入达13.05亿元。紫山集团是中国罐头工业十强企业、国家食品工业重点企业,

---

① 林东:《福建省最大的河流——闽江》,《地球》1995年第3期,第31~32页。

"紫山牌"商标是中国驰名商标,产品出口日本、韩国、俄罗斯、南非、欧美等 50 多个国家和地区,紫山蘑菇罐头在日本长期占有 60%的市场份额。

厦门银祥集团是一家以无公害饲料生产为基础,无公害畜禽、水产养殖为纽带,无公害畜禽屠宰及肉制品、豆制品、油脂加工为核心,品牌连锁直营与加盟为主要营销模式的产、加、销一条龙,贸、工、农一体化的产业链型企业集团。集团旗下的银祥豆制品有限公司,在"2019 中国(长沙)国际大豆食品加工技术及设备展览会第四届中国大豆食品节"上荣获"中国豆制品行业 50 强"称号。

泉州福海粮油工业有限公司(简称福海粮油公司)是 2020 年财富世界 500 强、全球五大粮商之一的益海嘉里金龙鱼粮油食品股份有限公司(以下简称益海嘉里集团)旗下的企业,福海粮油公司主要从事大豆深加工及相关贸易,主要产品为"丰苑"牌豆粕和"金龙鱼""口福"牌系列食用油。福海粮油公司年加工大豆 70 万吨,精炼油 20 万吨,年产值约 50 亿元人民币,是福建省最大的粮油加工企业之一。在 2019"创新转型 行稳致远"泉州经济年会上,福海粮油公司荣获"十佳工匠精神企业"称号。

福建长富乳品有限公司(以下简称长富公司)创建于 1998 年,是集牧草种植、奶牛饲养、乳品生产、市场销售以及科研技术为一体的农业产业化龙头企业,是中国奶业 20 强企业,是福建最大的乳制品生产企业,南平市重点企业。长富公司坚持"天然活性营养"的消费价值不动摇,在 2019 年取得了巨大成绩:荣获"最受外国友人喜爱金奖";代表福建亮相外交部福建全球推介活动冷餐会;斩获全国首个"优质乳工程标杆示范企业""优质乳工程标杆示范牧场"荣誉;继续承办第三届中国优质乳工程发展论坛;成为低温学生奶全国试点企业;成为国家优质乳团体标准制定单位。截至 2019 年,长富巴氏鲜奶每日配送入户数达到 100 多万,长富公司凭借着独特产业模式，蝉联中国奶业20强。2018年，长富公司以优质的生鲜乳资源成为全国首家全部牧场奶源、全部巴氏鲜奶通过中国优质乳工程验收的乳企。长富公司通过采用"种—养—加"一体化的生产模式，实现养殖"零排放"，并通过降低化肥使用，土壤持续改良，保护了绿水青山。"好生态保护好牛奶，早在1998年，长富公司就开始着力布局全产业链条，在武夷山脉建设现代化生态牧场。公司在南方首创了奶牛生物床垫，极大改善了奶牛的舒适度，有效控制住疫病，牧场单产明显提高。2018年平均年单产9.67吨，有5个牧场突破10吨，生鲜乳的理化指标达到甚至超越欧盟标准。"长富公司董事长兼总经理蔡永康在2019中国奶业20强（D20）峰会论坛上如此表示。[1]

始创于1992年的福建同发食品集团有限公司（以下简称同发集团），历经20年的发展，现已成为以罐藏食品生产、加工、贸易为主，同时经营食用菌种植基地、进口葡萄酒、酒庄、生物科技、金属制品生产制造、产业投资的多元化现代集团。同发集团为国内罐头同行业品种最齐全的企业之一，旗下罐藏产品主要有食用菌、蔬菜、水果、肉类、水产品等五大类，近百个品种。[2] 2019年6月，福建同发糖业有限公司（以下简称同发糖业公司）生产的全蔗糖糖浆正式面市。其间，同发糖业公司参与行业产品标准的编制与修订，与多家客户达成稳定的供货合作，已成为雀巢银鹭厦门厂的合格原料供应商，产品应用于雀巢咖啡、银鹭"好粥道"系列产品以及冬瓜茶饮料等。

傲农生物科技集团是一家以标准化、规范化、集约化和产业化为导向的高科技农牧企业，公司主营业务包括饲料、养猪、食品、贸易等产业。傲农生物科技集团高度重视科研创新工作，组建博士工作

---

[1] 《奶业20强峰会，长富以"天然活性营养"开启奶业发展新未来》，长富牛奶官网，http://www.changfuniunai.com/news/info_24.aspx? itemid=3969，2019年11月28日。

[2] 同发集团官网同发简介，http://www.tfacan.com/about.asp? dhs=d02，最后访问日期：2020年11月4日。

站、省级重点实验室、省级企业技术中心和省级企业工程技术研究中心等科研创新平台，拥有专利300多项。2019年，傲农生物科技集团参与完成的"猪抗病营养技术体系创建与应用"项目荣获"2018年度国家科学技术进步奖二等奖"；同年，集团入围"2019农业产业化龙头企业500强"。

特殊的气候、特别的地理位置，催生出独具特色的福建基础农产品，福建人敢拼爱赢的创业精神，造就了福建特质的农产品精深加工产业。产业的发展助力福建经济蓬勃发展，也给农民脱贫致富创造更多的条件。

五 福建水产品精深加工产业发展情况

我国是世界上主要的水产品生产国之一，水产品总产量自1989年起连续30年居世界第一，占世界总产量的2/5以上。2019年我国水产品产量6450万吨，继续保持全球第一的"江湖宝座"。

民间有句俗语，"靠山吃山，靠水吃水"。福建位于太平洋西海岸，虽然陆地面积不大，仅有12.13万平方千米，排在全国第23位，而且山地、丘陵面积占陆域面积的80%，但福建的海岸线长度位居全国第二位，仅次于广东省。2019年数据显示，福建省陆地海岸线从宁德福鼎市沙埕港，至漳州诏安县铁湖岗，总长度3752公里，而且福建是我国海岸线最曲折的省份。

从更宏观的角度来说，福建是历史上海上丝绸之路，也是郑和下西洋的起点，同时也是海上商贸集散地。作为海洋文明重要依托的福建，是全国第三大水产品生产地区之一，其水产品生产量仅次于山东省和广东省，是发展现代水产品精深加工产业的天然福地。而福建水产品精深加工产业，也是一个超千亿元的产业。

单纯从基础产品供应来说，福建水产品产量不小。参考福建省统计局、福建省海洋与渔业局网站资料,2019年,福建水产品产量814.57万吨,同比增长4.15%,占全国总产量6450万吨的12.6%。其中,海水养殖占主导地位,其产量为510.72万吨,占全省水产品总产量的62.7%;海洋捕捞212.81万吨,占全省水产品总产量的26.12%;淡水养殖83.94万吨,占全省水产品总产量的10.3%;淡水捕捞只有7.11万吨,占全省水产品总产量的比重不到1%。

源源不断的水产品供应,也给福建水产品精深加工行业带来巨大利好,一些优秀的企业脱颖而出。例如,福州百洋海味食品有限公司,是福建省规模较大的以水产食品精深加工、海水养殖、进出口贸易、科研为主体的综合性企业,是农业产业化国家级重点龙头企业,高新技术企业等。作为2019年福州市重点上市后备企业,福州百洋海味食品有限公司联手福建省农业科学院农业工程技术研究所推进的"特色海产食品深加工关键技术创新及产业化"项目,通过了2019年度福建省科学技术奖初评。

2019年6月,海之星(福建)远洋渔业有限公司(以下简称海之星集团)正式启动印度洋鱿鱼加工项目,根据项目内容,一条鱿鱼身上的不同部位可被加工处理成鱿鱼花、鱿鱼串、鱼丸、干品等一系列鱿鱼制品。海之星集团的这个项目,可以说从头到尾,直接覆盖了远洋捕捞、远洋运输、冷链仓储、研发生产、营销等各个环节,一家企业就独自构建起"一条鱿鱼"的完整产业链条,这也是海之星集团加快推进传统产业转型升级的一个重要标志。在海之星集团启动印度洋鱿鱼加工项目之前,它就已经是全省第一家实现从原材料自捕到产品加工、销售一条龙的企业。[①]

2019年发布的第六批农业产业化国家重点龙头企业榜单上,福

[①] 《海之星集团:招引扩产 练就远洋鱿鱼的变身术》,东山新闻网,http://dsxww.cn/system/2020/04/07/030230177.shtml,2020年4月7日。

闽商蓝皮书

建三都澳食品有限公司榜上有名。作为一家集水产科研、育苗、养殖、捕捞、加工、冷链物流、国内国际贸易于一体的全产业链综合性企业,福建三都澳食品有限公司是福建省十佳海洋龙头企业、福建省水产产业化龙头企业。其"威尔斯"系列水产品外销欧洲、美国、加拿大、澳大利亚、日本、韩国等三十几个国家和地区,并建设了一支集研发、品管、生产、电商、销售贸易于一体的员工队伍。①

广阔无垠、浩瀚无边的太平洋,不但为福建沿海提供了富饶无比的海洋产品,也给福建海水产品养殖行业、水产品精深加工行业带来无限资源。不过,仅有资源是不够的,要把资源转化为经济动力,需要更多的人为之努力。而这些立足福建的水产品精深加工企业,就是最好的"注脚"。

六 福建茶产业高速发展

茶产业是食品产业重要的组成部分,也是福建一项传统的优势产业。2019 年,福建茶产业依旧保持较好的发展态势,继续高歌猛进,全产业链营业收入在 2018 年度首次跻身千亿元之后,2019 年再进一步,突破 1200 亿元。根据国际茶叶委员会 2018 年统计数据,中国是全球最大的茶叶生产国和消费国。而福建是我国核心茶叶生产省份之一,也是国内茶产业最发达、产业链最完备的省份之一。

福建是我国产茶大省,也是全球著名的产茶区,福建制茶、饮茶、贩茶历史悠久,源于汉、兴于唐、盛于宋。福建也是著名的特种茶产区,产制销乌龙茶、红茶、白茶、绿茶四大茶类及再加工类的花茶,除绿茶外,其他几类茶均是福建首创。"中国十大名茶"在不同时期有

---

① 《福建三都澳食品有限公司简介》,乡村动力网,http://www.xiangcun.com/company/sandu/,最后访问日期:2020 年 11 月 4 日。

不同说法，但不管是 1915 年的巴拿马万国博览会，还是新中国成立之后的历次国内国家级名茶评比，福建铁观音与武夷岩茶总是赫然在列。实际上，福建名茶不只有这两种，还有武夷山的红茶、福鼎的白茶以及福州的花茶等。福建乌龙茶类有两大分支，一个是闽南乌龙茶，包括安溪铁观音、黄金桂、本山，漳平水仙，永春佛手，漳州黄芽奇兰等；一个是闽北乌龙茶，以武夷岩茶称雄世界，包括大红袍、肉桂、水仙、水金龟、铁罗汉等。福建红茶包括正山小种、金骏眉、银骏眉、坦洋工夫等种类。福建白茶包括白毫银针、白牡丹、贡眉、寿眉等种类。福建花茶主要是福州茉莉花茶。

福建茶产业依托福建山水，发展成独具特色的产业集群，已经形成以泉州安溪铁观音为核心的闽南乌龙茶区、以南平武夷岩茶为核心的闽北乌龙茶区、以宁德福鼎为核心的闽东北白（红）茶区，涌现出"八马茶业""日春""华祥苑""天福""武夷星""正山堂""品品香""春伦"等大批耳熟能详的著名企业品牌。"安溪铁观音""武夷岩茶""福鼎白茶"成为驰名中外的福建三大区域公用品牌，其中"安溪铁观音""武夷岩茶"被国家农业农村部评为中国茶叶十大区域公用品牌。此外，福建省有 34 个茶叶品牌获中国驰名商标。

作为中国茶业第一大县，目前，安溪县茶园面积 60 万亩，产量 6.5 万吨。2012 年，安溪涉茶总产值首次突破 100 亿元，达到 101 亿元，安溪县成为全国首个茶产业链产值突破百亿元大关的产茶县①。截至 2018 年，安溪涉茶总产值 175 亿元，连续 10 年稳居全国重点产茶县第一的宝座。2019 年，安溪涉茶总产值增至 191 亿元，继续领跑全国。除了安溪涉茶，"安溪铁观音"持续多年位居中国区域品牌

---

① 《茶总产量将突破百亿元 资本市场或将现安溪板块》，中国经济网，http://www.ce.cn/cysc/sp/info/201211/26/t20121126_ 21290916.shtml，2012 年 11 月 26 日。

价值茶叶类第一,安溪铁观音文化系统入选全球重要农业文化遗产预备名单,茶叶出口连续14年通过输入国官方检测。

武夷岩茶,不仅是武夷山的名片,也是福建省的名片。2006年,武夷岩茶(大红袍)传统制作技艺被列入首批国家级非物质文化遗产,2010年"武夷山大红袍"被认定为中国驰名商标。在2019年中国品牌价值评价信息发布会暨中国品牌建设高峰论坛上,"武夷岩茶"再次上榜,在地理标志产品区域品牌前110榜单上居第5位,品牌价值居全国茶叶类第2位。2019年,武夷山现有茶园面积14.8万亩,武夷山干毛茶产量达20782吨,同比增长6.7%。武夷山市政府在2020年政府工作报告中提出,力争在2020年茶产业全产业链产值达110亿元,毛茶产值达23亿元。①

福鼎是全国十大产茶县(市)之一,"福鼎白茶"连续11年进入"中国茶叶区域公用品牌价值十强"。据数据统计,2019年,福鼎全市茶园可采摘面积约30万亩,实现茶叶总产量2.92万吨,其中白茶产量2.33万吨,涉茶总产值106.5亿元,全市农民人均可支配收入的一半以上来自茶叶。②

福建茶叶产业化水平居全国前列。2018年,福建茶叶全产业链产值达1035亿元,规模居全国首位,福建也是全国唯一茶产值过千亿元的省份。2019年,福建省茶园面积329万亩,毛茶产量44万吨,毛茶产值235亿元,茶叶全产业链值近1200亿元,均居全国第一。茶产业作为福建的农业特色产业,近年来已形成集生产、加工、销售、旅游、教育、茶文化传播等于一体的完整的产业链。培育壮大龙头企业、打响绿色品牌,促进了现代农业发展,使茶产业成为

---

① 《(福建省)2020年武夷山市人民政府工作报告(全文)》,县情资料网,http://www.ahmhxc.com/gongzuobaogao/17523_4.html,2020年2月9日。
② 《福鼎:茶香氤氲暖大地》,人民网,http://fj.people.com.cn/n2/2020/0318/c181466-33884334.html,2020年3月18日。

福建茶区经济崛起和茶农致富奔小康的有效途径，也是福建省农村经济社会发展的有力支撑。[1]

数据显示，福建省已有茶叶类农业产业化国家重点龙头企业13家、省级重点龙头企业155家，约占省级以上龙头企业总数的20%。此外，生态茶园面积占全省茶园面积80%以上。福建省农业农村厅数据显示，2019年福建省茶叶全产业链产值近1200亿元（见表2），茶叶产量、单产、茶树良种推广率、全产业链产值、出口额增速等五项指标均居全国第一。[2]

表2 2017~2019年福建茶叶总体生产状况

年份	茶园面积（万亩）	茶叶产量（万吨）	全链年营业收入（亿元）
2017	310.7	45.20	937
2018	310.8	41.83	1035
2019	327.8	43.99	1200

资料来源：福建省政府网站。

七 福建食品产业硬件建设状况

伴随社会经济文化的不断进步，消费者对食品的要求也越来越严格：从单纯的吃饱，到吃好；从美味、安全，到生态健康。而福建在这一方面具有独特的优势，不同县市区甚至不同乡镇，都有独具地区特色、市场影响力独特的特产。例如，"闽西八大干"中的长汀豆腐

---

[1] 《茶叶成福建富民产业　助力茶农致富奔小康》，搜狐网，https：//www.sohu.com/a/402524637_120585796?_trans_=000014_bdss_dkmwzacjP3p：CP=，2020年6月17日。

[2] 《福建2019年茶产业五项指标均居全国第一》，人民网，http：//fj.people.com.cn/n2/2020/0609/c181466-34074178.html，2020年6月9日。

干、连城地瓜干、武平猪胆干、上杭萝卜干、永定菜干、明溪肉脯干、宁化老鼠干、清流笋干；沿海一带的闽东大黄鱼、连江海带、霞浦紫菜、平潭对虾、东山鲍鱼、云霄枇杷，等等。

遍布城乡的特产，为福建食品行业快速发展提供了源源不断的资源支撑。例如，漳州平和县以"一粒蜜柚"为核心，打造出一条独特的生态食品产业链，蜜柚延伸产业产值超过100亿元。[①] 南平市推广的以沼气为纽带的"猪—沼—果（稻、菜、菌、烟、竹）"生态循环农业发展模式，实现了"资源—产品—废弃物—再生资源"的生物质多层次循环利用，广受赞誉。

有一个常用的成语，叫"筑巢引凤"。对于福建食品行业来说，其实已经建造了很多"巢"，也培育、引进了大量的"凤"。"软件"方面，福建省各级政府出台了大量的扶持政策；"硬件"方面，在福建食品行业快速发展过程中，合理规划建设各种开发区、工业区、集中区。

而且，不同地区、工业区之间，发展侧重点也略有不同。如闽南黄金三角区厦门、漳州、泉州等地，依靠沿海区位、创新能力，以及电商优势重点发展休闲食品。而古田县、平和县、连城县、建宁县、永春县、建瓯市、武夷山等地区，则依托生态资源优势发展山区资源型食品工业。福州、莆田、厦门、泉州、漳州、宁德等地发挥临海临港优势，发展水产品加工、食用油加工、主粮加工、罐头制造、啤酒酿造等临港食品工业等。又如，在农副产品精深加工领域，福建已经形成闽东南果蔬加工、沿海食用植物油加工、闽西北笋竹加工、闽西北畜禽产品加工、闽北乳品加工等多个产业集群。这些产业集群，大多数是依托于各个工业区、集中区发展起来的。再如，厦门市同安轻

---

① 《福建省平和县琯溪蜜柚产业发展》，搜狐网，https://www.sohu.com/a/309604938_525455，2019年4月22日。

工食品工业区,有厦门中盛粮油集团有限公司、厦门银祥集团、厦门娃哈哈食品有限公司、帝门食品(厦门公司)、向阳坊食品有限公司等食品行业名企;晋江市食品产业园,有晋江福源公司、嘉士柏(福建)食品工业有限公司、福建好彩头食品有限公司、南星海水产食品有限公司、福派园食品股份有限公司等食品行业名企。

从福建省发改委发布的《建设现代产业体系培育千亿产业集群推进计划》(2018~2020年)可以发现,漳州食品名城、南安官桥中国粮食城、光泽中国生态食品城、湄洲湾北岸东吴食品工业集中区、兴化湾南岸(涵江)食品产业园、太湖工业集中区、三明市三元荆东工业集中区等多个产业集中区,服务于紫山集团、福海粮油公司、圣农集团、厦门银祥集团、福建正大集团有限公司、长富公司等大批农副产品精深加工企业,并为大量配套中小企业提供了广阔的利用空间。一系列产业集中区,重点打造覆盖肉制品、乳制品、笋竹、食用菌、食用植物油、果蔬坚果等产品的完备的产业链条,为福建农副产品精深加工快速发展带来巨大的产业联动效应。同样,依托福建独特的气候环境、自然资源、区位优势、品牌资源以及产业集聚、利好政策等,福建食品工业在福建省产业结构中占有重要地位。省内各地立足资源优势,因地制宜大力发展符合各地情况的特色食品工业,取得了丰硕成果。

据福建省发改委规划,依托福清元洪国际食品产业园区、连江经济开发区、东山经济开发区、诏安水产品加工区、宁德福鼎工业园区、东吴临港产业园、兴化湾南岸食品园等食品加工产业园区,有目的、有规划地重点引进、培育、拓展、壮大水产品精深加工、冷链物流等项目,并通过完善养殖、加工、冷链仓储等上下游产业链,进一步促进产业发展,并为海欣食品公司、海壹食品饮料有限公司、海之星集团等重点企业、农业产业化龙头企业提供充裕的发展空间。例如,元洪国际食品产业园区,着力打造食品储运、加工、展示、体

验、交易、结算全产业生态链和"一条鱼、一块肉、一粒果、一袋米、一桶油"大宗食材供应链,设立了"水产品冷链物流园""食品冷链物流园""食品加工物流园"等专业内园区,吸引了元洪面粉食品(福建)有限公司、福建红冠面粉工业有限公司、康宏油脂、福建万佳油脂工业有限公司、福州集佳油脂有限公司、福建丰大实业有限公司、胜田(福清)食品有限公司、福建御冠食品股份有限公司等大量品牌企业入驻。①

一系列专业或者综合园区分布在各地市,为福建食品行业发展带来现实载体。在硬件建设与软件建设上,福建省食品行业都处于比较好的状态,而伴随经济发展与社会进步,福建优质的环境将为福建食品行业提供强大的资源与动力。此外,渠道建设、品牌塑造,将是福建食品行业提升市场影响力的另一个方面。在这个方面,福建食品行业也在有序发展,大量优秀的食品品牌持续性成长起来,包括"达利""春伦""紫山""盼盼",等等。

八 福建食品工业发展趋势、存在问题及建议

福建食品工业从改革开放初期的家庭小作坊起步,到 2019 年已经形成一个数千亿元的产业,年营业收入规模超过 6000 亿元。这个转变是多种因素共同促成的。首先是福建各级党委、政府出台的一系列政策,其次是福建本身多样化的生物资源、在环境保护上的得力措施以及福建人敢打敢拼的创业精神。当然,福建诸多"凤巢"的作用不可忽视,在它们的推动下,行业发展更加规范、产业集聚更加集中、企业发展联动态势更加明显,整个行业逐步向万亿元规模的方向

---

① 《元洪国际食品产业园简介》,福清市人民政府官网,http://www.fuqing.gov.cn/xjwz/ztzl/mlyh/qyfc/202008/t20200810_3414405.htm,2020 年 8 月 10 日。

前进。

在经济全球化带来的供应全球化、市场全球化、竞争全球化的新格局下，福建食品工业需要对未来有更清晰的战略思考，产业面临进一步升级换代的机会。因此，福建食品产业要从绿色供应链的源头开始，走生态发展、科技发展、品牌发展之路，通过更加精细的科学管理、更加系统的资本运作、更加前沿的科技研发，为人类提供更加环保、健康、安全、美味、美观的现代食品。

附 录
Appendix

B.10
2019年闽商大事记

闽商上市企业大事

1月3日,兴证国际金融集团(以下简称兴证国际)正式在港交所主板上市(上市证券代码为6058.HK)。兴证国际作为兴业证券股份有限公司(以下简称兴业证券)的子公司,是福建省金融企业第一家、中资在港券商第五家上市公司。

5月17日,总部位于厦门的瑞幸咖啡在美国纳斯达克成功上市。此次瑞幸咖啡发行价定在17美元/股,总共募集资金6.9515亿美元,市值达42.53亿美元,这是今年以来在纳斯达克IPO融资规模最大的亚洲公司。

6月11日,上交所科创板股票上市委员会召开相关会议,审核同意福建福光股份有限公司(以下简称福光股份)发行上市。7月1

日福光股份 IPO 注册获通过，7 月 22 日正式上市，福光股份成为全国第四家、福建省第一家通过科创板上市委审核的企业。

7 月 12 日，证监会预披露了益海嘉里集团的招股说明书。招股书显示，益海嘉里集团计划发行不超过 5.42 亿股，预计募资总额约 138.7 亿元。益海嘉里集团是爱国华侨郭鹤年和他的侄子郭孔丰共同执掌的新加坡丰益国际集团在大陆投资的一系列农业和粮油加工贸易业的统称，旗下主要有"金龙鱼"等知名品牌。

8 月 22 日，厦门松霖科技股份有限公司（以下简称松霖科技）发布首次公开发行 A 股股票上市的公告。公司股票将于 2019 年 8 月 26 日在上海证券交易所上市，股票代码为"603992"，本次的发行价格为 13.54 元/股，首次公开发行总股数为 4100 万股，公开发行后的总股本为 40100.9858 万股。公开资料显示，公司主要业务包括花洒、淋浴系统、龙头、软管、升降杆及零配件等卫浴配件产品的研发、生产和销售。

9 月 5 日，瑞达期货股份有限公司（以下简称瑞达期货）在深圳证券交易所中小企业板上市，发行价格 5.57 元/股，发行市盈率为 22.98 倍。瑞达期货总部位于厦门，主营金融期货经纪、商品期货经纪、期货投资咨询、资产管理等业务。

9 月 6 日，象兴国际控股有限公司（以下简称象兴国际公司）（股份代码：1732HK）成功在香港联合交易所转主板上市。转主板上市是象兴国际公司自 2017 年 7 月 7 日在香港联合交易所 GEM 板上市后又一个重大里程碑，标志公司未来发展迈上一个新台阶。

10 月 10 日，科创板上市委举行第 29 次审议会议，三达膜环境技术股份有限公司通过科创板上市审核，成为今年科创板过会的第 62 家企业。三达膜环境技术股份有限公司位于厦门市，以膜技术应用和水务投资运营为主营业务。

11 月 5 日，上海美迪西生物医药股份有限公司（以下简称美迪

闽商蓝皮书

西医药）正式在科创板上市交易，这是科创板首家上市的生物医药临床前综合研发服务 CRO（药物研发外包服务公司）。美迪西医药是由"莆田系四大家族"之一的"陈氏家族"直接或间接持有的公司，专注于临床前的药代动力学和安全评价研究。

11月21日，龙岩卓越新能源股份有限公司（股票简称：卓越新能，股票代码：688196）在上海证券交易所科创板成功上市。

12月30日，宝龙地产控股有限公司子公司宝龙商业管理控股有限公司正式在香港联合交易所主板挂牌交易。

闽商国内收购、投资大事

1月23日，美团联合创始人、高级副总裁王慧文发布内部信，宣布摩拜单车已全面接入美团 App，摩拜单车将作为美团 LBS 平台单车事业部运营，但未来"摩拜单车"品牌将更名为"美团单车"，美团 App 也将成为其国内唯一入口。

2月20日，美图公司发布公告称，其将收购乐游科技控股有限公司（以下简称乐游科技公司）子公司 Dreamscape Horizon31% 的股份，交易金额为 26.87 亿港元。乐游科技公司是一家在香港上市的游戏公司，在全球范围内发行多款多人在线免费游戏。对收购原因，美图解释说是为了扩大公司的业务线，以及实现收入来源在地理分布上的多元化。

3月8日，华映科技（集团）股份有限公司公布，为推进其全资子公司福建华佳彩有限公司（以下简称华佳彩公司）高新技术面板项目，进而推动福建省"增芯强屏"战略的实施，福建省海丝纾困股权投资合伙企业（有限合伙）拟对华佳彩公司增资人民币6亿元。

3月18日，工商资料显示，北京字节跳动科技有限公司（以下简称字节跳动）收购游戏公司上海墨鹍数码科技有限公司（以下简称上海墨鹃），该公司在此前为A股上市游戏公司三七互娱网络科技股份有限公司（以下简称三七互娱）的子公司，此次股权变更后，三七互娱完全退出上海墨鹃，由字节跳动正式"接管"，法定代表人变更为今日头条的高级副总裁张利东。此前上海墨鹃上线过《全民无双》《决胜武林》等游戏作品。

3月29日，永辉超市书面通知中百集团，其拟通过要约收购的方式将其直接和间接合计持有的中百集团股份比例从目前29.86%提高至最多不超过40%，要约价格设定为8.1元/股，较现价溢价不少，这也直接导致了3月29日当天永辉超市股价涨停。而此次要约收购涉及所需最高资金总额5.59亿元，悉数来自永辉超市自有及自筹资金。

4月4日，明发集团（国际）有限公司（以下简称明发集团）发布公告称就出售全资子公司东胜有限公司51%股权予世茂房地产已达成协议，代价为27.92亿元。收购完成后，世茂房地产须就发展项目地块与明发集团及明发南京合作。据悉，该项目位于安徽省马鞍山市和县乌江镇四联片区，预计开发项目包括住宅及商业物业。

4月14日，美图公司发布公告宣称手机业务将移交给小米。此前美图公司财报披露，将于2019年年中关闭美图手机业务，并已于2018年把美图手机品牌与业务授权于小米。美图手机发告别信表示，此前售出的美图手机的售后服务还将由美图公司继续负责，用户不必过于担心。

4月22日，新希望乳业股份有限公司发布公告称，公司与叶松景签署了《"福州澳牛"投资框架协议》，后者承诺将福州健氏食品有限公司及其"福州澳牛"品牌相关的经营性资产和业务分别注入新成立的牧业公司及乳业公司，公司将收购新公司55%的股权。

5月1日，新盛洲植物油有限公司的"盛洲"食用油开始正式销售。早在3月下旬，原银鹭食品集团董事长陈清渊就已通过资产购买和品牌受让的形式对"盛洲"品牌进行重整，保留了原"盛洲"等系列品牌，此项交易作价4.2亿元人民币。

6月6日，上海网宿科技股份有限公司发布公告称公司前两大股东陈宝珍、刘成彦与广西投资集团有限公司（以下简称广投集团）签署了《股份转让框架协议》，广投集团拟以35亿元溢价接盘12%股权，成为公司第一大股东，并可能获得控制权。成立于2000年1月的网宿科技，主要业务是向客户提供全球范围内的内容分发与加速（CDN）服务、互联网数据中心（IDC）服务及云服务整体解决方案。这家公司于2009年10月正式登陆创业板。

6月6日，今日虎扑（上海）文化传播股份有限公司（以下简称虎扑）官方表示，公司获Pre-IPO轮12.6亿元融资，投资方是字节跳动，这是虎扑自2004年成立以来获得的最大一笔融资。融资交易完成后，字节跳动持股比例为30%，跃升为虎扑的第二大股东。

6月12日，阳光城集团股份有限公司（以下简称阳光城集团）发布公告称，阳光城集团的全资子公司拟以12.85亿元收购上置集团及上海亚罗合计持有的辽宁高校后勤集团房地产开发有限公司100%股权和对标的公司的应收债权。

7月4日，福建东百集团股份有限公司全资子公司西藏信茂企业管理有限公司，拟以3.34亿元收购福建华威集团有限公司持有的福建华威物流供应链有限公司100%股权。

7月16日，新华都购物广场股份有限公司（以下简称新华都公司）与福州新界餐饮管理有限公司（以下简称新界餐饮公司）签订股权转让协议，新华都公司将持有的福建新华都海物会投资有限公司（以下简称海物会公司）51%的股权转让给新界餐饮公司，新华都公司不再直接持有标的公司（即海物会公司）任何股权。本次交易股权转让价格为1元，预计产生损失577万元。

7月16日，泰禾集团发布公告称，公司全资子公司福州泰禾运成置业有限公司拟以承接债务和支付现金相结合的方式，作价5.65

亿元、1.29 亿元受让野风集团持有的野风乐多 49% 股权、杭州多乐 24.5% 股权，交易总价 6.94 亿元。交易后，野风乐多、杭州多乐将成为公司全资子公司。

7月17日，中闽能源股份有限公司披露重大资产重组草案，公司拟向控股股东福建省投资开发集团有限责任公司发行股份和可转债，购买中闽海电 100% 股权，交易价 25.39 亿元，同时公司拟配套募资不超 5.6 亿元。交易完成后，公司业务范围将增加海上风力发电项目的投资建设、运营及管理。

7月29日，北京宝沃汽车有限公司（以下简称宝沃汽车）董事长正式变更为陆正耀，宝沃汽车法人也已从王百因变更为神州优车股份有限公司（以下简称神州优车）CFO 陈良芸。今年 3 月，神州优车以 41 亿元价格从长盛兴业（厦门）企业管理咨询有限公司获转宝沃汽车 67% 股权，成为宝沃汽车直接控股方，宝沃汽车也成为神州优车和北汽福田汽车股份有限公司的合资公司。

8月8日，片仔癀药业发布公告称，公司最终以约 1.66 亿元的转让底价接手，实现对华润片仔癀药业的控股。华润片仔癀成立于 2012 年 7 月 6 日，由华润医药与片仔癀药业共同成立。双方合作七年后，最终以华润医药出售华润片仔癀药业 51% 股权宣告结束。

8月14日，字节跳动通过北京量子跃动科技有限公司持股 22.22% 成为互动百科最大股东。8 月 27 日，字节跳动又通过新注册公司北京互动极致科技有限公司收购了剩余 77.78% 的股份。字节跳动已经完成了对互动百科的完全收购。

8月16日，泰禾集团公告称，其全资子公司已转让湖南浔龙河泰维置业有限公司 80% 股权，交易总对价款为 2.64 亿元，转让价为 1.42 亿元，同时湖南浔龙河投资控股有限公司承接原股东借款 1.22 亿元，交易总对价款为 2.64 亿元。交易完成后，该全资子公司不再持有浔龙河泰维置业股权，本次交易预计增加公司合并报表归属于上

市公司股东的净利润约 329.57 万元。

9月18日，泰禾集团连发公告称，将再度出让杭州蒋村、佛山院子两项目股权与"老搭档"世茂房地产，同时增发1亿美元票据，票面年息11.25%。

9月28日，泰禾集团公告，公司全资子公司福州泰禾房地产开发有限公司（以下简称福州泰禾）与上海世茂股份有限公司控股子公司南京世茂新发展置业有限公司（以下简称南京世茂新发展）签署《泰禾青云小镇项目股权转让协议》，福州泰禾向南京世茂新发展转让福州泰盛置业有限公司（以下简称福州泰盛）50%股权，股权对价为5.97亿元。交易完成后，福州泰禾仅持有福州泰盛2.50%的股权。但福州泰禾将继续与各方股东合作开发青云小镇项目。

10月27日，美年健康发布公告，拟向阿里巴巴集团、蚂蚁金服集团和云锋基金转让美年健康股份604884840股，约占美年健康总股本的16.16%。其中，阿里巴巴及其关联方将受让约10.82%美年健康股份，交易完成后将成为美年健康的第二大股东。

11月11日，三安光电披露非公开发行A股股票预案，拟募集资金总额为不超过70亿元，其中，先导高芯拟认购金额为50亿元，格力电器拟认购金额为20亿元。

11月22日，由王兴持有95%股份的上海三快科技有限公司新增对外投资，成立深圳百寿健康信息技术有限公司，注册资本100万元，法定代表人为曾伟，经营范围除技术开发、经济贸易咨询外，还包含"二类、三类医疗器械的销售"。

11月26日，美图公司发布公告称完成收购 DAJIE NET INVESTMENT HOLDINGS LTD. 约57.09%实际股权。

12月16日，永辉超市发布公告称因国家发改委要求，永辉超市与武汉国有资产经营有限公司，就中百集团实际控制人、经营管理等方面达成共识，并签订合作备忘录。作为合作备忘录的一部分，永辉超市取消要约收购中百集团股权计划,维持目前29.86%持股比例,并作为中百集团第二大股东的现状。

12月26日,生鲜快送服务提供商朴朴超市宣布于2019年10月获得1亿美元B2轮融资,目前已到账3000万美元。朴朴超市计划于2020年3月进军广州,该轮资金将重点用于华南区域的网点建设、供应链搭建等相关事项。

12月31日,美团点评产业基金龙珠资本独家投资生鲜零售连锁品牌"肉联帮"。

闽商跨国并购、合作大事

1月16日,福耀集团发布公告称为了配套公司集成化产品,提升产品附加值,同时进一步扩大公司汽车饰件规模,拓展汽车配件领域,该公司全资子公司福耀欧洲与SAM的破产管理人Dr Holger Leichtle签订协议,购买SAM的资产,包括设备、材料、产成品、在产品、工装器具等,购买资产内容以双方协商确定为准,资产购买价格为5882.76万欧元。本次购买资产完成后,福耀欧洲将对其进行升级改造。

2月6日,由恒安集团、中国中运集团及俄罗斯东方投资公司合作运营的"恒安(东方)卫生用品有限责任公司"在俄罗斯伏尔加格勒州注册成功,这也标志着恒安集团正式进军俄罗斯市场。

2月13日,全球食品饮料巨头雀巢有限公司(以下简称雀巢)在对收购全时便利店的传闻进行辟谣时,意外曝出已全资收购银鹭食品集团的消息。在"企查查"上面"银鹭食品"的资料显示雀巢的持股比例为100%。

2月18日,九牧王服装公司发布公告称,九牧王服装公司与Kitsune France已于2月15日签署《股东合作协议》,拟共同投资设

闽商蓝皮书

立合资公司——小狐狸（中国）有限公司（具体名称以工商部门登记为准）。公告显示，九牧王服装公司将与 Kitsune France 共同投资设立合资公司，在中国内地、中国香港及中国澳门开展"Maison Kitsune"品牌及"Kitsune"品牌服装、配饰、箱包、化妆品和香水产品的经营业务。其中，九牧王服装公司拟以现金形式出资 7650 万元，持有合资公司 50% 股权。

3月4日，特步发布公告称，Xtep Holdco 特步控股有限公司、特步国际（港股 01368）控股有限公司直接全资附属公司与合资伙伴 Gemini Operations B. V.、Wolverine World Wide，Inc. 全资附属公司订立若干成立合资公司协议，将成立合资公司。公告显示，成立的合资公司将于中国内地、中国香港及澳门开展 Merrell（迈乐）及 Saucony（圣康尼）品牌旗下鞋履、服装及配饰的开发、营销及分销。Xtep Holdco 及合资伙伴各自向合资公司支付的协定初始资金约为 1.55 亿元。

2月27日，东南亚用餐预定平台 Chope 宣布与美团点评建立合作伙伴关系。合作确立后，Chope 将接入美团点评 App，中国用户即可通过美团预定 Chope 旗下近 4000 家餐厅，覆盖地区包括新加坡、中国香港、北京、上海、巴厘、雅加达、曼谷和普吉岛八个地区。据了解，本次合作也是美团点评与东南亚地区餐饮类商家的首次合作。Chope 创立于 2011 年，总部位于新加坡，是东南亚最大的线上用餐预定平台之一，服务用户已超 3500 万名。

3月12日，由安踏集团、方源资本、Anamered Investments 及腾讯组成的投资者财团已成功完成自愿性建议现金收购亚玛芬体育公司（以下简称亚玛芬体育）所有已发行及发行在外的股份的公开要约。根据最终收购要约结果，接受要约收购的股份约占亚玛芬体育所有股份及投票权的 94.98%（不包括亚玛芬体育或其他子公司持有的股份）。

4月1日，九牧王服装公司发布公告称，全资子公司九牧王零售拟作为有限合伙人与作为普通合伙人的 Sky Wonderland Limited 及相关担保方签署了《认购协议》，双方拟共同在英属维尔京群岛登记注册一家有限合伙企业。九牧王零售拟出资 2000 万美元，认购合伙企业 A 类有限合伙人份额。

5月2日，特步宣布以现金2.6亿美元（约人民币17.5亿元），向韩国时装及零售集团衣恋集团（E‐Land），收购旗下 E‐Land Footwear USA 的全部股份，该公司拥有美国运动鞋履品牌"K‐Swiss"、法国军靴品牌"Palladium"及"Supra"等品牌，预计今年7月底完成交易。

9月18日，宁德时代公司与戴姆勒卡客车公司签订全球动力电池采购协议，前者为后者旗下电动系列卡车提供可靠锂电动力。根据协议，戴姆勒卡客车公司自2021年开始推出的多个卡车系列，都将由宁德时代公司提供动力电池，包括梅赛德斯‐奔驰 eActros，Freightliner eCascadia 和 Freightliner eM2。

11月12日，紫金矿业发布公告拟以3.41元/股的价格启动总额80亿元的 A 股公开增发。此次增发募集资金将全部用于收购 Nevsun Resources Ltd. 100% 股权项目。

11月12日，安踏体育公布旗下附属安踏 SPV 向超鸿、晋富、红杉 SPV 及 ZWC 间接出售芬兰运动品牌 Amer Sports 约 5.0012% 权益，出售代价以现金总代价约 1.33 亿欧元。同时，安踏 SPV 以 670 万欧元向 FountainVest SPV 间接出售 Amer Sports 约 0.2505% 权益。

企业合作、升级

1月7日，百度与利郎中国达成品牌战略合作。据悉，利郎中国正式上线百度 MAX 品专、品牌信息流广告、AR 互动等产品。依托百度 AI 全景品牌营销矩阵，大流量曝光与精准定位相结合，更好助力利郎完成品牌年轻化转型。

1月18日，福建省盐业集团有限责任公司（以下简称福盐集团）与永辉富平云商供应链管理有限公司（以下简称永辉云商）举行战略合作签约仪式。通过此次合作，永辉超市对福盐集团旗下"闽盐"产品进行定制化包装，并通过永辉云商平台供应和销售，双方携手打造福建海盐高端品牌，将品质产品推向全国。

1月28日，泰禾集团与中国建设银行福建分行（以下简称建行福建分行）签署战略合作协议，建行福建分行将为泰禾集团及其成员单位制订综合融资方案，融资总金额100亿元人民币。根据协议，建行福建分行将配合泰禾集团的发展战略和经营需要，协助泰禾集团确定合理的融资规模、结构和融资方式，为泰禾集团提供多产品、全方位的融资支持。

2月25日，宁德时代公司与北汽新能源、北京普莱德签署了战略合作协议，明确了未来5年三方的业务合作。在这三方的合作中，宁德时代公司与北汽新能源将成立联合研发团队，在新型动力电池包方面开展深入合作，量产阶段由普莱德负责该新型动力电池包的生产。

4月17日，宁德时代公司与华为在上海签订合作协议。双方将展开深度合作，实现优势互补、合作共赢，迎接智能化发展新机遇，推进汽车行业向电动化与智能化转型升级。

4月19日，抖音与安乐影片、万达影视、光线影业、阿里影业、新丽电影、英皇电影6家影视公司达成战略合作，共同推出"视界计划"。未来抖音与影视公司将共同通过双屏联动、品牌蓄势、宣发资源合作、音乐推广四个方面加强合作。

4月25日，匹克全球新材料创新中心将与西安理工大学合作，创建匹克第五个全球新材料创新研发中心，落户西安浐灞生态区。匹克全球新材料创新中心将以西安匹克玄铠新材料有限公司为主体，积极研发态极的相关产品，逐步推出升级版跑步鞋、健步鞋、篮球鞋、拖鞋等产品。同时，除运动防护产品的开发外，公司还将在军警航天航空、手持设备保护、新能源汽车、热塑性弹性体、建筑密封胶等领域进行研发、应用。

4月26日，美团官方发布消息称美团打车已经在上海、南京两地上线"聚合模式"。新模式侧重提升用户体验，不会涉及大额补贴。首汽约车、曹操出行、神州专车等主流出行服务商都接入了该模式，上海、南京两地美团用户可以登陆美团App一键呼叫多个不同平台的车辆，享受到不同品类的打车服务。

5月5日，由福建省电子信息集团主办的数字福建产业生态合作伙伴专场签约会在福州长乐滨海新城数字福建云计算中心举行。该集团与近40家单位签订合作协议，涉及投资金额约40亿元，以加快数字经济产业布局，共建数字产业生态，实现数字经济高质量发展。

5月29日，阳光城集团发布公告称，其与佳兆业集团有限公司（以下简称佳兆业集团）拟签署战略合作框架协议，双方共同成立投资公司，并将按照同等比例对项目进行投入，公司的总投入金额不超过45亿元。阳光城集团表示，鉴于佳兆业集团及其关联方在粤港澳大湾区及其周边区域深耕多年，具有良好的当地口碑及资源，双方共同成立项目公司拟积极推进在粤港澳大湾区及周边区域房地产开发领域范围内的合作。

6月15日，由永辉超市、屈臣氏集团和腾讯三方联合投资的"百佳永辉Bravo"超市首家门店在广州花都区开业。

7月29日，厦门移动、厦门远海码头集装箱有限公司在海沧港区签署战略合作协议，并发布厦门首个智慧港口5G应用。立足合作框架，双方构建起全球第一个5G信号全覆盖码头港口，实现了下行超过800Mbps，上行超过60Mbps的预期效果，为现有生产作业、办公运营、仓储物流、对外服务等场所提供了优质的无线通信服务。

8月19日，永辉超市发布公告称公司拟与第四范式设立合资子

公司，拟定公司名称为范式零售云（北京）科技有限公司（具体以工商登记为准）。其中，永辉超市与第四范式分别出资4000万元，所持股份均为40%。合资子公司将经营以人工智能为核心引擎的零售科技赋能平台业务，为零售生态的数字化和智能化转型提供产品、解决方案和服务。

9月26日，美图公司与华为签订战略合作协议，未来5年双方将围绕互联网创新应用、To B 行业解决方案、海外业务等方面进行深度的战略合作。目前，美图公司已经基于自身在视频、图像上的AI能力推出了AI开放平台。在此基础上，双方将共同推动把美图AI开放平台的能力接入华为云，结合华为在AI基础平台能力和垂直行业解决方案的优势，共同拓展优质客户、开展品牌营销活动。

11月22日，宝马汽车宣布，将与宁德时代公司在2018年签署的价值40亿欧元锂电池订单增加到73亿欧元（约合人民币569.01亿元），合同供货时间为2020年至2031年。宝马与三星SDI签署了价值29亿欧元（约合人民币226.05亿元）的电池供应合同，供货时间为2021年到2031年。

2019年11月25日，福建漳州发展股份有限公司发布公告称，公司全资子公司漳州发展地产集团有限公司与福建兆和房地产有限公司注册成立合资公司福建兆发房地产有限公司，合作开发漳州市自然资源局挂牌出让的2019P12地块。合资公司注册资本8亿元，其中漳州发展地产集团有限公司出资2.4亿元，持有30%股权，福建兆和房地产有限公司出资5.6亿元，持有70%股权。

闽商财富、品牌榜单

1月1日，克而瑞研究中心发布了《2018年中国房地产企业销售TOP200》，总结了2018年1~12月的房地产企业销售情况。其中，有17家闽籍房企上榜：世茂房地产、阳光城集团、旭辉集团、泰禾集团、正荣集团、融信集团、融侨集团、金辉集团、福晟集团、中骏集团、禹洲集团、宝龙地产、三盛集团、象屿集团、力高地产、明发集团、融汇集团。

1月2日，21数据新闻实验室汇总上海、深圳、香港、纽约等15个交易所上市的上市公司最新市值数据，得出"2018中国上市公司市值500强榜单"。其中，共有14家闽企（含创始人闽籍）上榜，他们分别是：美团、兴业银行股份有限公司（以下简称兴业银行）、宁德时代公司、安踏集团、永辉超市、紫金矿业、达利食品集团、恒安集团、世茂房地产、福耀集团、片仔癀药业、三安光电、兴业证券、信义玻璃。

1月3日，"2018福布斯全球亿万富豪榜华人祖籍地总资产分布TOP10"依次为：泉州1534亿美元、汕头1267亿美元、佛山973亿美元、潮州761亿美元、绍兴629亿美元、杭州606亿美元、宁波515亿美元、（中国）台湾434亿美元、江门409亿美元、福州371亿美元。

1月9日，根据克而瑞发布的销售数据，2018年千亿元房企共有30家，进入千亿元俱乐部的闽系房企有6家，分别是世茂房地产、阳光城集团、旭辉集团、泰禾集团、正荣集团、融信集团。

1月16日，2018"金港股"年度颁奖盛典在深圳举行。共有155家企业获奖，奖项涵盖了金融、医药、TMT、汽车、内房股、大消费、能源及公共事业等行业。其中，泉州籍企业信义玻璃荣获"最具价值汽车及工业制造股公司"称号，特步国际、维珍妮荣获"最具价值大消费及服务股公司"称号，禹洲地产公司荣获"最具价值房地产股公司"称号。

1月22日，英国品牌金融咨询公司（Brand Finance）发布的《2019全球最具品牌价值银行500强榜》（Brand Finance Banking 500

2019）上，东南亚地区共有41家银行上榜，其中至少有13家和闽籍华商有关，占近1/3，包括星展银行（DBS）、大华银行（UOB）、新加坡华侨银行（OCBC）、菲律宾金融银行（BDO）、菲律宾首都银行、菲律宾中华银行（RCBC）、菲律宾China Bank等。它们或者由闽籍华商参与创立，或者已经归闽籍华商家族所有。可以说，闽籍华商深刻影响着东南亚金融业。

2月13日，福布斯中国发布《2019中国最杰出商界女性排行榜》。福建有三位女企业家上榜，包括圣农集团董事长、圣农发展公司总裁傅芬芳；盛屯矿业集团董事、总裁应海珍；新大陆董事长、总经理王晶。其中傅芬芳排第61位、应海珍排第62位、王晶排第77位。

2月17日，中国电子商务研究中心发布了《2018年中国新零售50强榜》。榜单由新零售便利店、无人零售、生鲜新零售、社区新零售、新零售商超、精品电商新零售六大新零售模式构成共50家平台，上榜平台均为各领域的国内领先平台。在生鲜新零售类中，永辉·超级物种和新华都·海物会两家福建企业上榜。

2月22日，美国知名商业杂志*Fast Company*周三发布《2019年全球50家最具创新力企业榜单》，中国公司美团点评首次上榜，并高居首位，取代了去年的冠军苹果。

2月26日，农民日报社发布了《2019农业产业化龙头企业500强榜单》。15家福建企业上榜，分别是：厦门象屿公司、达利食品集团、名城企业管理集团、圣农发展公司、明穗粮油公司、傲农生物科技集团、夏商农产品集团、福建天马科技集团股份有限公司、厦门银祥集团、晋江福源公司、安井食品公司、安溪茶叶批发市场有限公司、福建福鼎海鸥水产食品有限公司、中福海峡（平潭）发展股份有限公司、中绿食品集团。

2月27日，来自67个国家、1931家公司的2470名十亿美元富豪登上《2019胡润全球富豪榜》，5位闽商进入全球百强，分别是祖籍泉州、印尼闽商，排名73的黄惠忠；排名88位，黄惠忠的兄长黄惠祥；香港的郭鹤年；字节跳动创始人张一鸣；许荣茂家族以900亿元的财富，位居闽商第五，全球排名第100位。

2月28日，界面新闻发布"2019界面中国最富1000人"子榜单，有七名闽商进入前100强，包括字节跳动的张一鸣、达利食品集团的许世辉家族、宁德时代公司的曾毓群、世茂集团的许荣茂、比特大陆的詹克团、新华都公司的陈发树以及永辉超市的张轩松。

3月16日，英国品牌评估机构"品牌金融"（Brand Finance）发布《2019中国最有价值的500大品牌》排行榜。前100名中，兴业银行、美团、国泰人寿保险、富邦人寿、安踏集团、永辉超市六家闽籍企业入榜。

3月19日，《2019胡润全球40岁以下白手起家富豪榜》发布，16名中国企业家入选，其中三位来自福建，分别是排名第四的字节跳动创始人张一鸣（950亿元）、排名第十六的美团点评创始人王兴（245亿元）、排名第十九的比特大陆董事长詹克团（185亿元）。

3月19日，由国务院发展研究中心企业研究所、清华大学房地产研究所和中指研究院三家研究机构共同组成的"中国房地产TOP10研究组"发布《2019中国房地产百强企业研究报告》，八家闽企入榜，分别是阳光城集团、世茂房地产、正荣集团、融信集团、泰禾集团、宝龙地产、福晟集团、三盛集团。

3月19日，福布斯发布《2019福布斯马来西亚50富豪榜》，八名闽籍富豪入榜，分别是郭鹤年（第1）、郭令灿（第2）、永春籍李深静（第5）、林国泰（第7）、张晓卿（第21）、永春籍陈志远（第24）、陈志成（第29）、骆坚聪（第45）。

4月1日，《周末澳大利亚人报》发布了首期澳大利亚250富豪榜。世茂集团董事长许荣茂以86.3亿澳元（约412.2亿元人民币）的财富位列第七，是前十榜单中唯一的华裔。

4月15日,《财富》杂志发布了《2019年中国最具影响力的50位商界领袖》榜单,王兴、张一鸣、曹德旺、曾毓群四位闽商上榜。

4月16日,中国领先的品牌评级与品牌顾问机构Chnbrand正式发布"2019年中国品牌力指数"(China Brand Power Index)品牌排名和分析报告,"金龙鱼""达利园""盼盼""心相印""七度空间""七匹狼""劲霸""柒牌""九牧""天福茗茶""福州租车""南孚""永辉生活""今日头条""美团"等闽系品牌上榜。其中,恒安有两个品牌上榜,分别是"心相印"和"七度空间"。

4月27日,《2018年度中国餐饮企业百强和餐饮五百强门店分析报告》发布,八家闽企入榜百强,包括佳客来、豪享来、淳百味、舒友、久号、荣誉酒店、玛格利塔、淳百味。

5月5日,"2019年度全球工程机械制造商50强排行榜"新鲜出炉,龙工、厦工两家闽企上榜。

5月19日,"2019(第六届)中国品牌影响力评价成果发布活动"在北京召开。此次活动上,七匹狼再次荣获"2018中国茄克市场占有率第一品牌"。七匹狼已连续19年在中国茄克市场独占鳌头,被赞誉为"茄克之王"。

5月24日,中国连锁经营协会发布《2018年中国便利店TOP100榜单》,福建2家便利店上榜,它们分别是见福和万嘉,分别位列第13和第26。

5月24日,100强粤港澳大湾区金融科技发展高峰论坛暨第七届"港股100强"颁奖典礼在深圳举行,世茂房地产、恒安集团、福耀集团、紫金矿业等闽企入选。

6月11日,中国印染行业协会六届二次理事扩大会议暨六届二次常务理事会在苏州举行。会上颁发了"2019年度中国印染企业30强"排行榜,福建凤竹纺织科技股份有限公司成为本土唯一上榜企业。

6月28日,中国电子信息行业联合会发布《2019软件和信息技术服务综合竞争力百强企业》榜单。福建省共有6家企业入选,分别是:福州福大自动化科技有限公司、新大陆科技集团有限公司、福建网龙计算机网络信息技术有限公司、厦门信息集团有限公司、厦门吉比特网络技术股份有限公司和厦门市美亚柏科信息股份有限公司。

7月1日,英国《银行家》杂志发布《2019年全球银行1000强》榜单,兴业银行排第23位。

7月4日,中国机械工业联合会、中国汽车工业协会在哈尔滨联合发布《2018年中国机械工业百强、汽车工业三十强企业名单》。福建有两家企业上榜,分别是福耀集团以及厦门金龙汽车集团股份有限公司。

7月10日,财富中文网发布了"2019年《财富》中国500强排行榜"。厦门象屿公司、厦门国贸控股集团有限公司(以下简称厦门国贸集团)、兴业银行、紫金矿业、世茂房地产、永辉超市、美团点评、宁德时代公司、正荣地产公司等27家闽企上榜。

7月11日,《财富》杂志发布《中国上市公司500强榜单》,18家福建企业上榜。其中排名靠前的是来自厦门的三家企业,它们都进入50强行列,分别是排名34位的厦门建发集团有限公司(以下简称厦门建发集团)、排名40位的厦门象屿公司、以及排名47位的厦门国贸集团。

7月11日,《印刷经理人》杂志正式发布了《2019中国印刷包装企业百强排行榜》。福建省16家企业入选,入选数位居全国第一。厦门合兴包装印刷股份有限公司以年销售收入112亿元首次荣登百强榜榜首。从地区看,泉州有6家,厦门有4家,漳州3家,福州2家,莆田1家。

7月15日,中国服装协会发布《2018年中国服装行业百强排行榜》。6家福建企业上榜,分别是排名第34位的九牧王股份有限

公司、排名第45位的石狮市大帝集团有限公司、排名第55位的欣贺股份有限公司、排名第58的特步（中国）有限公司、排名第61位的才子服饰股份有限公司，以及排名第68的淘帝（中国）服饰有限公司。

7月22日，最新"《财富》世界500强排行榜"全球发布，中国上榜企业数量首次超过美国。福建上榜企业数量与去年持平，依旧是5家企业，分别为兴业银行、厦门建发集团、厦门象屿公司、厦门国贸集团、阳光龙净集团。

7月24日，中国品牌价值研究院发布《2019年中国最具价值品牌100强排行榜》，"片仔癀""永辉超市""飞毛腿"三个福建品牌上榜。

7月26日，广州举办的2019中国市场营销国际学术年会暨中国创造展主论坛活动中，《中国企业专利500强榜单》首次发布。福建多家企业上榜，包括福建中烟、厦门三安光电、美亚柏科公司、玉晶光电、福建星网视易、福建联迪、宁德新能源、厦门钨业、新大陆、三棵树、龙净环保、福耀集团、福光股份、浔兴科技、辰鸿科技、星网锐捷、华映华电等二十多家公司。

7月29日，中国化学和物理电源协会根据企业申报数据和上市公司的年报，评定发布了《2018年度中国电池行业百强企业名单》，宁德时代公司、宁德新能源、厦门厦钨新能源材料股份有限公司、飞毛腿集团有限公司、南孚电池、福建闽华电源股份有限公司、福建亚亨动力科技集团有限公司7家闽企入榜。

8月14日，中国互联网协会、工业和信息化部网络安全产业发展中心发布《2019年中国互联网企业100强名单》。福建共有7家上榜，包括：四三九九网络股份有限公司、福建网龙计算机网络信息技术有限公司、美图公司、福建乐游网络科技有限公司、厦门吉比特网络技术股份有限公司、厦门翔通动漫有限公司、厦门美柚信息科技有限公司。

9月1日，中国企业联合会、中国企业家协会公布了《2019中国企业500强榜单》。福建有13家企业上榜，包括兴业银行、厦门建发集团、厦门国贸集团、厦门象屿公司、阳光龙净集团、紫金矿业、福晟集团、永辉超市、福建能源三钢集团、永荣控股、恒申控股、融信（福建）。

9月4日，LinkedIn中国（领英）发布首届《中国25家最具人才吸引力的创新公司排行榜》，字节跳动居首位。

9月5日，福布斯发布《2019福布斯新加坡50富豪榜》。10位闽籍企业家进入榜单，包括祖籍福建莆田的黄志祥和黄志达兄弟、祖籍同安的郭令明、祖籍泉州的黄祖耀、祖籍厦门的邱氏家族、祖籍福州的郭氏家族、祖籍福州的郭孔丰、祖籍莆田的林荣福、祖籍福清的魏成辉、祖籍南安的李氏家族、祖籍泉州的张允中。

9月18日，Facebook联手毕马威（国际知名咨询公司）发布了《中国出海50强领先品牌排行榜》。字节跳动、IGG、美图公司三家闽企，凭着海外主要市场的绝对知名度和影响力，"杀"入50强榜单，分别为第八、第二十二、第三十二名。

9月19日，《财富》杂志发布《2019年中国40位40岁以下商界精英榜单》，现年36岁的字节跳动创始人兼CEO张一鸣位居榜首。

10月10日，胡润研究院发布《2019年胡润百富榜》。上榜闽商中，排名第一的依然是世茂集团的许荣茂家族（居住地香港），拥有财富达950亿元，比去年增长了100亿元，今年排在第20位，较去年下降1位。字节跳动36岁的张一鸣同样以坐拥950亿元财富与许荣茂家族并列成为闽商首富。闽企还有5位新进"黑马"值得大家关注，他们分别是：福光股份何文波、中庚梁秀华、亿联网络周继伟、顶点网络严孟宇家族、睿能科技杨维坚。

10月14日，中国连锁经营协会发布了《2018年中国时尚零售企业百强榜》。榜单显示，福建共有11家企业上榜，包括安踏集团、特步、三六一度、都市丽人、七匹狼、中国利郎、拉夏贝尔、马克华菲、贵人鸟、九牧王、卡宾。其中排名最靠前的闽企是安踏集团，以241亿元的营业收入位列第三。

10月15日，由CCTV主办的《新中国成立70周年品牌盛典》在北京隆重举行，"恒安""安踏""九牧""柒牌""利郎""七匹狼""三棵树""华祥苑""八马""金鹿""青蛙王子""兰迪少儿英语""乔丹""特步""鸿星尔克""金牌厨柜"16家知名闽企品牌入选"70年70品牌"。

10月16日，胡润研究院发布《2019胡润女企业家榜》，这是胡润研究院连续第十四次发布"胡润女企业家榜"前50名。有2位泉州籍女企业家（族）上榜，达利食品集团陈丽玲、许阳阳母女以300亿元列榜单第12名，并继续问鼎福建女首富；敏华控股许慧卿与丈夫黄敏利以125亿元列榜单第34名。

10月19日，江西省省会南昌市召开的"2019世界VR产业大会"上颁布了《2019中国VR50强企业榜单》，网龙网络公司成功入选。

10月23日，《财富》杂志发布"2019年《财富》未来50强"，中国16家企业上榜，宁德时代仅次于三家美国信息技术企业，位列全球第4，活力得分3.4分，排名超过阿里、腾讯等互联网科技巨头；永辉超市以1.4分的活力分排第35位。

10月24日，福建省企业与企业家联合会、福建省广播影视集团、福建社会科学院联合在福建漳州隆重发布《2019福建企业100强榜单》。兴业银行股份有限公司、厦门建发集团有限公司、厦门国贸控股集团有限公司、厦门象屿集团有限公司、阳光龙净集团有限公司、国网福建省电力有限公司、青拓集团有限公司、紫金矿业集团股份有限公司、福晟集团有限公司、福建省冶金（控股）有限责任公司位列前10位。

11月11日，2019天猫"双11"成交额破2135亿元。根据天猫提供的数据，截至11日凌晨2点，销售额突破1亿元的品牌达148个，其中包括"安踏集团""斐乐""七匹狼""九牧""匹克""特步""乔丹"等一批福建企业品牌。

11月13日，《哈佛商业评论》发布了《2019年中国百佳CEO》榜单，9位闽企CEO上榜。他们分别是排名第8的许连捷（恒安国际）；排名第18的曹德旺（福耀集团）；排名第22的丁世忠（安踏体育）；排名第31的林腾蛟（阳光城集团）；排名第42的董清世（信义玻璃）；排名第44的高建平（兴业银行）；排名第48的黄其森（泰禾集团）；排名第59的许荣茂（世茂股份）；排名第88的黎立璋（三铜闽光）。

11月19日，福建省工商联发布《2019福建省民营企业百强榜单》。阳光龙净集团以2208.96亿元的营收总额再居榜首，也是福建省2018年营业收入唯一突破2000亿元的民营企业。此外，正荣集团、青拓集团和福晟集团2018年营业收入首次突破千亿元大关，分别位居第二、第三和第四，营业收入分别为1458.00亿元、1103.64亿元和1002.68亿元。

11月27日，以"绝对增长的路径"为主题的"第四届中国家居产业创新峰会"在广州盛大举行。三棵树涂料股份有限公司荣膺"第三届家居生活榜"的"2019影响中国家居生活方式品牌TOP10"大奖。

11月29日，克而瑞地产研究发布了《2019中国房企产品力百强排行榜》，泰禾集团、旭辉集团、世茂房地产、阳光城集团、融侨集团、融信集团、正荣集团、三盛集团、福晟集团、禹洲集团10家闽企上榜。

12月6日，福布斯中文网发布《2019年印尼富豪榜50强》，12位闽籍富豪上榜。他们分别是黄惠忠、黄惠祥，黄氏家族，蔡道平，

林逢生、翁俊民、李文正、吴笙福、林天喜、陈江和、林德祥、林联兴、李川羽。今年榜单的榜首依旧是老面孔，来自印尼针记国际集团公司的黄惠忠、黄惠祥兄弟已占据该榜单冠军11年。

12月12日，胡润研究院携手知识产权与科创云平台汇桔，联合发布《汇桔网·2019胡润品牌榜》，200强最具价值中国品牌上榜。其中，"旭辉""抖音""兴业银行""世茂""阳光城""达利""喜马拉雅""永辉""片仔癀""微医""美团点评"11家闽企品牌上榜。

12月15日，由中央广播电视总台举办的"2019中国品牌强国盛典"活动在北京举行。活动现场发布了《2019中国品牌强国盛典榜样100品牌》，永辉超市、宁德时代公司、福耀集团3家闽企入选。

企业荣誉、奖项

1月15日，第八届中国公益节揭晓了年度人物奖、映像奖、项目奖、集体奖以及单项奖等15个类别的奖项。凭借在企业社会责任的出色实践与贡献，九牧厨卫公司被授予"2018年度责任品牌奖"，九牧厨卫公司董事长林孝发荣获"2018年度公益人物奖"；凭借在助学、扶贫等公益领域的突出贡献，禹洲集团荣获"2018年度公益践行奖"，禹洲集团董事局主席林龙安荣获"2018年度公益人物奖"；凭借在农村公共事业、教育事业、生态环保建设以及慈善事业的贡献，盼盼食品公司荣膺"2018年度责任品牌奖"，盼盼食品公司执行总裁蔡金钗荣膺"2018年度公益人物奖"。

1月21日，福建省工商联发布《2018福建省民营企业100强榜单》。阳光龙净集团以2017年1730亿元的营收领跑福建民营企业，正荣集团有限公司、福晟集团有限公司则分列第二、第三位。

2月14日，"改革开放40年福建机械行业杰出贡献企业家表彰大会"在福州举行。会上表彰了改革开放40年福建机械行业杰出贡献企业家40名、创新贡献企业家40名、历史贡献企业家29名。其中,福耀集团董事长曹德旺、宁德时代新能源科技股份有限公司董事长曾毓群、福建南平太阳电缆股份有限公司董事长李云孝等人获得"改革开放40年福建机械行业40位杰出贡献企业家"殊荣。

2月15日,福建省南安市召开2019年全市工作会议,会上表彰了南安2018年度纳税大户共308家,上榜门槛为纳税额300万元。其中,九牧集团有限公司纳税额为30894万元,排南安市第一名;南安市玖立再生资源有限公司以22120万元的纳税额排名第二;福建南安农村商业银行股份有限公司以18609万元的纳税额排名第三。

5月30日,工信部确定248家企业进入《第一批专精特新"小巨人"企业名单》,福建省10家企业榜上有名,分别是:澳蓝(福建)实业有限公司(植物纤维湿帘材料、蒸发式冷气机)、福建星云电子股份有限公司(锂电池检测系统和自动化组装设备)、福建宏贯路桥防腐科技股份有限公司(高铁桥梁预埋件)、龙合智能装备制造有限公司(物料终端搬运系统及解决方案)、福建侨龙应急装备有限公司(排水抢险车)、信和新材料股份有限公司(工程机械涂料)、福建远翔新材料股份有限公司(纳米二氧化硅)、福建品品香茶业有限公司(白茶)、厦门利德宝电子科技股份有限公司(LED照明用单面铝基印制电路板)、晋大纳米科技(厦门)有限公司(磷酸锆载银抗菌粉、纳米银抗菌溶液)。

7月18日,工信部公布拟入选第四批绿色制造的企业名单。28家福建企业入围本批绿色工厂,分别是福建凤竹纺织科技股份有限公司、福建福光光电科技有限公司、福建厚德节能科技发展有限公司、福建三宝钢铁有限公司、福建三钢闽光股份有限公司、福建申远新材料有限公司、福建省百川资源再生科技股份有限公司、福建省闽发铝业股份有限公司、福建省长汀金龙稀土有限公司、福建圣农发展

（浦城）有限公司、福建圣农食品有限公司、福人集团邵武木业有限公司、福耀玻璃工业集团股份有限公司、福州京东方光电科技有限公司、宁德新能源科技有限公司、三六一度（中国）有限公司、瓮福紫金化工股份有限公司、信泰（福建）科技有限公司、兴业皮革科技股份有限公司、中仑塑业（福建）有限公司、金旸（厦门）新材料科技有限公司、厦门华联电子股份有限公司、厦门金龙联合汽车工业有限公司、厦门强力巨彩光电科技有限公司、厦门松霖科技股份有限公司、厦门正新海燕轮胎有限公司、厦门正新实业有限公司、厦门中坤化学有限公司。

8月29日，第五届全国非公有制经济人士优秀中国特色社会主义事业建设者表彰大会在北京举行，100名非公有制经济人士和新的社会阶层人士获得"优秀建设者"荣誉称号，四位闽商上榜，他们分别是：周少雄，福建七匹狼实业股份有限公司董事长；郑宝佑，福建省金纶高纤股份有限公司董事长；刘渊毅，三明市毅君机械铸造有限公司总经理；郭继光，福建复茂食品有限公司董事长。

10月26日，第10届西湖公共关系论坛暨金旗奖颁奖盛典于杭州举行。安踏集团"茁壮成长公益计划——'爱不止步 点亮未来'公益行"项目从四百余家国内外企业的近千个优秀案例中脱颖而出，荣获2019金旗奖"企业社会责任金奖"。

11月5日，在第三届中国（安溪）家居藤铁工艺文化博览会上，世界手工艺理事会授予安溪县"世界手工艺理事会手工艺城市——藤铁工艺之都"牌匾。

12月3日，工业和信息化部近日公布了《第四批制造业单项冠军企业（产品）名单》，宁德新能源科技有限公司和福建长源纺织有限公司入围第四批单项冠军示范企业，福建联迪商用设备有限公司的智能POS终端、厦门金达威集团股份有限公司的辅酶Q10则入围新一批单项冠军产品。

12月8日，农业农村部等八部门联合印发通知，公布《第六批299家农业产业化国家重点龙头企业名单》。福建共11家企业入选，它们分别是：闽榕茶业有限公司、厦门茶叶进出口有限公司、福建武夷山国家级自然保护区正山茶业有限公司、福建旭禾米业有限公司、福建省海新集团有限公司、立兴集团有限公司、福建和其昌竹业股份有限公司、福建三都澳食品有限公司、宁德市金盛水产有限公司、福建省红太阳精品有限公司、福建阳光生态农业集团有限公司。

12月9日，国家工业和信息化部办公厅公布了《工业产品绿色设计示范企业（第一批）的名单》，包括福建紫金铜业在内的四家有色企业通过验收，成功入选国家绿色设计示范企业。

12月24日，新大陆数字技术股份有限公司、漳州片仔癀药业股份有限公司、厦门市美亚柏科信息股份有限公司、紫金铜业有限公司、宁德时代新能源科技股份有限公司5家企业荣获"2018年度福建省政府质量奖"。

12月31日，国家知识产权局颁布《中国驰名商标名录》，"政和白茶"被认定为中国驰名商标，这是国家市场监管总局新组建以来国家知识产权局新颁布的第一批中国驰名商标名录。

闽商企业公益慈善大事

1月4日，由达利食品集团捐资兴建的泉州市惠安亮亮中学举行开工庆典仪式。在开工仪式上，达利食品集团副总裁许阳阳表示，达利捐资10亿元兴建的亮亮中学对于达利的兴学助教公益事业来说，是一个里程碑式的项目。

1月8日，在晋江内坑镇葛洲村乡贤林聪颖儿子新婚的日子，林聪颖不忘桑梓，不忘回报家乡父老，定向捐赠1000万元建村级养老院，并现场向645户村民发放喜金。

1月17日，国际公益学院、北京师范大学中国公益研究院联合发布《中国捐赠百杰榜（2018）榜单》，有17位闽籍企业家上榜，有5位企业家捐赠额超亿元：黄朝阳捐赠5.0025亿元、黄其森捐赠3.2886亿元、许荣茂捐赠2.13亿元、高榕泉捐1.7亿元、李贤义捐赠1.376亿元；9位福建籍企业家捐赠额超5000万元；中骏集团董事局主席黄朝阳以捐资5.0025亿元成为福建首善。

2月9日，南安市仑苍镇教育发展基金会第三届理事会成立大会在南安市龙泉中学举行，会上各界贤达捐资近6000万元。其中泉舜集团吴泉水先生、吴水林先生捐赠人民币3000万元；香港凯特集团董事长蔡永年先生捐赠人民币1000万元；九牧集团副董事长林四南先生捐赠人民币500万元；武汉华麟科技有限公司董事长郑育田先生捐赠人民币200万元；南安中禧房地产开发有限公司董事长吴信东先生捐赠人民币200万元；北京东方传说文化发展有限公司董事长吴文辉先生捐赠人民币200万元；陕西航天泵阀科技集团有限公司总经理林宗南先生捐赠人民币100万元；中船重工（厦门）海陆智能科技有限公司总经理林章铜先生捐赠人民币100万元。

2月17日，晋江一中举行第二届校董会就职暨捐赠仪式上，校友、各界社会贤达慷慨解囊，捐献善款超9000万元。其中，利郎王冬星先生、王良星先生、王聪星先生共捐赠1500万元；安踏体育丁世忠先生、赖世贤先生共捐赠1000万元；特步丁水波先生、宝龙许健康先生、劲霸洪忠信先生、佘德聪先生、庄紫祥先生、晋江金龙置业有限公司许文帛先生各捐赠500万元。

3月2日，黄廷方慈善基金捐资故宫博物院签约仪式在故宫博物院举行。据透露，此次捐赠金额达1亿元。黄廷方慈善基金此次对故宫博物院的捐资，将用于延禧宫区域建筑的研究性保护和修缮、外国文物馆的筹备以及香港青少年交流和香港故宫文化博物馆综合培训等方面。

4月6日，北京大学名誉校董、信和集团主席、黄廷方慈善基金主席黄志祥签署协议，再次向北京大学捐资2亿元人民币，设立北京大学黄廷方/信和教育基金，帮助学校延揽全球顶尖师资，培养具有国际视野的未来领袖人才。

4月16日，界面新闻发布了《2019中国慈善企业家榜》。至少有13位闽商入榜，中骏集团董事局主席黄朝阳成为闽商首善，陈发树、曹德旺等企业家榜上有名。

5月5日，晋江龙湖镇瑶厝村乡贤蔡计划简办其七十寿辰及其孙子蔡佳恒的周岁喜庆，捐资130万元发展公益事业。其中30万元捐赠给瑶厝村建委会，用于村里的道路建设；100万元捐赠给青阳承祖慈善基金会，用于资助需要帮助的弱势群众。

5月18日，龙湖乡贤、百宏集团吴金錶、施婉玉伉俪在长子吴仲钦、长媳吴雅榕举行结婚典礼之际，捐赠善款1200万元。其中捐赠1000万元善款用于世中运暨福大晋江科教园公益基金，捐赠给龙湖镇枫林村、深沪镇首峰村各40万元，捐赠给龙湖镇锡坑村、前港村、湖北村、坑尾村、后宅村，以及深沪镇群峰村各20万元，全力支持晋江举办重大赛事和助推乡村振兴。

5月21日，胡润研究院发布《2019胡润慈善榜》。18位闽籍企业家上榜，陈发树捐5亿元、许荣茂捐2.8亿元、许健康捐1.73亿元、许连捷捐1.73亿元、李贤义捐1.1亿元、杨孙西捐6000万元、陈明金捐5000万元、侯昌财捐4750万元、丁和木家族捐3880万元、林聪颖捐2110万元、黄朝阳捐2110万元、蔡金垵捐2100万元，其中陈发树为闽商首善。

6月1日，"童愿同心 为爱同行——2019福建慈善拍卖晚宴"在福州举行。当晚，全场慈善拍卖共计筹得善款473万元，其中36件慈善拍品共筹集善款273万元。活动最后，福耀集团董事长曹德旺深受感动，额外捐赠100万元。福建华通银行的四位发起人（阳光控股

董事局主席林腾蛟、三棵树涂料股份有限公司董事长洪杰、盼盼食品集团董事长蔡金垵、明视伟业集团董事长陈雄伟）响应榜样的号召，联合捐赠100万元。总计473万元的善款将全部投入"孤残儿童救助专项基金"，用于孤残儿童外科手术及术后康复治疗。

6月14日，由安踏集团荣誉董事长丁和木先生出资捐建的晋江陈埭镇岸兜村和木文化中心完成建设并将投入使用。

7月24日，《福布斯》中国发布《2019中国慈善榜》，21位闽商榜上有名。进入十强的有两位闽商，分别是位列第七的中骏集团黄朝阳，捐赠额为5.2亿元；位列第八的新华都公司陈发树，捐赠额为5亿元。其他19位分别是：世纪金源的黄如论、黄涛父子（13位）；泰禾集团黄其森（15位）；宝龙集团的许健康（18位）；世茂集团的许荣茂（20位）；恒安集团的许连捷家族与施文博（21位）；宏晖集团的林福平（24位）；信义集团的李贤义（34位）；源昌集团的侯昌财（36位）；正荣集团的欧宗荣（62位）；安踏的丁世家家族（63位）；福信集团的吴迪（67位）；特步的丁水波（70位）；字节跳动的张一鸣（79位）；七匹狼集团的周永伟（84位）；达利食品集团的许世辉（89）；劲霸男装的洪忠信（90位）；九牧王的林聪颖（90位）；柒牌集团的洪肇设（90位）；旭辉集团的林中（100位）。

8月23日，厦门同安商会2019年资助贫困大学生仪式在同安会堂举行，会上为40名品学兼优、家境贫寒的大学生每人发放6000元助学金，共计24万元，助力学子迈向人生新征程。

9月12日，福建德旺基础教育研究院综合楼捐建活动在福建师范大学举行。著名企业家、慈善家曹德旺先生创立的河仁慈善基金会向福建师大捐资1亿元，用于兴建此楼。

10月16日，石家庄市安溪商会向安溪县慈善总会捐赠了人民币30万元，用于龙涓乡新岭村振兴建设。

10月19日，第18届世界中学生运动会倒计时一周年晚会在晋江全民健身中心举行。活动共接收捐赠6165万元人民币、2万美元，赠款将用以支持世界中学生运动会赛事筹办等各项慈善事业。菲律宾宋庆龄基金会创会会长、菲律宾晋江同乡总会指导员陈祖昌，在此前已为世界中学生运动会捐赠1000万元的基础上，在10月19日晚再次追加捐赠2000万元。

10月20日，恒安国际集团有限公司董事局主席施文博在其孙子施翰林16岁生日之际，向晋江市慈善总会捐赠2800万元，向福建省公安民警英烈基金捐款200万元。

10月23日，福建省黄仲咸教育基金会2019年南安市教育公益捐赠仪式在柳城中学举行，基金会在南安捐赠651.15万元，其中涉及教育事业的有557.4万元。

10月27日，南安市纪念张水荃先生诞辰100周年活动在官桥梅岭中学举行，张克荣投资1350万元，将父亲张水荃在20世纪50年代建设的"德味礼堂"和20世纪80年代建的教师宿舍楼"念慈楼"两栋石头房拆除重建，并对学校大门进行改建。

11月8日，菲律宾总统经济顾问、晋江金井乡贤杨鸿明借爱子杨伟纶16岁生日之机，向晋江市慈善总会捐赠800万元，以支持家乡发展。其中，300万元捐赠给金井镇慈善协会，300万元捐赠给金井镇埔宅村琛吉休闲公园建设项目，100万元捐赠给埔宅村美丽乡村建设项目，100万元捐赠给杨育琛施秀吉教育基金。

11月29日，泉安企业商会为安溪县扶贫开发协会捐资50万元。

闽商商会动态

1月12日，广州市福州商会第三届理监事就职大会暨成立八周年庆典在广州隆重举行，广州福商资产管理有限公司董事长陈锦魁再次当选新一届会长。

闽商蓝皮书

1月12日，海南省三明商会成立庆典暨首届理监事会就职典礼在海口举行。会议选举海南东方国信律师事务所创始人吴岳为理事会会长，选举海南南光集团有限公司总经理林虹为监事会监事长。

1月12日，厦门市永安商会第四届第一次会员大会暨理（监）事就职典礼在厦门隆重举行。光耀天润传媒集团总裁刘震再次当选会长，罗建清、邱天才、吕璇分别连任执行会长、监事长、秘书长。

1月27日，福州市泉州商会成立商会商学院和商会党校，商会会长林荣滨担任商学院院长，商会总支部书记房超华担任党校校长。

2月23日，泉州市福州商会举行第二届换届大会，翁锦瑞连任会长。

2月27日，福州市宁化商会第三届换届就职大会在福州隆重召开。大会选举产生了新一届领导班子，福州宝威电子有限公司董事长张天勤为新任会长，福州肆拾玖坊电子商会有限公司董事长伊盛林为监事长。

2月28日，晋江安海食品同业公会举行第二次会员大会暨第二届理事会就职典礼，盼盼食品公司执行总裁蔡金钗连任会长。

3月10日，全国工商联办公厅印发《关于认定2017—2018年度全国"四好"商会的通报》，福州市漳州商会、福州市泉州商会、福州市石材协会和在外的哈尔滨福州商会位列其中，荣获全国"四好"商会"称号。

4月21日，福州市河南商会在福州大饭店召开成立大会。福州市兴源创新建材有限公司总经理张震当选为商会首届会长，福州冠汇贸易有限公司董事长张峰当选为商会监事长。

5月19日，在以"自强脱贫 助残共享"为主题的第二十九次全国助残日暨第九届闽台残疾人文化周活动开幕式上，福州市吉安商会被省残疾人工作办、省残联、省残疾人福利基金会联合授予"福建省爱心助残志愿者工作站"荣誉称号。

6月11日，福州市松溪商会第二届第一次会员大会在榕召开，会议选举产生了新一届理、监事会，福州美力网络科技有限公司董事长郭云当选为新一届会长，福建盈联众达投资有限公司总经理金松当选为监事长。

6月15日，山东省福州商会第二届换届大会暨就职仪式在山东济南举行。会议选举山东闽源钢铁有限公司董事长林春莺为新一任会长。

6月22日，福州市漳浦商会召开第二届第一次会员大会暨换届大会。会议选举产生了新一届理、监事会，福建省华盛农业发展有限公司董事长陈毅明当选为新一届会长。

6月28日，山东省泉港商会在济南市禧悦东方大酒店举行第一届理监事会就职仪式，天骄化学材料公司董事长连清强当选会长。

7月14日，中国香港（地区）商会—厦门分组成立典礼在厦门凯悦酒店举行，特步公司鞋业产品副总裁陈又诚担任首任负责人。

7月19日，昆明市福建晋江商会第五届理监事就职典礼在昆明举行，晋江安海镇乡贤、云南省禄丰县永兴纸业有限公司董事长蔡伟毅荣任会长。

8月31日，合肥市福州商会换届大会暨第三届理监事就职仪式在合肥隆重举行，安徽翔孚石化新能源有限公司董事长林明章当选为新一任会长。

9月14日，龙岩市新罗区永定商会成立大会在新罗区举行。会议选举产生了第一届理事会、监事会组成人员，福建颐海医药集团有限公司董事长卢明凯当选为第一届会长。

9月22日，厦门市南安商会第三届第一次会员大会暨理（监）事就职典礼在厦门凯宾斯基大酒店隆重举行，会议选举产生了新一届领导班子，源昌集团董事长侯昌财连任会长。

10月13日，太原市福建安溪商会召开成立大会暨第一届理监事

闽商蓝皮书

就职仪式，山西清境节能环保工程有限公司董事长廖淑霞当选太原市福建安溪商会首届会长。

10月13日，厦门市南靖商会第三届理（监）事就职庆典暨八周年联谊会在悦华酒店华庭厅隆重举行。

10月19日，厦门市安溪商会成立二十周年庆典活动在厦门国际会议中心酒店举行。目前，会员企业600多家，会员总数1600多名，该商会成为厦门市较具规模实力，较有号召力、凝聚力、影响力的社团组织之一。

10月20日，厦门市龙岩商会举行换届大会，永诚利（厦门）贸易有限公司董事长游旺生当选新一届理事会会长，紫金矿业集团公司监事、工会主席刘文洪当选新一届监事会监事长。

10月26日，"携手共赢 同创辉煌"——东莞市福建安溪商会成立庆典暨首届理监事会就职典礼在广东现代国际展览中心隆重举行。东莞市杰腾电子有限公司董事长李增景当选为东莞市福建安溪商会首任会长。

11月24日，西安市福建南靖商会成立暨第一届理监事就职庆典在西安市华榕国际酒店隆重举行。陕西斯米克物资有限公司董事长庄奇先生当选为首届西安市福建南靖商会会长，福建南靖商会是南靖县第11个异地商会。

11月25日，浙江省福建商会第一届理（监）事会就职典礼暨成立庆典大会在杭州举行，会上组成了以杭州鸿铭实业有限公司董事长施人玮为会长、杭州浙宝大卖场商业有限公司董事长施亮为监事长的首届领导班子。

11月26日，德化县三明商会举行成立大会暨首届理监事就职仪式。会议选举产生了德化县三明商会第一届理监事会，其中，福建省德化鑫洋陶瓷有限公司董事长林开渺当选为首届会长，福建省德化县平面陶瓷有限公司总经理林桂香当选为首届监事长。

11月28日，建瓯市迪口镇商会第一届理监事会就职典礼在迪口镇召开，福建省建瓯市芝华木业有限公司总经理练富生先生担任商会第一届理事会会长，建瓯市绿达农牧发展有限公司总经理杜小弟先生担任商会监事长。

11月29日，泉州市泉安企业商会成立暨第一届理监事就职典礼在泉州泰禾洲际酒店举行，三秋（泉州）企业总裁谢贵林当选泉安企业商会首届会长。

11月29日，郑州晋江商会第二届理监事就职典礼在郑州举行，晋江磁灶乡贤苏俊雄连任会长。

12月5日，陕西省闽北商会第二届理监事就职典礼在蓝海风·万怡酒店隆重举行。南平市委统战部副部长、市工商业联合会党组书记黄雄杰为执行会长艾惠兴、执行会长陈昌斌授牌。

12月7日，深圳市福州商会第四届第一次会员大会暨换届大会在深圳五洲宾馆隆重召开，会议选举产生了以鸿生投资集团有限公司董事长何宝平会长为首的新一届理监事会领导班子。

12月7日，太原市福州商会第三届一次会员大会暨换届大会在太原丽华大酒店举行。太原斯泰森电子科技有限公司CEO陈道成当选第三届理事会会长，山西源晟发工贸有限公司总经理林远惠当选监事会监事长。

12月7日，郑州市南平商会举行第一届理（监）事会就职庆典大会。河南闽商建筑工程有限公司董事长郭山东就职会长，河南岩悟茶业有限公司董事长许俊海就职监事长。

12月20日，武平县客家商会四届一次会员大会在武平县总商会举行，福建省嫘洁日用品有限公司董事长邹家兴荣任商会新一届常务理事会会长，钟昌万为监事会监事长，刘路河、钟小建、李黎明、李美傅、林清柏、钟联胜为常务副会长。

12月21日，广东省闽北商会10周年庆典在深圳举行。目前，

广东省闽北商会团结了1280多名会员，会员大多从事酒店、建筑、金融、服装、互联网、装修等行业，会员企业年生产总值超过300亿元。

12月28日，福州市民营企业家协会召开2019年年会及协会青年委员会成立大会。会议选举产生了福州市民营企业家协会青年委员会主任、副主任，福建瑞坤大榕树文化产业股份有限公司董事长陈腾飞当选为第一届主任。

12月29日，南平市浙江商会成立庆典暨第一届会员代表会员大会在延胜利召，福建山海电力设备有限公司徐妙海当选商会会长。

闽商经营不良情况

1月21日，速冻鱼丸生产商安井食品公司日前遭遇食品安全"黑天鹅"事件，由于旗下子公司撒尿肉丸疑似非洲猪瘟病毒核酸阳性，当天安井食品股价闪崩，市值蒸发近6亿元。

1月25日，A股上市的冠福股份曾在2018年10月业绩预披露中，预计利润4亿~5亿元，而新公告预计亏损20多亿元，中间差距高达27亿~33亿元。

2月1日，《证券日报》分析报道《永安林业2018年净利润亏损13.5亿元 高溢价重组不良资产惹祸?》，指出永安林业预计2018年净利润出现9亿元至13.5亿元巨额亏损，此事引发了监管层及媒体关注。

2月12日，泰禾集团（000732.SZ）发布公告称，因股权转让纠纷事项，旗下全资子公司江苏泰禾锦城置业有限公司于2019年1月31日，将沃得国际控股有限公司、沃得重工（中国）有限公司、江苏沃得工程机械销售有限公司、江苏沃得起重机有限公司（以上四家公司合称为"出让方"）起诉至法院。

2月14日，香港上市的三六一度发布业绩预告。公告显示，截至2018年12月31日，三六一度除税后纯利与截至2017年12月31日止年度相比预期将大幅下降，主要是因为2018年下半年将录得亏损。

3月5日，阿里拍卖平台信息显示，因为无法偿还4000万元贷款，莆田富豪王子华旗下京奥港集团持有的3.3亿股北京农商银行的股权已进入司法拍卖程序，将于4月1日被拍卖。

4月28日，厦工股份公告称，鉴于公司2018年度经审计的净资产为负值（其净资产为每股-0.19元），公司股票将被实施退市风险警示。公司4月29日停牌一天，4月30日起实施退市风险警示。

5月7日，拉夏贝尔发布公告称，为加快转型调整，集中优势资源发挥核心品牌的竞争优势，公司拟出售控股子公司杭州黯涉电子商务有限公司54.05%股权，本次交易受让方为杭州雁儿企业管理咨询有限公司，交易对价为2亿元。

5月30日，思明区法院对善林（上海）金融信息服务有限公司在厦门的两名负责人进行一审宣判，这起非法集资案再度被曝光。自2013年10月以来，善林（上海）金融信息服务有限公司在未经行业主管部门批准的情况下，先后在全国各地设立多家分公司及门店，采取媒体广告宣传、电话推销、门店招揽等方式，设立"善林财富""善林金融"等线上、线下投资理财平台，以承诺年化利率5.5%至13%的回报为诱饵，向公众非法吸收资金。截至案发，未向投资者兑付的资金高达213亿余元。经全力追赃，警方目前追缴赃款15亿余元。

5月31日，作为中国知名的室内健身品牌、创立30余年的浩沙健身，正在全国多地莫名撤店。公司的两大主要股东——施洪流［浩沙实业（福建）有限公司法定代表人］和施鸿雁（泉州浩沙健身俱乐部有限公司法定代表人），因欠款12亿元及利息，已被泉州中院列入失信人员执行名单。

6月10日,曾经的"莆田第一股"众和股份,再次发出《关于公司股票进入退市整理期交易的第三次风险提示公告》。公告表示,公司股票已被深圳证券交易所决定终止上市,将在退市整理期届满的次一交易日,深圳证券交易所对公司股票予以摘牌。

6月13日,中国执行信息公开网发布《漳州市龙文区人民法院限制消费令》显示,漳州市龙文区人民法院立案执行申请人熊其林申请执行明发集团(漳州)房地产开发有限公司(以下简称明发漳州)建设工程合同纠纷一案,因明发漳州未按执行通知书指定期间履行生效法律文书确定的给付义务,对明发漳州及法定代表人黄焕明采取限制消费措施。

6月17日,涟水县市场监管局认定达利食品集团旗下可比克薯片的一个公益有奖销售活动涉嫌"发布虚假广告",对福建食品巨头达利食品集团处以3673.04万元的罚款。

6月19日,因大股东违规担保20亿元逾期,安通控股被ST后复牌交易。当天,ST安通一字跌停,截至收盘报4.18元,封单高达48万手。从2018年1月至今,公司股价从高点20.56元一路下跌,尽管其间公司多次施展持股计划、股东增值动作,但依然难掩颓势,累计市值蒸发超过240亿元。除了大股东违规担保问题之外,ST安通还接连爆出大股东质押爆仓、违规占用资金近25亿元被监管处罚的问题。

6月25日,《21世纪经济报道》发表文章《浔兴股份10亿跨界并购被坑 9亿业绩补偿鸡飞蛋打》,指出因利用杠杆收购控制权而出现巨额浮亏的浔兴股份(002098.SZ)大股东,在其接盘浔兴股份后,花费10.14亿元并购深圳价之链跨境电商股份有限公司65%股权,到头来却是一场鸡飞蛋打的惨剧。

7月4日,永辉超市旗下超级物种上海首家门店——五角场万达店关店。该门店于2017年11月开业,至今不到两年时间,这也是超级物种首次关店。

7月18日,福建南安法院7月18日公布一批失信被执行人名单,15家企业法人上榜失信人名单。总共欠款金额达39.3亿元,涉及13位企业家,包括欧联卫浴游国标涉案标的6.7亿元;中宇卫浴蔡建设涉案标的6.2亿元;嘉华建材陈伟纲5.4亿元;中宇陶瓷蔡吉林3.8亿元,蔡吉林还有一家企业永胜电镀,涉案标的2.6亿元;理想茶叶郑文巧2.5亿元;中科厨卫郑永毅1.9亿元;巨凯实业凌建东1.6亿元;高科日化许春晖1.6亿元;中轻和成郑和成1.6亿元,郑和成还有一家企业悠派金属,涉案标的1.3亿元;华达建材市场黄建川1.2亿元;狮山电器傅汉水1.1亿元;纪超电子王春鹏0.9亿元;隆盛科技许燕聪0.9亿元。中宇卫浴蔡建设与中宇陶瓷蔡吉林系父子关系,父子俩涉案标的达12.6亿元。

8月2日,知名的运动鞋服品牌企业贵人鸟股份有限公司(603555.SH)发布公告表示,因中原信托有限公司与林天福(贵人鸟股份有限公司董事长)、贵人鸟投资有限公司、贵人鸟集团(香港)有限公司借款合同纠纷一案,贵人鸟集团所持有的公司股份3.24亿股无限售流通股及孳息已被福建省泉州市中级人民法院司法冻结及轮候冻结(其中2.86亿股被轮候冻结)。

8月11日,国内拉链行业龙头浔兴股份发布公告,公司于8月10日接到公司实际控制人、原董事长王立军家属通知,因涉嫌内幕交易罪,王立军已被重庆市公安局实施逮捕。王立军已于8月5日辞职,不再担任公司任何职务。

8月17日,根据新华都公司8月17日公布的半年报,今年上半年,新华都公司实现营业总收入30.02亿元,较去年同期下降12.4%,归属于上市公司股东的净利润亏损1.21亿元,同比下降1826.84%。此外,今年上半年关店48家,门店数减至95家。

8月26日,一代"鞋王"富贵鸟发布公告称,重整遭法院驳回,被宣告破产。同日,富贵鸟正式退市。据最新公告显示,富贵鸟目前债权总额30.82亿元,债权人349家。

9月19日,福州金海岸房产发布公告称福州金海岸房产因二手房交易量持续下降,且受经济下行压力的影响,加上公司对外提供担保,经营管理不善,资金出现严重缺口,濒临破产困境,暂时无法兑付所欠款项。

10月9日,据阿里拍卖官网信息,富贵鸟股份有限公司的应收预付类债券、长期股权投资、存货等破产资产,在上架24小时后遭遇流拍。此次拍卖时间从10月8日10时持续至10月9日10时,起拍价为2.8372亿元。根据阿里拍卖信息,对于富贵鸟的破产资产,并未有人报名,共有91人设置提醒,6334次围观。

10月9日,福晟国际控股集团有限公司(简称福晟国际)股价断崖式下跌,跌幅达到34.21%。10月10日,福晟国际的情况不见好转,且跌幅继续扩大,一路暴跌62%。两日暴跌75%后,10月11日,福晟国际股价又上扬86.32%。截至当日收盘,公司股价0.177港元/股,相对于上市当日收盘价1.48港元/股,公司股价已下挫88%,目前市值仅剩20.12亿港元。

10月11日,天喔国际发布的最新业绩报告显示,截至2018年12月31日止年度,公司实现收益15.48亿元人民币,同比下降69.2%。股东应占亏损41.73亿元。

10月16日,拉夏贝尔服饰有限公司(603157.SH)发布公告,宣布公司控股子公司杰克沃克(上海)服饰有限公司持续亏损,无法继续经营,拟向人民法院申请破产清算。

12月23日,都市丽人发布盈利预警,称截至2019年12月31日年度预计亏损不少于9.8亿元,同期盈利预估为3.78亿元。都市丽人在公告中表示,业务面临困境是国内经济和需求放缓所致。

著名闽商辞世

1月19日，菲律宾首富、SM集团创始人施至成逝世，享年94岁。施至成祖籍福建晋江，他从一家卖鞋的小门店开始，步步为营，将SM集团发展成全球最大的大型购物中心开发与运营企业之一，同时还涉足银行、房地产、制造业等多个领域。

1月26日，印度尼西亚金光集团Sinar Mas Group的创始人黄奕聪（Eka Tjipta Widjaya）去世，享年98岁。黄奕聪是福建泉州人，7岁时到印度尼西亚，凭着华人吃苦耐劳的奋斗精神，艰苦打拼，白手起家，终于在20世纪60年代创立了金光集团。集团目前在全球有400多家法人公司，拥有员工20多万名，总资产达200多亿美元。2018年，黄奕聪以86亿美元位列《福布斯2018印尼富豪榜》第三。

6月1日，有"棕榈油之王"美誉的IOI集团和IOI产业创办人李深静去世，享年80岁。祖籍泉州永春、马来西亚著名华人企业家李深静，以54亿美元身家名列《福布斯》杂志今年3月所发布的《2019年马来西亚财富榜》第五位。

11月9日，菲律宾时间11时14分，菲华大班、JG顶峰控股公司（JG Summit Holding）名誉董事长、工业家吴奕辉在菲律宾崇仰医院与世长辞，享年93岁。吴奕辉祖籍泉州石狮，随父母移民菲律宾。他一手创办的JG顶峰控股经历半个多世纪的发展，涉及食品零售、房地产、航空、电信、酒店餐饮、商场、银行金融、出版等领域，旗下的罗宾逊置地公司是菲律宾四大上市地产公司之一。

11月11日，菲律宾航空控股公司（PAL Holding）总裁陈俊望因脑疝去世，享年53岁。陈俊望是祖籍福建晋江，被誉为东南亚"烟草大王"的陈永栽之子，前不久才就任菲航控股公司总裁兼首席执行官职务。

社会科学文献出版社

皮 书

智库报告的主要形式
同一主题智库报告的聚合

❖ 皮书定义 ❖

皮书是对中国与世界发展状况和热点问题进行年度监测,以专业的角度、专家的视野和实证研究方法,针对某一领域或区域现状与发展态势展开分析和预测,具备前沿性、原创性、实证性、连续性、时效性等特点的公开出版物,由一系列权威研究报告组成。

❖ 皮书作者 ❖

皮书系列报告作者以国内外一流研究机构、知名高校等重点智库的研究人员为主,多为相关领域一流专家学者,他们的观点代表了当下学界对中国与世界的现实和未来最高水平的解读与分析。截至2020年,皮书研创机构有近千家,报告作者累计超过7万人。

❖ 皮书荣誉 ❖

皮书系列已成为社会科学文献出版社的著名图书品牌和中国社会科学院的知名学术品牌。2016年皮书系列正式列入"十三五"国家重点出版规划项目;2013~2020年,重点皮书列入中国社会科学院承担的国家哲学社会科学创新工程项目。

中国皮书网

（网址：www.pishu.cn）

发布皮书研创资讯，传播皮书精彩内容
引领皮书出版潮流，打造皮书服务平台

栏目设置

◆ **关于皮书**
何谓皮书、皮书分类、皮书大事记、
皮书荣誉、皮书出版第一人、皮书编辑部

◆ **最新资讯**
通知公告、新闻动态、媒体聚焦、
网站专题、视频直播、下载专区

◆ **皮书研创**
皮书规范、皮书选题、皮书出版、
皮书研究、研创团队

◆ **皮书评奖评价**
指标体系、皮书评价、皮书评奖

◆ **互动专区**
皮书说、社科数托邦、皮书微博、留言板

所获荣誉

◆ 2008年、2011年、2014年，中国皮书网均在全国新闻出版业网站荣誉评选中获得"最具商业价值网站"称号；
◆ 2012年，获得"出版业网站百强"称号。

网库合一

2014年，中国皮书网与皮书数据库端口合一，实现资源共享。

权威报告・一手数据・特色资源

皮书数据库
ANNUAL REPORT(YEARBOOK) DATABASE

分析解读当下中国发展变迁的高端智库平台

所获荣誉

- 2019年，入围国家新闻出版署数字出版精品遴选推荐计划项目
- 2016年，入选"'十三五'国家重点电子出版物出版规划骨干工程"
- 2015年，荣获"搜索中国正能量 点赞2015""创新中国科技创新奖"
- 2013年，荣获"中国出版政府奖·网络出版物奖"提名奖
- 连续多年荣获中国数字出版博览会"数字出版·优秀品牌"奖

成为会员

通过网址www.pishu.com.cn访问皮书数据库网站或下载皮书数据库APP，进行手机号码验证或邮箱验证即可成为皮书数据库会员。

会员福利

- 已注册用户购书后可免费获赠100元皮书数据库充值卡。刮开充值卡涂层获取充值密码，登录并进入"会员中心"—"在线充值"—"充值卡充值"，充值成功即可购买和查看数据库内容。
- 会员福利最终解释权归社会科学文献出版社所有。

数据库服务热线：400-008-6695
数据库服务QQ：2475522410
数据库服务邮箱：database@ssap.cn
图书销售热线：010-59367070/7028
图书服务QQ：1265056568
图书服务邮箱：duzhe@ssap.cn

卡号：93385919 6845

基本子库
SUB DATABASE

中国社会发展数据库（下设12个子库）

整合国内外中国社会发展研究成果，汇聚独家统计数据、深度分析报告，涉及社会、人口、政治、教育、法律等12个领域，为了解中国社会发展动态、跟踪社会核心热点、分析社会发展趋势提供一站式资源搜索和数据服务。

中国经济发展数据库（下设12个子库）

围绕国内外中国经济发展主题研究报告、学术资讯、基础数据等资料构建，内容涵盖宏观经济、农业经济、工业经济、产业经济等12个重点经济领域，为实时掌控经济运行态势、把握经济发展规律、洞察经济形势、进行经济决策提供参考和依据。

中国行业发展数据库（下设17个子库）

以中国国民经济行业分类为依据，覆盖金融业、旅游、医疗卫生、交通运输、能源矿产等100多个行业，跟踪分析国民经济相关行业市场运行状况和政策导向，汇集行业发展前沿资讯，为投资、从业及各种经济决策提供理论基础和实践指导。

中国区域发展数据库（下设6个子库）

对中国特定区域内的经济、社会、文化等领域现状与发展情况进行深度分析和预测，研究层级至县及县以下行政区，涉及地区、区域经济体、城市、农村等不同维度，为地方经济社会宏观态势研究、发展经验研究、案例分析提供数据服务。

中国文化传媒数据库（下设18个子库）

汇聚文化传媒领域专家观点、热点资讯，梳理国内外中国文化发展相关学术研究成果、一手统计数据，涵盖文化产业、新闻传播、电影娱乐、文学艺术、群众文化等18个重点研究领域。为文化传媒研究提供相关数据、研究报告和综合分析服务。

世界经济与国际关系数据库（下设6个子库）

立足"皮书系列"世界经济、国际关系相关学术资源，整合世界经济、国际政治、世界文化与科技、全球性问题、国际组织与国际法、区域研究6大领域研究成果，为世界经济与国际关系研究提供全方位数据分析，为决策和形势研判提供参考。

法律声明

"皮书系列"(含蓝皮书、绿皮书、黄皮书)之品牌由社会科学文献出版社最早使用并持续至今,现已被中国图书市场所熟知。"皮书系列"的相关商标已在中华人民共和国国家工商行政管理总局商标局注册,如LOGO( )、皮书、Pishu、经济蓝皮书、社会蓝皮书等。"皮书系列"图书的注册商标专用权及封面设计、版式设计的著作权均为社会科学文献出版社所有。未经社会科学文献出版社书面授权许可,任何使用与"皮书系列"图书注册商标、封面设计、版式设计相同或者近似的文字、图形或其组合的行为均系侵权行为。

经作者授权,本书的专有出版权及信息网络传播权等为社会科学文献出版社享有。未经社会科学文献出版社书面授权许可,任何就本书内容的复制、发行或以数字形式进行网络传播的行为均系侵权行为。

社会科学文献出版社将通过法律途径追究上述侵权行为的法律责任,维护自身合法权益。

欢迎社会各界人士对侵犯社会科学文献出版社上述权利的侵权行为进行举报。电话:010-59367121,电子邮箱:fawubu@ssap.cn。

社会科学文献出版社